轨道交通土建工程
质量标准化管理实践

主 编 石 雷 何 山 林定雄 王海亭
主 审 吴 波

中国建材工业出版社

图书在版编目（CIP）数据

轨道交通土建工程质量标准化管理实践/石雷等主编．－－北京：中国建材工业出版社，2022.1
ISBN 978-7-5160-3283-1

Ⅰ.①轨… Ⅱ.①石… Ⅲ.①轨道交通—土木工程—工程质量—标准化管理—宁波 Ⅳ.①U239.5-65

中国版本图书馆CIP数据核字（2021）第171845号

轨道交通土建工程质量标准化管理实践
Guidao Jiaotong Tujian Gongcheng Zhiliang Biaozhunhua Guanli Shijian
主　编　石　雷　何　山　林定雄　王海亭
主　审　吴　波

出版发行：中国建材工业出版社
地　　址：北京市海淀区三里河路1号
邮　　编：100044
经　　销：全国各地新华书店
印　　刷：北京雁林吉兆印刷有限公司
开　　本：787mm×1092mm　1/16
印　　张：21.75
字　　数：530千字
版　　次：2022年1月第1版
印　　次：2022年1月第1次
定　　价：99.80元

本社网址：www.jccbs.com，微信公众号：zgjcgycbs
请选用正版图书，采购、销售盗版图书属违法行为
版权专有，盗版必究。本社法律顾问：北京天驰君泰律师事务所，张杰律师
举报信箱：zhangjie@tiantailaw.com　举报电话：（010）68343948
本书如有印装质量问题，由我社市场营销部负责调换，联系电话：（010）88386906

本书编审委员会

主　编　石　雷　何　山　林定雄　王海亭
副主编　王　辉　李良涛　杜云龙　欧祝明
主　审　吴　波
参编人　（按姓氏笔画排序）

于仕泉　王　芊　王立刚　王宁唯
王旭东　王嘉伟　文　明　尹铁锋
卢姜勇　叶　如　叶　挺　叶荣华
包晓红　宁顺理　朱代代　朱若男
朱益龙　江一舟　孙　科　孙国强
孙忠楼　杜培贞　李守杰　李登科
吴庆润　吴德汉　吴耀阳　邱　波
何浪泓　沈　平　张　良　张　喜
张友伟　张建军　张栖涛　张晓红
陈　东　陈　攀　陈世国　陈贤宏
陈珏妍　陈逸斋　范思婷　林如辉
易德新　竺曙东　赵　野　赵　焕
赵兴华　赵勇博　胡　斌　柏泽钿
莫修栋　夏　倩　徐乐勇　郭剑锋
黄江伟　黄江华　曹　昱　蒋　儿
蒋霄凌　景　浩　曾佳佳　楼　岱
雷　明　雷　勇　廖韶军　熊欢欢

前　言

近年来，随着我国城市化进程的加快，城市轨道交通在优化城市结构布局，提高公共交通运营效率等方面起着不可替代的作用。依据《中共中央 国务院关于开展质量提升行动的指导意见》，为进一步提高城市轨道交通土建工程质量标准化管理水平，建立轨道交通土建工程质量管理长效机制，实现质量控制程序化、管理标准化，编者特编制本书。

本书整体框架主要分为质量管理保障、基坑工程质量管理、盾构隧道工程质量管理、高架及车辆段工程4篇。第1篇介绍了工程质量管理要素和工地临时设施质量管理；第2篇介绍了工程背景、围护工程工序质量、降水工程质量管理、支撑及开挖工序质量、结构回筑工序质量、防水工程质量管理；第3篇介绍了双圆盾构质量控制、类矩形盾构区间、联络通道质量管理；第4篇介绍了高架法工程质量管理、站场工程和其他工程。

本书由石雷、何山、林定雄、王海亭担任主编，王辉、李良涛、杜云龙、欧祝明担任副主编，吴波担任主审。书中如有不妥之处，欢迎读者指正。

编　者
2021 年 12 月

目 录

第1篇 质量管理保障

1 工程质量管理要素 ·· 3
   1.1 人员管理 ··· 3
   1.2 机具管理 ··· 5
   1.3 材料管理 ·· 19
   1.4 管理方法 ·· 21
   1.5 质量标准化 ·· 24

2 工地临时设施质量管理 ··· 26
   2.1 施工总体布置 ··· 26
   2.2 工地临时建筑 ··· 40
   2.3 临时用电管理 ··· 42
   2.4 项目场地围挡 ··· 47
   2.5 临边防护质量 ··· 49
   2.6 机械设备管理 ··· 59

第2篇 基坑工程质量管理

3 工程背景 ··· 67
   3.1 设计概况 ·· 67
   3.2 地质水文 ·· 68
   3.3 工程特点 ·· 70
   3.4 难点及对策 ·· 71
   3.5 施工筹划 ·· 74
   3.6 环境保护 ·· 76

4 围护工程工序质量 ··· 80
   4.1 施工测量 ·· 80

4.2 地下连续墙 ·· 85
  4.3 钻孔灌注桩施工 ·· 93
  4.4 SMW 工法桩 ·· 97
  4.5 地基加固 ·· 100

5 降水工程质量管理 ··· 105
  5.1 降水施工关键要素 ·· 105
  5.2 专项人员素质管理 ·· 105
  5.3 降水设备管理 ·· 106
  5.4 降水方案设计 ·· 106
  5.5 工序质量控制 ·· 107

6 支撑及开挖工序质量 ·· 112
  6.1 施工监测 ·· 112
  6.2 混凝土支撑 ·· 117
  6.3 钢支撑 ·· 119
  6.4 土方开挖 ·· 120
  6.5 其他支撑形式 ·· 124

7 结构回筑工序质量 ·· 126
  7.1 钢筋工程 ·· 126
  7.2 模板及支架 ·· 132
  7.3 混凝土工程 ·· 136
  7.4 主体结构施工 ·· 144

8 防水工程质量管理 ·· 154
  8.1 垫层浇筑及基面处理 ···································· 154
  8.2 防水施工要点 ·· 155
  8.3 质量通病及防治 ·· 158

第3篇 盾构隧道工程质量管理

9 双圆盾构质量控制 ·· 167
  9.1 工程背景 ·· 167
  9.2 工程关键工序质量控制 ································ 170
  9.3 盾构施工特殊工艺总结 ································ 208
  9.4 隧道辅助工程质量 ······································ 214

10 类矩形盾构区间 · · · · · · 227

10.1 背景工程 · · · · · · 227
10.2 施工设备质量 · · · · · · 231
10.3 关键工序质量 · · · · · · 233
10.4 质量小结 · · · · · · 243

11 联络通道质量管理 · · · · · · 246

11.1 机械法联络通道施工 · · · · · · 246
11.2 冰冻法联络通道施工 · · · · · · 257

第4篇 高架及车辆段工程

12 高架法工程质量管理 · · · · · · 269

12.1 背景工程 · · · · · · 269
12.2 分部工程关键工序质量 · · · · · · 277

13 站场工程 · · · · · · 306

13.1 工程概况 · · · · · · 306
13.2 参建单位 · · · · · · 308

14 其他工程 · · · · · · 319

14.1 车辆段施工质量控制 · · · · · · 319
14.2 关键工序质量控制 · · · · · · 327
14.3 创新应用案例 · · · · · · 329

参考文献 · · · · · · 334

第1篇 质量管理保障

1 工程质量管理要素

1.1 人员管理

按照唯物主义观点,人是改造客观世界的主导力量,建筑产品是社会生产的成果,其质量的好坏,取决于生产者的素质高低,所以工程质量控制的关键,在于对施工人员的管理。施工现场项目经理部的主要人员构成,项目质量管理组织结构,都有必要进行研究。以下以宁波轨道交通某地铁基坑项目招标文件为例介绍施工单位和监理单位要求。

1.1.1 施工单位

1. 项目经理

(1) 投标人及其拟派项目经理无不良行为记录(不良行为记录界定的范围:被国家、浙江省、宁波市相关行政主管部门通报停止投标活动且处在被停止投标期间内)。【提供书面承诺书,格式按照招标文件要求】。

(2) 投标人及其拟派项目经理经宁波市人民检察院查询近三年无行贿犯罪记录【提供要求查询行贿犯罪记录的函,格式按照招标文件要求】。

(3) 投标人业绩:至少独立承担我国境内软土地区类似深基坑施工业绩。

(4) 项目经理资格要求(同时具有下列条件):

① 具有住房城乡建设部(原建设部)核发的市政公用工程或铁路工程或房屋建筑工程专业壹级建造师资格,注册单位与投标人(含下属全资子公司)名称一致【提供资格证书的扫描件并加盖单位公章】。

② 具有工程师及以上职称,年龄50周岁以下【提供职称证书和身份证扫描件并加盖单位公章】。

③ 拟任的项目经理,不得在在建项目中担任项目经理;若在建施工项目已接近竣工,须提供由业主出具的同意离开的证明;若无在建项目,则按照招标文件给出的格式提供承诺书【提供由业主出具的同意离开的证明或承诺书,格式按照招标文件要求】。

(5) 项目经理业绩要求:近三年至少独立承担我国境内软土地区类似深基坑施工项目管理业绩。

(6) 其他要求:

① 在我国境内(不含香港、澳门及台湾地区)注册的独立法人【提供经年检合格的营业执照副本的扫描件并加盖单位公章】;

② 投标人具有有效的企业注册所在地行政主管部门核发的"安全生产许可证",

企业法定代表人、企业经理、企业技术负责人及企业分管安全的副经理具有"三类人员"A类证书；拟派项目经理具有"三类人员"B类证书；拟投入本项目安全生产专职管理人员不得少于3人，且具有"三类人员"C类证书。企业分管安全的副经理须提供相应任职文件【提供有效的证书，以上资料为扫描件并加盖单位公章】；

③ 技术负责人与项目经理不得为同一人；

④ 下属全资子公司的资质及项目经理资格视同投标人的资质和资格。

2. 技术负责人

须具有高级工程师职称，年龄50周岁以下，与项目经理不得为同一人。

3. 其他人员要求不限以下专业和人数

结构工程师（不少于3人）、造价工程师（不少于1人）、安全工程师（不少于2人）、机电工程师（不少于2人）、试验工程师（不少于2人）、测量工程师（不少于2人）、质检工程师（不少于2人）、地质工程师（不少于1人）、材料工程师（不少于1人）、财务负责人（不少于1人）、专职安全员（不少于3人）、资料管理员（不少于2人），各专业技术人员的配置必须符合国家有关规范，具有相应的资格证书和职称证书。

图1-1是某一车站基坑标段的人员框架图：

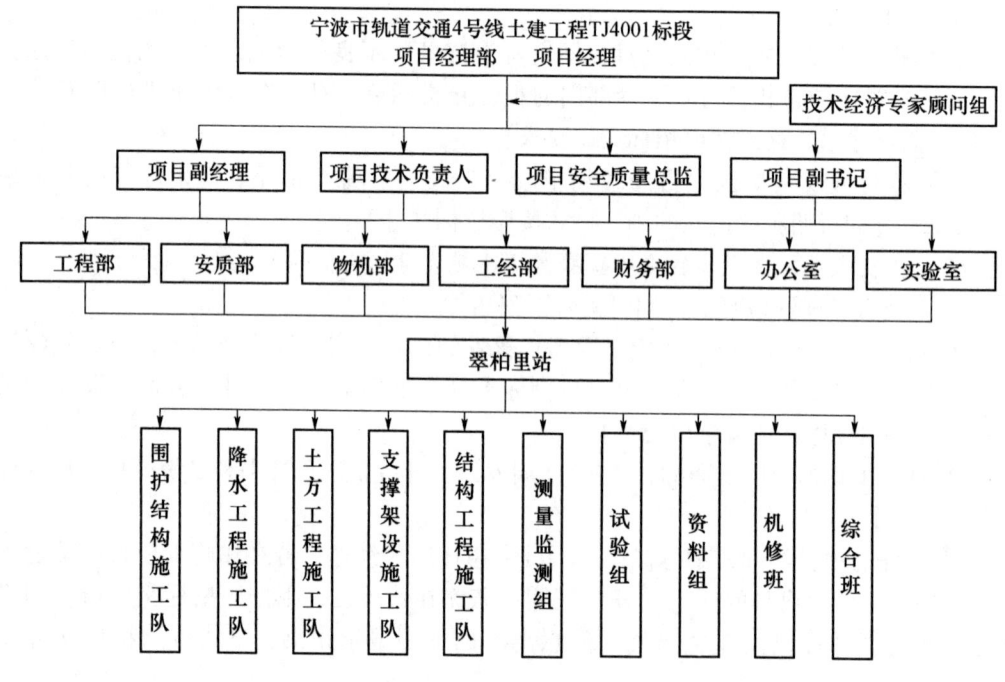

图1-1 人员框架图

1.1.2 监理单位

总监理工程师资格要求，须同时具有下列条件：

（1）具有住房城乡建设部核发的市政公用工程或铁路工程专业国家注册监理工程师执业资格，且注册单位与投标人名称一致【提供资格证书的扫描件（复印件）并加盖单位公章】。

（2）具有高级工程师及以上职称，年龄不早于50周岁【提供职称证书和身份证的扫描件（复印件）并加盖单位公章】。

（3）信誉要求：

① 投标人及其拟派总监理工程师无不良行为记录（不良行为记录界定的范围：被国家、浙江省、宁波市相关行政主管部门通报停止投标活动且处在被停止投标期间内）【提供书面承诺书，格式按照招标文件要求】；

② 投标人及其法定代表人、拟派总监理工程师经宁波市人民检察院查询在2011年3月至投标截止日无行贿犯罪记录【提供要求查询行贿犯罪记录的函（格式按照招标文件要求）】。

（4）其他要求：

① 在我国境内（不含香港、澳门及台湾地区）注册的独立法人【提供有效的营业执照副本的扫描件（复印件）并加盖单位公章】。

② 投标人企业信用等级为C级及以上【企业信用评价等级查询以开标当天"宁波市市政公用养护与轨道交通建设市场信息系统"中轨道交通工程信用信息平台内的信用评价等级信息为准】。

③ 企业注册地在浙江省行政区域以外的投标人已通过浙江省住房和城乡建设厅的备案登记【提供有效的《省外企业进浙承接业务备案证明》的扫描件（复印件）并加盖单位公章（企业注册地在浙江省行政区域以外的投标人需提供）】。

④ 投标人拟派的总监理工程师在投标截止日不得在其他任何在建合同工程中担任总监理工程师。在建合同工程的开始时间为合同工程中标通知书发出之日（不通过招标方式的，开始时间为合同签订之日），结束时间为该合同工程通过验收或合同解除之日【提供承诺书，格式按照招标文件要求】。

1.2 机具管理

常言道，"工欲利其事，必先利其器"。工程机械设备管理要符合施工工艺要求，其质量直接影响工程施工的安全和质量。近年来，起重吊装引起的重伤和死亡事故时有发生，因此在施工管理中要加强起重吊装安全专项方案编制和审批，实现事故隐患整改率100%，特别是起重机械年检合格率要达到100%。过程中加强安全技术交底和作业环境交底工作，严格执行《建筑机械使用安全技术规程》（JGJ 33—2012）和《建筑施工安全检查标准》（JGJ 50—2011）。

机械设备应根据施工组织设计合理安排进出场，严格控制质量管理，严格执行操作技术规范，安全质量问题无小事。安全是质量的前提，所以不能偏废一方。

下面是某市轨道交通工程机械设备管理标准化的有关内容：

为规范轨道交通工程建设机械设备的安全管理，根据国家、省市相关规范及指挥部文件要求，制定本标准，本标准包含了总则、起重机械、盾构机组、大型设备、小型机具及附则六个部分，涵盖了从设备进场使用至退场的整个过程要求。

1.2.1 总则

1. 范围

本标准所指机械设备是指轨道交通工程建设涉及的起重机械、盾构机组、大型设备和其他小型机具。起重机械含履带式起重机、汽车起重机、轮胎式起重机、塔式起重机、门式起重机、吊篮、施工升降机等。大型设备含土石方机械（挖掘机、装载机、压路机、推土机等）、成槽机、各类桩机及轨道车。小型机具指各类钢筋、木工、混凝土机具等。

2. 规范性引用文件

《特种设备安全监察条例》（中华人民共和国国务院令第549号）
《建筑起重机械安全监督管理规定》（建设部令第166号）
《起重机械安全规程》（GB 6067—2010）
《建筑施工塔式起重机安装、使用、拆卸安全技术规程》（JGJ 196—2010）
《建筑机械使用安全技术规程》（JGJ 33—2012）
《施工现场机械设备检查技术规范》（JGJ 160—2016）

1.2.2 起重机械

1. 进退场管理

（1）进场起重机械必须在宁波特种设备检测机构检验检测合格，并到宁波市市政公用工程安全质量监督站办理使用登记手续。外租起重机械，还必须签订租赁合同和安全管理协议。

（2）进退场需要重新安装、拆卸的塔式起重机、门式起重机等设备，必须委托具有相应资质和安全生产许可证的单位进行，并填写安装（拆卸）告知表报宁波市市政公用工程安全质量监督站。按照安全技术标准及建筑起重机械性能要求，编制装拆方案，经安装、拆卸单位负责人审定，报施工、监理单位审查后组织实施。安装完成后，经宁波特种设备检测机构检验检测合格，办理使用登记手续。

（3）施工单位应制订并落实设备安全操作规程和有关安全管理制度及专项施工方案和专项应急救援预案，编制交叉作业施工方案并与外单位签订交叉作业安全管理协议。

（4）施工单位将上述资料和保险证明装订成册报监理工程师审核，经监理单位审核同意后方可进场作业。

（5）退场设备在一天之内通知安全质量监督站办理注销手续并通知监理单位，如图1-2所示。

2. 管理要点

（1）人员持证情况

起重机械的安装拆卸工、起重司机、起重指挥、司索等特种作业人员应当经建设行政主管部门考核合格，并取得特种作业操作资格证书后（流动式起重机操作人员可持质检部门颁发的操作资格证），方可上岗作业。

（2）设备标识

起重机械必须在醒目位置张贴使用登记牌、人员信息牌（尺寸一致）和操作规程，如图1-3所示。

1 工程质量管理要素

图 1-2 相关手续

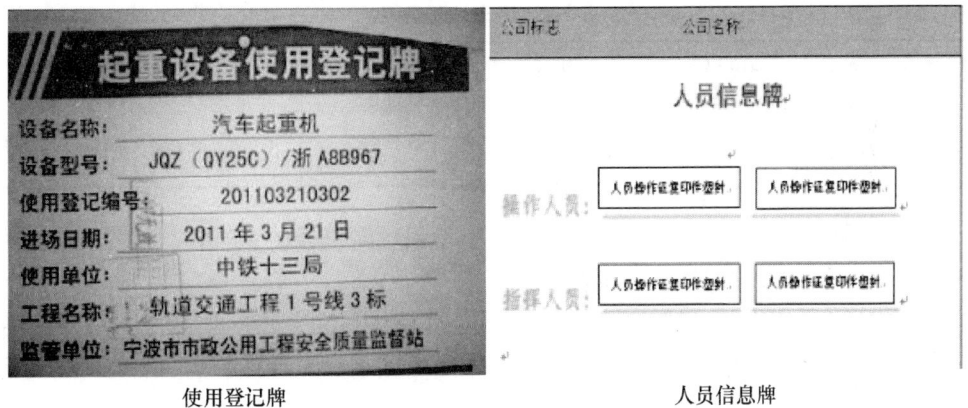

图 1-3 使用登记牌和人员信息牌

（3）安全警告和信号

起重机械吊钩夹板、起重臂头部、转台尾部等凸出部位应涂刷警示图案；起重机械应装有音响清晰的喇叭、电铃或汽笛等信号装置。

（4）各类安全装置

起重机械的变幅指示器、力矩限制器、起重量限制器以及各种行程限位开关等安全保护装置必须齐全、灵敏可靠，不得随意拆除或调整；严禁利用限制器和限位装置代替操纵系统。

(5) 卷筒和滑轮

① 钢丝绳在卷筒上排列应整齐有序，在臂架最小幅度、吊钩处于最低位置时在卷筒上至少保留3圈。卷筒两侧边缘高度应超过最外层钢丝绳直径的2倍。

② 卷筒上钢丝绳尾端固定装置应有防松或自紧性能，卷筒防脱棘爪灵敏可靠。

③ 滑轮槽应光洁平滑，不应有损伤钢丝绳的缺陷；滑轮边缘应有防脱挡绳杆，离钢丝绳距离不大于绳径的20%。

④ 卷筒和滑轮有下列情况之一时应予报废：

a. 裂纹或边缘破损；

b. 卷筒壁磨损量达到原壁厚的10%；

c. 滑轮槽不均匀磨损达3mm；

d. 滑轮绳槽壁厚磨损量达到原壁厚的20%；

e. 滑轮槽底的磨损量超过相应钢丝绳直径的25%；

f. 其他能损害钢丝绳的缺陷。

(6) 吊具索具

① 钢丝绳的固定

采用绳卡固定时，最后一个绳卡距绳头的长度不得小于140mm。绳卡夹板应在钢丝绳承载时受力一侧，"U"形螺栓在钢丝绳的尾端，不得正反交错。绳卡初次固定后，应待钢丝绳受力后再度紧固，并宜拧紧到使两绳直径高度压扁1/3，作业中应经常检查紧固情况。绳卡数量满足表1-1的要求。

表1-1 绳卡数量要求

钢丝绳直径（mm）	10以下	10~20	21~26	26~36	36~40
最少绳卡数	3	4	5	6	7
绳卡间距（mm）	80	140	160	220	240

采用编插固结时，编插部分的长度不得小于钢丝绳直径的20倍，且最短长度不小于300mm，其编插部分应捆扎细钢丝。

采用楔形套固定时，楔形套型号与钢丝绳直径相匹配，楔形套不得有裂纹。尾绳用单个绳卡卡紧或用细钢丝绑扎，细钢丝绑扎长度不小于绳径的1.5倍，防止尾绳松散，如图1-4所示。

② 钢丝绳应有制造厂签发的产品技术性能和质量证明文件。使用的钢丝绳规格、型号应符合该机说明书要求并与滑轮和卷筒相匹配，穿绕正确，不得有扭结、压扁、弯折、断股、断丝、断芯、笼状畸变等变形。钢丝绳有下列情形之一应报废：

a. 表层钢丝绳直径磨损超过原直径40%；

b. 钢丝绳直径减少量达到7%；

c. 钢丝绳有明显的内部腐蚀；

d. 局部外层钢丝绳伸长显"笼"状畸变；

e. 钢丝绳出现整股断裂；

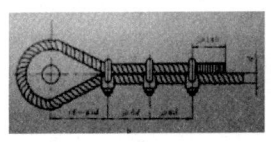
钢丝绳绳卡固定(正确)

钢丝绳绳卡数量不足且方向装反(错误)

钢丝绳绳卡方向装反(错误)

钢丝绳编插(正确)

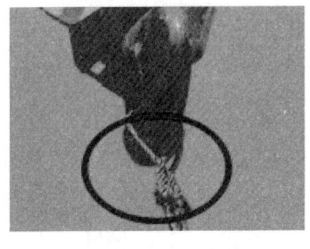
编插长度不足(错误)

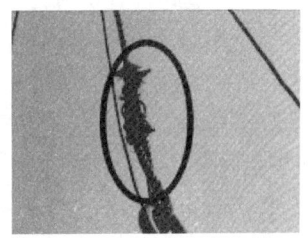
编插松散且长度不足(错误)

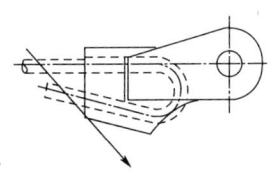
楔形套固定(正确)

楔形套固定(正确)

钢丝绳穿绕方向错误,绳卡方向装反(错误)

图1-4 钢丝绳固定

  f. 钢丝绳的纤维芯直径增大较严重;

  g. 钢丝绳发生扭结、变折塑性变形、麻芯脱出、受电弧高温灼伤影响钢丝绳性能指标。

  ③ 吊钩上必须具有防绳松脱的保护装置。吊钩和吊环严禁补焊,当出现下列情况之一时必须更换:

  a. 表面有裂纹、破口;

  b. 危险断面及钩颈有永久变形;

  c. 挂绳处断面磨损超过原厚度的10%;

  d. 吊钩衬套磨损超过原厚度的50%;

  e. 芯轴(销子)磨损超过其直径的3%~5%。

  ④ 吊具严禁使用螺纹钢制作。

  (7) 安全距离

  ① 起重机任何部位或被吊物边缘在最大倾斜时与架空线路最小安全距离符合表1-2的要求。

表 1-2 最小安全距离

安全距离（m）	电压（kV）						
	<1	10	35	110	220	330	500
沿垂直方向	1.5	3.0	4.0	5.0	6.0	7.0	8.5
沿水平方向	1.5	2.0	3.5	4.0	6.0	7.0	8.5

② 塔式起重机尾部与建（构）筑物及施工设备之间距离不得小于0.6m。起重臂端部与另一台塔式起重机塔身间距离不得小于2m，高位塔式起重机的最低位置部件与低位塔式起重机最高位置部件之间垂直距离不得小于2m。

③ 起重机械停放位置与基坑水平方向应保持2m安全距离。

（8）基础及轨道

① 起重机械的作业基础和行走道路应平坦坚实，如地面松软或不平时应采取铺设走道板等措施。

② 塔式起重机基础必须严格执行《塔式起重机混凝土基础工程技术标准》（JGJ/T 187—2019）并有可靠的接地和排水措施，接地电阻不大于4Ω。

③ 门式起重机设置扫轨器且离轨道间距不大于10mm，轨道应平直，轨道连接处偏差符合规范要求，连接螺栓无松动，接地电阻不大于4Ω，轨道两端设置挡轨器。

（9）其他

① 塔式起重机使用高度超过30m时，应配置障碍灯，起重臂根部铰点高度超过50m时应配备风速仪。

② 履带吊起重臂超过55m的应装设风速仪和报警装置，额定起重量大于32t的，必须装设力矩限制器且误差不大于8%，额定起重量大于50t的，必须装设水平仪。

（10）吊装

吊装作业必须编制安全专项施工方案，经施工单位技术负责人审核签字后，不需要专家论证的，由项目总监理工程师审核签字；需要专家论证的，施工单位必须组织专家论证，根据论证报告修改完善方案，并经单位技术负责人、总监理工程师、建设单位项目负责人签字后，方可组织实施。多台起重机械交叉作业或危险性较大的吊装作业，必须向监理工程师提交起重吊装申请。

（11）安全技术交底

作业前对起重作业人员进行书面安全技术交底，并配备必要的专用工具。调查周边作业环境，包括地基基础、地下管线、架空线路、周围建（构）筑物等，要与其他作业点和环境因素保持安全距离，设置吊装危险区域，悬挂安全警示牌，禁止无关人员进入。

（12）施工现场吊装作业

① 起重吊装作业严格遵守吊装作业"十不吊"规定，并做好交接班记录。根据吊装作业等级，委派现场管理人员现场监管。施工现场吊装作业分级管理见表1-3。

表 1-3 施工现场吊装作业分级管理

吊装作业等级	说明	代表	需到场人员	备注
危险性较大起重吊装作业	采用非常规起重设备、方法且单件起重量在10kN及以上	—	起重司机、指挥、专职安全员、安全监理	需编制安全专项施工方案
	采用起重设备进行安装的工程	—	起重司机、指挥、专职安全员、安全监理	
	起重机械自身的安装、拆卸	塔式起重机、门式起重机的安装、拆卸	起重司机、指挥、专职安全员、安全监理、安装（拆卸）单位技术人员、安全员	
超过一定规模的危险性较大起重吊装作业	采用非常规起重设备、方法且单件起重量在100kN及以上	—	起重司机、指挥、司索、专职安全员、技术负责人、项目领导、安全监理、总监理工程师	需编制安全专项施工方案并组织专家论证
	起重量30kN及以上的起重设备安装工程	大型物件，如盾构机、地下连续墙钢筋笼等		
一般吊装作业	除危险性较大和超过一定规模危险性较大起重吊装作业以外的吊装作业	常规吊装钢筋、方木、脚手架、钢支撑等	起重司机、指挥、专职安全员、监理巡查	—

② 停止作业后，应将所有操纵杆放在空挡位置，各制动器加保险固定。履带吊将起重臂转至顺风方向并降至40°~60°，吊钩提升至接近顶端位置；汽车吊将起重臂全部收缩在支架上，收回支腿，吊钩用专用钢丝绳挂牢。遇有雷雨、大雾和六级及以上大风等恶劣天气时，应停止一切操作，塔式起重机应松开回转限位器，门式起重机应锁紧夹轨器，履带式起重机应停放在地势较高处，并将起重臂放至最低位置。

3. 台账管理

（1）设备进场报验单；

（2）购销（租赁）合同、租赁安全管理协议书、产品合格证、产权备案表、年度检验检测报告、使用登记表；

（3）日常维修保养记录，周、月度检查记录，交接班记录，技术改造记录，运行故障和生产安全事故记录；

（4）历次安装验收记录；

（5）操作人员、指挥人员、司索工、安装拆卸工特种作业人员操作证、安装拆卸单位资质证书和安全生产许可证；

（6）吊装作业、安装拆卸工程专项施工方案和生产安全事故应急救援预案；

（7）保险证明材料（租赁设备）。

以上资料按台装订成册，专项施工方案、应急救援预案可单独存放。

1.2.3 盾构机组

1. 进退场管理

（1）盾构机组进场必须办理进场报验手续。
（2）盾构机组一般为自有设备，也可以租赁。
（3）盾构机组退场在一天之内报告监理单位。

2. 管理要点

（1）盾构机的选用应与周围岩土条件相适应。各总成件、零部件及附属装置应齐全、完整；钢结构不应有变形，主要受力构件的焊缝不应有开焊、裂纹，螺栓连接及销连接应牢靠。

（2）高压用电作业人员必须取得高压电工证。高压电缆施工完成后，必须请有资质的单位现场电试，电试合格后方可供电使用。

（3）施工单位编制内容应包括供电、变电、照明、通信联络、隧道运输、起重作业、通风、人行通道、给排水的安全管理措施及施工组织设计。制订负环、反力架及始发托架安装方案，洞口围护结构凿除方案。盾构机始发前对洞口进行加固。

（4）配备有毒有害气体检测仪，每6h测试一次，当地质条件发生变化时，应每2h测试一次，并做好书面记录。

（5）供紧急情况使用的通信联络设备、避难用设备器具、急救设备、器材、应急医疗设备、消防设备应齐全，并在有效期内。

（6）电瓶车。

① 电瓶车驾驶员应持有效证件上岗，起步前，观察四周，确认无妨碍行车安全的故障后，先鸣笛，后起步。

② 电瓶车驾驶室门应装有电气连锁装置，当门打开时，总电源应自动切断。行进或倒退时严禁将身体的任何部位露出驾驶室。

③ 任何人不得搭乘电瓶车进出隧道。

④ 严禁超速行驶。电瓶车在直线上行驶最高不得超过10km/h，接近岔道前限速至3km/h，在弯道和靠近工作面100m距离时限速5km/h，并打铃警示，遇到来往行人随时鸣笛。

⑤ 电瓶车设置后视摄像头并开启，驾驶员密切关注显示屏。

⑥ 电瓶车制动装置及电气线路良好，轨道铺设应牢固，轨距符合说明书要求，两端头必须设置挡轨器。后视摄像头、后视摄像头显示器、显示器失灵（错误）图，如图1-5所示。

（7）管片拼装机

① 管片拼装机应由专人操作、专人指挥。

② 举重臂旋转时严禁作业人员进入举重臂活动范围内。举重臂必须在管片固定后方可复位，封顶块拼装就位未完成连接和螺栓紧固，作业人员严禁进入封顶块下方。

③ 管片拼装机旋转时，作业人员必须离开拼装机旋转范围。

④ 管片起吊销必须全插到位，并时刻注意在旋转过程中销子是否脱出。

　　　　后视摄像头　　　　　　后视摄像头显示器　　　　　显示器失灵（错误）

图1-5　后视摄像头、后视摄像头显示器、显示器失灵（错误）

（8）开挖系统

① 刀盘开口度应在说明书规定的允许范围内；刀盘密封油脂密封应良好。

② 刀具不应偏磨、崩刃，刀具与刀座连接牢固。

③ 压力舱上的开口、盾壳上的阀门不应堵塞、缺损。

④ 超挖装置调整应方便、可靠，能准确控制超挖量和超挖范围。

⑤ 螺旋输送机的出土速率应与土仓进土速率一致。

3. 台账管理

① 产品合格证、人员操作证；

② 进场验收记录；

③ 日常维修保养记录、定期检查（含气体检测）记录、技术改造记录、运行故障和生产安全事故记录；

④ 专项施工方案和生产安全事故应急救援预案。

1.2.4　大型设备

1. 进退场管理

① 大型设备进场必须办理进场报验手续，成槽机、各类桩机还应在当地检验检测合格。

② 设备退场及时报告监理单位。

2. 管理要点

（1）各总成件、零部件及附属装置应齐全、完整；钢结构不应有变形，主要受力构件的焊缝不应有开焊、裂纹，螺栓连接及销连接应牢靠。

（2）机身张贴或悬挂操作规程牌。标识和吊索具参照起重机械要求执行。

（3）成槽机、三轴搅拌桩机、挖掘机等操作人员必须持有效证件上岗作业。

（4）作业前应对操作人员进行安全技术交底，并严格遵守《建筑机械使用安全技术规程》（JGJ 33—2012）的要求。

（5）严禁设备超负荷或带病作业。

（6）作业时，应密切关注周边作业环境，有危险时应立即撤离。

（7）作业完成后，应切断设备电源或关闭发动机，锁好制动和门窗。

（8）成槽机：

① 成槽器的运作必须在视线范围之内。成槽器、履带上严禁站人。

② 在进行回转前必须确认周围无人，在任何情况下都不允许在作业人员的头顶上或运送车辆驾驶室顶上回转。

③ 成槽器起升起高，操纵室内警报器发出警报后，应立即停止起升。

④ 禁止对成槽器和摇臂施加横向荷载。

⑤ 离开机械时，必须将成槽器降到地面放稳，并将所有操作杆都按停机要求放置。

（9）土方机械（挖掘机、装载机、压路机等）：

① 作业前，应查明施工场地明、暗设置物（架空电线、地下电缆、管线、坑道等）的地点和走向，并采用明显记号标明。

② 在行驶或作业中，除驾驶员外，任何人不得乘坐土方机械。

③ 挖掘机作业时，回转半径内严禁站人。

（10）桩机

① 三轴搅拌桩机：

a. 优先选用步履式三轴搅拌桩机，如因工作需求选用履带式三轴搅拌桩机时，施工单位要向监理单位提出书面使用申请，明确使用的必要性。

b. 要选用有丰富作业经验的履带式三轴搅拌桩机作业班组。

c. 进场前必须委托具有检验检测资质的单位进行检验检测，合格后方可进场作业。

d. 作业时要确保机械作业场地平坦坚实，并铺设路基箱或走道板。并有防止泥土洒落走道板的防护措施，移位前必须确保走道板干净，防止移位过程中履带打滑。

e. 在施工作业移位时，施工单位和作业班组必须有专人指挥。

f. 对于租赁的三轴搅拌桩机，必须与租赁单位签订安全生产协议书，明确各自的安全职责。

g. 加强对三轴搅拌桩机的主要受力构件、安全保护装置等关键部位的日常检查、保养、维修，对达不到安全性能要求的机械严禁进行施工作业。

② 桩机作业区内应无高压线路。作业区有明显标志或围栏，非工作人员不得入内。

③ 高度超过 20m 桩机必须安装防雷装置。

④ 卷扬机钢丝绳要经常润滑，不得干摩擦。

⑤ 遇有雷雨、大雾和六级以上大风等恶劣天气时，应停止一切操作。当风力超过七级时，应将桩机顺风向停置并增加缆风绳，或将桩架放倒在地面上。

（11）轨道车

① 轨道车司机须持有效证件上岗，每辆轨道车设车长一名、引导员一名，严禁疲劳、超速及酒后驾驶，严禁无作业令动车。

② 轨道车必须安装后视摄像头并开启，驾驶员密切关注显示屏。

③ 轨道车在每日开行的第一单程，行车速度必须控制在 10km/h，引导员思想必须高度集中，发现线路前方有侵限物或异常情况时及时向司机显示制动或紧急制动信号，区间运行速度不得超过 15km/h，通过车站及岔区必须限速 5km/h。

④ 轨道车司机必须服从指挥，在行驶时应加强瞭望，控制车速，严格执行相关规程的规定。见到停车命令、信号危及行车安全的情况，要立即采取停车措施，在信号、危险点 30m 前停稳车辆。

⑤ 通过道岔时，应在得到道岔操作人员的通过指令，并确认路径后方能通过。通

过道岔后应及时向道岔操作人员报告。

⑥ 轨道车因故在车站或区间内无法运行时，须立即报告调度员通知直属上级及轨行区管理方，由直属上级派人处理，轨行区管理方对轨行区使用计划做出相应安排。

3. 台账管理

① 产品合格证、成槽机和各类桩机年度检验检测报告、人员操作证、进场验收记录；

② 日常维修保养记录、定期检查记录、技术改造记录、运行故障和生产安全事故记录；

③ 专项施工方案和生产安全事故应急救援预案。

1.2.5 小型机具

1. 进退场管理

小型机具进场由施工单位设备部门组织验收，并做好进退场记录。

2. 管理要点

（1）机具的各类安全防护装置必须齐全有效。机具的传动轴、齿轮、皮带轮等高速运转部位应设有防护罩或防护板。

（2）室外作业应设置机棚，并在明显部位挂安全操作规程和责任人标牌。

（3）机具基础应水平稳定，不得有积水，机械有可靠接地，严禁使用倒顺开关。

（4）特种作业人员必须经建设主管部门考核合格，并取得特种作业操作资格证书后，方可上岗作业。

（5）机具操作人员应相对固定并正确使用个人防护用品，作业前应接受安全技术交底，非操作人员严禁操作。

（6）严禁机械超负荷或带问题作业。

（7）机具运转过程中，禁止清理和维修。

（8）作业结束后，应将工作场所及机身清扫干净，切断电源，锁好开关箱。

（9）钢筋加工机械：

① 切断机：

a. 切断钢筋时，手和切刀之间的距离应保持在 15cm 以上，严禁用手直接清除切刀附近的断头和杂物。

b. 加工较长的钢筋时，应有专人帮扶，并听从操作人员指挥，不得任意推拉。

② 弯曲机：

a. 严禁在钢筋弯曲机的作业半径和机身不设固定销的一侧站人。

b. 根据工件要求准备好各种芯轴及工具。钢筋的放置要和挡铁轴、工作盘旋转方向配合，不能放反。

③ 电焊机：

a. 交流电焊机必须安装防二次侧触电保护器。

b. 焊钳与把线必须绝缘良好、连接牢固，不得采用钢筋等金属构件代替二次线的接地，如图 1-6 所示。

 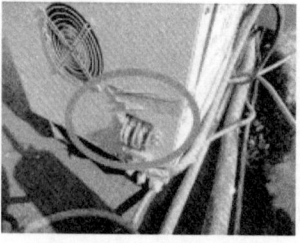 

遮雨棚及灭火器（正确）　　进线保护罩损坏（错误）　　使用钢筋代替接地线（错误）

图 1-6　钢筋加工机械示意图

④ 对焊机（图 1-7）：

a. 对焊机闪光区应设置防护挡板或防护棚，并清理周边易燃易爆物品。

b. 冷却装置水路应畅通，不得有漏水。

图 1-7　对焊机防护棚和防护挡板

⑤ 切割机（图 1-8）：

a. 切割机必须使用绝缘手柄。

b. 切割机砂轮应有防止火星飞溅的防护罩。

c. 严禁在砂轮上打磨用具。

切割机防护罩　　　　夹板缺失（错误）　　未使用绝缘手柄和防护罩（错误）

图 1-8　切割机示意图

（10）木工机械：圆盘锯（图 1-9）。

① 作业前必须检查锯片、刀片的松紧程度，有无裂缝、损伤及运转是否正确等情况，检查锯片防护罩、皮带轮防护罩等安全防护装置是否有效。

② 作业场所严禁吸烟和明火作业，并设置消防设备。场内木屑、刨花应经常清理。

③ 锯割长料须由两人配合进行，推料一端距锯片20cm必须放手；锯割短料时必须用推杆送料。

圆盘锯安全防护（正确）

圆盘锯无安全防护（错误）

图1-9 木工机械示意图

（11）混凝土机具：

① 振动器。振动器应装有漏电保护装置，操作人员必须穿绝缘鞋，戴防护手套，站立位置应牢固。

② 混凝土搅拌站：

a. 搅拌站的水泥罐等应固定牢靠并设置缆风绳。

b. 料斗升起时，严禁任何人在料斗下方停留或通过；当需要在料斗下检修或清理料坑时，应将料斗提升后用铁链或插入销锁住。

（12）其他：

① 氧气瓶、乙炔瓶：

a. 氧气瓶、乙炔瓶及其安全附属装置的检验检测由出租单位负责，使用单位应收集以上资料并加强日常管理。

b. 氧气瓶必须安装减压器、防振圈和安全帽，乙炔瓶必须安装回火防止器；压力表不得损坏，输气管应用抱箍固定并不得老化、漏气，氧气橡胶管为红色，乙炔橡胶管为黑色。

c. 氧气瓶禁止倒置，乙炔瓶禁止倒置或卧放并有防倾倒措施，禁止用金属棒等硬物敲击乙炔瓶。

d. 氧气瓶、乙炔瓶之间安全距离不得小于5m，离明火安全距离不得小于10m。

e. 气割枪点火时，必须按"先开乙炔、先关乙炔"顺序操作。

f. 氧气、乙炔瓶禁止暴晒、撞击和同车运输，运输车上必须配消防灭火器材。

g. 使用中，当氧气软管着火时，不得折弯软管断气，应迅速关闭氧气阀门，停止供氧；当乙炔软管着火时，应先关熄矩火，可采用弯折前面一段软管将火熄灭。

h. 冬天露天施工，当乙炔软管和回火防止器冻结时，严禁用火焰烘烤，可用热水或在暖气设备下化冻，如图1-10所示。

② 空压机储气罐：

a. 空压机应有防噪声装置，皮带轮应有防护罩或防护挡板。

b. 各安全阀动作应灵敏可靠，压力表应灵敏可靠，计测准确。

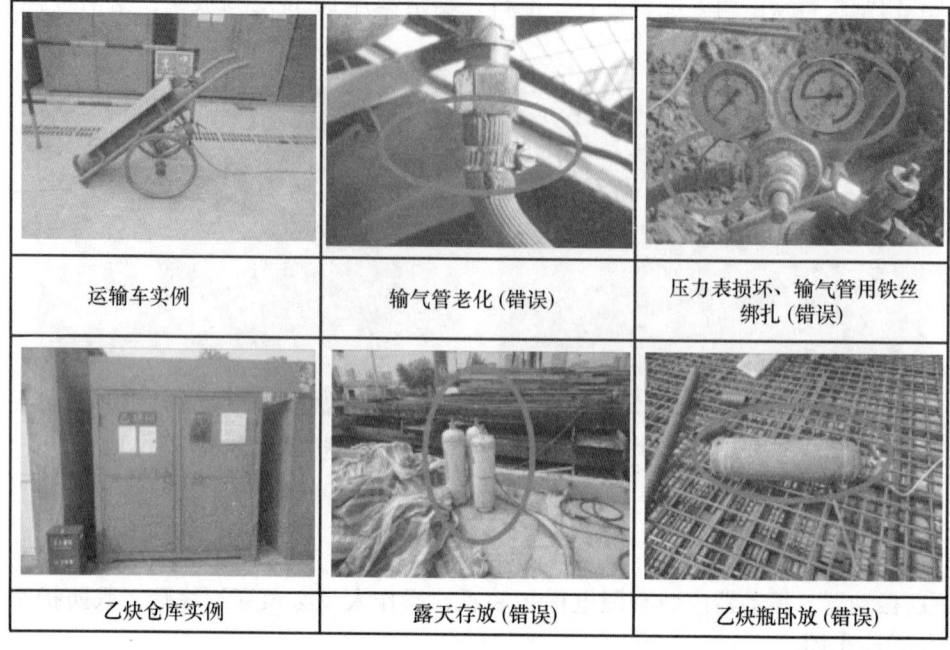

图 1-10 其他机械示意图

③ 水泵：

a. 启动前应检查：水管应绑扎牢固；放气、放水、注油等螺塞均旋紧；叶轮和进水节应无杂物；电缆绝缘良好。

b. 泵应放在坚固的篮筐里放入水中，或将泵的四周设立坚固的防护网，泵应直立于水中，水深不小于 0.5m，不得在含泥砂的混水中使用。泵应装设接零保护或漏电保护装置。

c. 接通电源后，应先试运转，检查旋转方向是否正确，水外运转时间不得超过 5min。经常注意水位变化，叶轮中心至水面距离应在 0.5~3m，泵体不得陷入污泥，电缆不可与井壁、池壁接触。

d. 数台水泵并列安装时，其扬程宜相同，每台之间应有 0.8~1.0m 的距离；串联安装时，应有相同的流量。

e. 水泵放入水中或提出水面时，应先切断电源，严禁拉拽电缆或出水管。

④ 手持电动工具：

A. 使用刃具的机具，应保持刃磨锋利，完好无损，安装正确，牢固可靠。

B. 使用砂轮的机具，应检查砂轮与接盘间的软垫并安装稳固，螺帽不得过紧，凡受潮、变形、裂纹、破碎、磕边缺口或接触过油、碱类的砂轮均不得使用，并不得将受潮的砂轮片自行烘干使用。

C. 在潮湿地区或在金属构架、压力容器、管道等导电良好的场所作业时，必须使用双重绝缘或加强绝缘的电动工具。

D. 非金属壳体的电动机、电器，在存放和使用时不应受压、受潮，并不得接触汽油等溶剂。

E. 作业前的检查应符合下列要求：
a. 外壳、手柄不出现裂缝、破损。
b. 电缆软线及插头等完好无损，开关动作正常，保护接零连接正确、牢固可靠。
c. 各部防护罩齐全牢固，电气保护装置可靠。
F. 机具启动后，应空载运转，应检查并确认机具运行灵活无阻。作业时，加力应平稳，不得用力过猛。
G. 严禁超载使用。作业中应注意音响及温升，发现异常应立即停机检查。在作业时间过长，机具温升超过60℃时，应停机，自然冷却后再作业。
H. 作业中，不得用手触摸刃具、模具和砂轮，发现其有磨钝、破损情况时，应立即停机修整或更换，然后继续进作业。
I. 机具转动时，操作人员不得离开。
3. 台账管理
产品合格证、进场验收记录。

1.2.6　附则

（1）本标准如与国家相关规范相抵触按照其规范执行；
（2）本标准自发布之日起开始实施；
（3）本标准的执行情况将与季度立功竞赛考核相结合。

1.3　材料管理

1.3.1　材料设备采购

项目部是项目设备物资采购供应的责任主体，对设备物资质量负全面责任，确保材料供应及时到位，规避市场风险；成立设备物资管理机构，建立设备物资质量管理体系。

项目部成立设备物资市场调查小组，了解所需设备物资的资源状况，内容包括所涉及设备物资种类的质量、数量、单价、生产厂家的数量及质量、运输方式、道路状况等，项目部根据了解的情况编制采购方案，建立市场信息台账（产品名称、规格型号、产地、质量标准、质量缺陷、运输方式、生产厂商、联系方式等），选择并评价合格供应商和合格生产厂商是落实物资管理"源头把关、过程控制"的第一步。合格供货方应具备有效生产资质、生产工厂、生产许可证、产品质量证明文件、质量体系认证文件、供应商的经营范围、生产厂商的授权委托书、产品用在重大工程项目业绩、售后服务、商业信誉、生产能力、资金实力等。

进场设备材料验收包括数量验收、质量验收、资料验收。验收内容如下：检查随车发货凭证、运料单中货物品名、规格、型号、数量等是否与技术文件要求相符；检验物资的外观、标牌、包装、材质单、合格证、质量证明文件、试验报告、装箱单等与实际是否相符；验收时详细填写验收记录；如发现不合格物资，应取得有关方签字认可，另外堆放，做出标记，以防混用，并及时通知供应商，立即清退，填写不合格品报告单。

1.3.2 材料设备进场报审及检验检测

每批次设备材料进场都需安排检验,项目部自检不合格的材料立即运出工地,查明原因,与供应商交涉,并上报建设单位和监理单位。自检合格的材料应及时报监理单位进行复检。对监理单位的检验结果有异议而且不能达成一致时,可与监理单位认可的独立的第三方质量检测机构做出最终裁定。对检测不合格材料的供应商,应查明原因,确系产品质量问题,应取消其该工程供应商的资格,更换合格的供应商。

每批次设备材料进场自检合格后,按国家法律法规、规范、行业标准要求送第三方检验,对送检不合格的设备材料,按不合格产品处理,封存并及时退场,严禁不合格设备材料用在工程项目中。

1.3.3 材料堆放标识及现场保护

设备、材料日常管理,推广和运用物料现代化的管理方法,按物料分类堆放,整齐排列,标志明显,便于清点、盘点和物料发放。仓库保管员必须合理设置各类物料的明细账簿。物料仓库必须根据实际情况和各类物料的性质、用途、类型分门别类建立相应的明细账。失效品、废料、退回料应分别建账。

设备标识标牌宽30cm,高20cm,主要内容为设备名称、规格型号、数量、厂家、进场日期、使用部位等。材料标识牌宽50cm,高40cm,主要内容为材料名称、规格型号、数量、厂家、批号、进场日期、检验日期、检验状态、报告编号、使用部位等。

必须严格按仓库管理规程进行日常操作,仓库保管员对当日发生的业务必须及时逐笔登账,做到日清日结,确保物料进出及结存数据的正确无误,确保一致性。

做好物料的日常核查工作,仓库保管员必须对各类库存物料定期进行盘点,并做到账、物一致。如有异动及时向财务部门反映,以便及时调整。

设备材料进入施工现场使用前临时存放地点宜选用空闲不碍事的地方存放,离地高度不低于30cm,需堆放整齐美观,采取防雨防水措施,四周增加临时防撞栏杆等保护措施。其主要原则需树立防火、防盗、防事故观念,设专人看守,无关人员不准进入,做到不锈、不霉、不腐、不损坏、不混乱、不受潮,对易挥发的物资要经常检查、保养,对易燃、易爆物资要严格执行安全保管规程。

1.3.4 材料发放及回收管理

物资进仓时,仓库管理员必须凭送货单、检验合格单办理入库手续;如属回用物料应凭回用单办理入库手续,拒绝不合格或手续不齐全的物料入库,杜绝只见发票不见实物或边办理入库边办理出库的现象。

入库时,仓库管理员必须查点物料的数量、规格型号、合格证等项目,如发现物料数量、质量、单据等不齐全时,不得办理入库手续。未经办理入库手续的物料一律作待检物料处理放在待检区域内,经检验不合格的物料一律退回,放在暂放区域,同时必须在短期内通知经办人员处理。

因质量等原因而发生的退回物料,必须由部门负责人填写退回处理单,办妥手续后方可办理入库手续。

物资的发出，原则上采用先进先出法。物资出库时必须办理出库手续，并做到限额领料，领料人员凭领料单向仓库领料，领料单需经各专业工程师签字确认后方可发料，领料人员和仓库管理员应核对物品的名称、规格、数量、质量状况，核对正确后方可发料并在领料人签字栏签字确认；领料单一式两份，一份用作做账，另一份交由物资部长存档，以备核对。原材料检测流程如图1-11所示，材料堆场、标识标牌如图1-12所示。

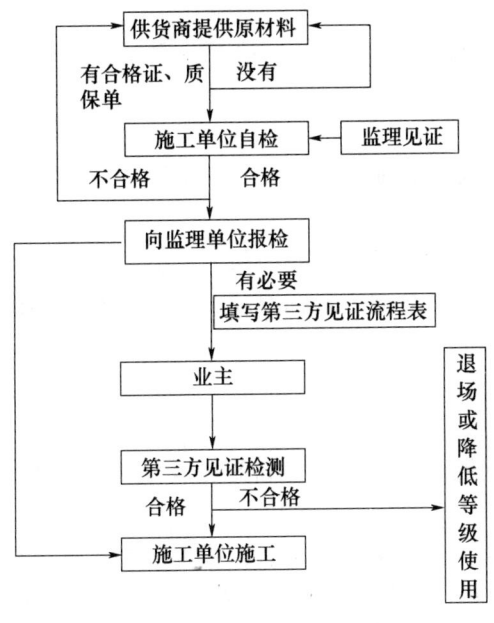

图1-11 原材料检测流程

图1-12 材料堆场、标识标牌

1.4 管理方法

1.4.1 PDCA循环法

PDCA循环，也称戴明环，是由美国著名质量管理专家戴明（W. E. Deming）首先提出的。这个循环主要包括四个阶段：计划（Plan）、实施（Do）、检查（Check）和处理（Action），及八个步骤，八个步骤是四个阶段的具体化。

1. 计划（P）阶段

计划是质量管理的第一阶段。通过计划，确定质量管理的方针、目标，以及实现该方针和目标的行动计划和措施。

计划阶段包括以下四个步骤：

第一步，分析现状，找出存在的质量问题。

第二步，分析原因和影响因素。针对找出的质量问题，分析产生的原因和影响因素。

第三步，找出主要的影响因素。

第四步，制订改善质量的措施，提出行动计划，并预计效果。在进行这一步时，要反复考虑并明确回答以下问题：

① 为什么要制订这些措施（Why）？
② 制订这些措施要达到什么目的（What）？
③ 这些措施在何处即哪个工序、哪个环节或在哪个部门执行（Where）？
④ 什么时候执行（When）？
⑤ 由谁负责执行（Who）？
⑥ 用什么方法完成（How）？

以上六个问题，归纳起来就是原因、目的、地点、时间、执行人和方法，也称5W1H问题。

2. 实施（D）阶段

该阶段只有一个步骤，即第五步（执行计划或措施）。

3. 检查（C）阶段

这个阶段也只包括一个步骤，即第六步（检查计划的执行效果）。通过做好自检、互检、工序交接检、专职检查等方式，将执行结果与预定目标对比，认真检查计划的执行结果。

4. 处理（A）阶段

该阶段包括两个具体步骤：

第七步，总结经验。对检查出来的各种问题进行处理，正确的加以肯定，总结成文，制订标准。

第八步，提出尚未解决的问题。通过检查，对效果还不显著，或者效果还不符合要求的一些措施，以及没有得到解决的质量问题，不要回避，应本着实事求是的精神，把其列为遗留问题，反映到下一个循环中。

处理阶段是 PDCA 循环的关键。因为处理阶段就是解决存在问题，总结经验和吸取教训的阶段。该阶段的重点又在于修订标准，包括技术标准和管理制度。没有标准化和制度化，就不可能使 PDCA 循环起来。

1.4.2 常用质量工具

1. 直方图法

测定值的存在范围分成底边几个区间，以这个区间测定值、出现次数的比例面积排列成长方形图，又名直方图。在可看见的测定值分布状态以图形表示测定值偏心及瑕疵的程度。此图可用在核对规格值及制造工程状况中。

2. 检查表法

取测定值的方法，为了能让测定值整理起来方便，预先设计一个图表，然后记录缺点数及不良项目等所发生的原因。在改进作业标准时，简单地画一张图表，就可以掌握已有的大量情况。

3. 特性要因图法

想了解品质的特性及其所波及的影响，整理主要原因及其因果关系，使其一目了然，画一张鱼骨形的图，便可全部涵盖（图1-13）。

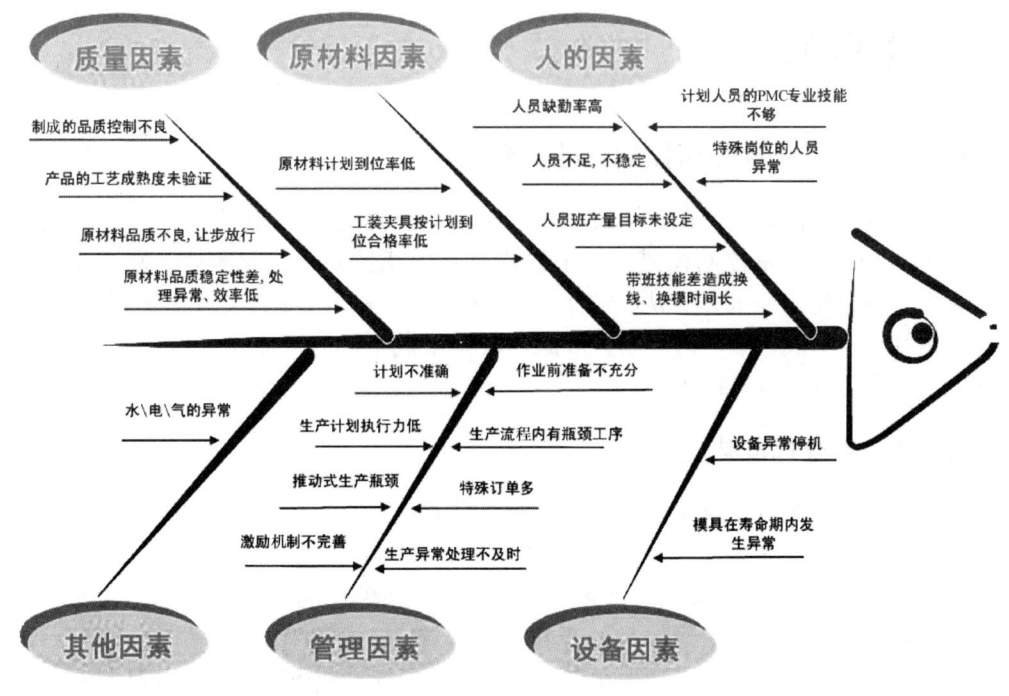

图 1-13 鱼骨图

4. 层别法

测定值是依据所取得的特征（如制品种类、机械装置、工具或原料、材料、零件、作业种类等），分成两个以上不同的类别。假如有任何因作业员、机械或原料的不同而影响到成品品质时，即可将测定值按其层次的不同分别整理，使其更容易了解，而在获得有益的情报时能够派上用场。

5. 问题列举法

将想法逐一列举，再将稍佳的提案略微整理。这在改善及提出新产品的构想上有很大的帮助。这种将引伸出来的特性稍加变化的特性列举法——问题列举法，由某些问题牵引出所有问题的解决方法。

6. 4M 法

这是指原物料（Material）、机械设备（Machine）、作业方法（Method）、作业员（Man）的头四个英文字母，这四个 M 用在表示品质瑕疵方法上称为四大要素。

在追查不良原因品质瑕疵以及工程管理时是最有用的方法，如果以上的四个 M 再加上计测（M……）即变 5M，其他夹具（Jig），零件（Parts）等加入，即成 5M1J1P。

7. 抽样检验法

从一批量（Lot）中抽取样品比较，其效果作为这一批量（Lot）的判定基准为标准，然后判定其是否合格，再审核时，此批量和样品间有很大的关系。从一批量中抽取样品的方法及其判定基准可以经济性为基准而作的统计方法而定之，此方法比全数检查更有用。

1.5 质量标准化

1.5.1 工程质量管理标准化的内涵

工程质量管理标准化是在总结过去治理工程质量通病和常见问题成功经验的基础上，借鉴工业生产质量控制模式，把工程质量管理相关要素优化整合，在人员配备、机具管理、材料使用、工艺方法、施工环境和质量控制等方面，使其更加系统化、规范化、精细化，形成标准并可复制，以此提升施工效率和施工水平，解决常见工程质量问题，提高工程质量管理水平。

1.5.2 质量标准化的优点

项目部组织全体员工对质量标准化管理进行了系统的、规范的学习。意为找差距、定目标、总结经验、完善管理、实现自我突破。

当前正处于一个变革的时代，变是唯一的不变。现代的社会中，竞争十分激烈，以前的管理方式已经不能适应时代的步伐了。本着只为成功找方法、不为失败找借口的理念，一步一步积累经验，到现在已经有了自己的标准化体系。标准化体系的学习，有利于提高每一位员工的标准化意识和标准化业务水平，培养精通公司业务又熟悉标准化管理工作的标准化专业人员，以适应竞争日益激烈的市场形势，为达到公司的预期发展目标而奋斗。俗话说、无规矩不成方圆，建立标准化的流程也是同样的道理。既然是流程标准化，就是要有据可依，有据可循，有据可查。可以在人员流失补进新人时，让新人更快地熟悉部门的各项业务。施工标准化是对规范的补充和细化、主要补充了工地的标准化建设和工程管理方面的要求，细化了施工过程的控制。对规范工程建设和管理起到了非常重要的作用。通过施工标准化可以消除部分潜在的安全隐患，有利于提高安全生产，保证工程进度，对工地的标准化建设和工程管理有了制度保障；有利于提升工程质量；有利于节约工程成本，提高经济效益；有利于改善施工、生活环境，大幅提高文明施工程度。工作期间应做到每日巡查、每周检查、每月报告。如有偏差及施工现场不规范的情况，及时提出整改措施，并进行验证，实时调整进度计划，在遇到问题时能更快更好地解决问题。这就是标准化体系的优点。

1.5.3 标准化实施内容

1. 组织结构的标准化

规范的组织结构其目的在于协调好企业部门与部门之间、人员与任务之间的关系，使员工明确自己在公司中应有的权、责、利，以及工作形式、考核标准，有效地保证组织活动开展，最终保证组织目标实现。组织结构决定着组织行为，直接影响企业战略的执行，所以必须依据企业的实际情况，为企业设计与其相匹配的组织结构，达到顺畅地发挥企业能力的目的。

2. 规章制度的标准化

管理制度是标准管理的有效工具，可以对各个部门、岗位和员工的运行准则进行很好的界定，它能够使整个管理体系更加规范，使每个员工的行为受到合理的约束与激励，做到有规可依、有规必依、执规有据、违规可纠、守规可奖。其主要内容包括管理体系的标准化、行为准则界定的标准化、绩效管理的标准化、违规行为处罚的标准化等。

3. 质量行为管理的标准化

工程质量标准化是工程实物要素样板化的集合、升华，极大地提高了从业人员乃至一线工人的技术水平。工程质量标准化是建设工程规范标准条文的可视化，使一线工人更容易感知、感受，从枯燥的文字条文到直观的、感性的实物或图片，通俗易懂。从而加深规范标准条文的理解和应用。

工程质量标准化是可复制的，通过建筑工程质量标准化的观摩，一些做法可以说一看就会、一学就成，关键靠落实。

工程质量标准化管理工作，是质量监督系统做好质量工作的一项重要抓手，将是消除工程质量常见问题、创建精品工程的切入点和着力点。

2 工地临时设施质量管理

2.1 施工总体布置

2.1.1 施工区布置与管理

(1) 施工区布置应尽量降低工程建设成本,满足安全生产、文明施工及绿色环保要求,实现"四节一环保"(节能、节材、节水、节地和环境保护)目标。

(2) 施工区和办公区、生活区划分明显,并设置分隔设施。

(3) 合理确定地面硬化范围。周边设排水沟,排水畅通保证场内不积水。

(4) 施工道路规划永久和临时相结合,形成环形通路。人车分流,保障场内交通安全。

(5) 合理设计材料堆放区、钢筋加工区、车行区、设备作业区(作业半径)、出土区等位置和面积,尽量减少施工作业和设备之间的交叉干扰。

(6) 消防通道净宽度和净高度不小于4m,消防设施数量足够、性能完好。

(7) 噪声、大气污染、光污染、废浆、污水、渣土等控制措施完善。

(8) 物资材料堆放整齐。

(9) 各类提示、指示、警示标识清晰。

2.1.2 工程公示告知

1. 工程进展公示牌(图2-1)

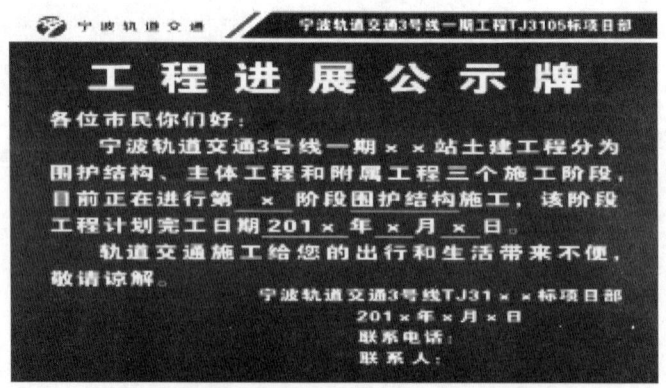

图 2-1 工程进展公示牌示意图

(1) 尺寸120cm×100cm,采用铝塑板或泡沫板材质,蓝底白字。

(2) 所有字体均采用方正大黑简体,标题"工程进展公示牌"字号为267,内容正文字号为132.5，单位署名字号为108。

(3) 设置地点：有人行通道处的围挡上，应保证牢固。

(4) 根据施工进展及时更新。

2. 工点位置概况告知

车站主体结构轴号，高架桥墩号宜设置位置标识牌，位置应醒目且不易损坏，高度保持平齐；特殊结构的桥梁工点，车辆段单体建筑宜设置工程简介牌。车站轴号标识如图2-2所示，高架桥墩柱编号如图2-3所示。

图2-2 车站轴号标识　　　　　图2-3 高架桥墩柱编号

2.1.3 安全警示镜

工地入口处设置安全警示镜，尺寸参考如图2-4、图2-5所示，可根据实际情况进行调整。

图2-4 安全警示镜尺寸示意图　　　图2-5 安全警示镜实物图

2.1.4 七牌二图

1. 总体要求

(1) 七牌是指工程概况牌，管理人员公示牌，组织机构牌，安全纪律牌，施工管理牌，消防保卫牌，重大危险源公示牌；二图是指施工现场总平面图，消防设施平面布置图。

（2）图牌尺寸。危险源公示牌与施工总平面布置图规格为150cm×180cm（高×宽），此外其他图牌尺寸为150cm×120cm。图牌的颜色为蓝底白字或白底黑字。图牌尺寸如图2-6所示。

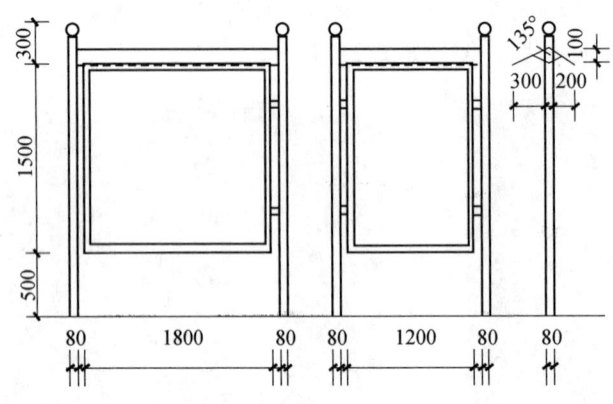

图2-6 图牌尺寸示意图

（3）安装要求。图牌距离地面高度为50cm。图牌采用不锈钢平直板材，不锈钢框架支撑，顶部阳光板篷，并统一制作支架，支架下设基础，确保图牌稳固。

因场地原因无法设置七牌二图的，经业主同意后可以适当减小图牌尺寸。

（4）图牌内容仅供参考，各单位可根据需求进行修改。

2. 施工现场总平面布置图

施工现场总平面布置图包括临时设施、现场交通、作业区、施工设备及机具的布置，原材料、半成品、成品的堆放位置等。

3. 消防设施平面布置图（图2-7）

消防设施平面布置图标明消防通道、应急疏散线路、重点消防区域（易燃易爆物品存放仓库、动火作业区、配电室等）、各类消防器材设置地点、类别型号及数量等内容。

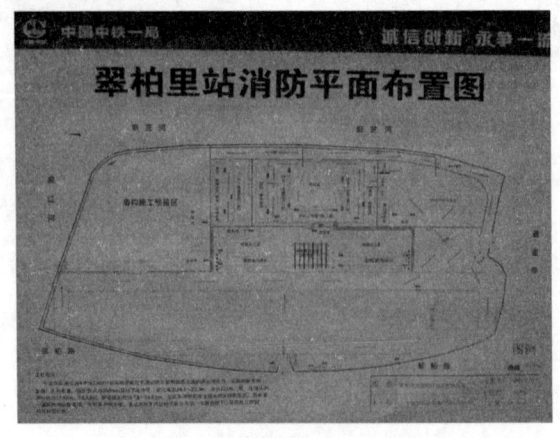

图2-7 消防设施平面布置图

4. 工程概况牌

工程概况牌主要信息包括工程简介、工程名称、开竣工时间、参建单位和监督单位名称。

5. 管理人员公示牌

（1）公示人员。公示人员至少包括施工单位项目经理、总工程师、安全负责人、质量负责人，监理单位总监、安全专监、质量专监、测量专监。

（2）公示信息包括公示人员照片、职务和姓名。

6. 组织机构牌（图2-8）

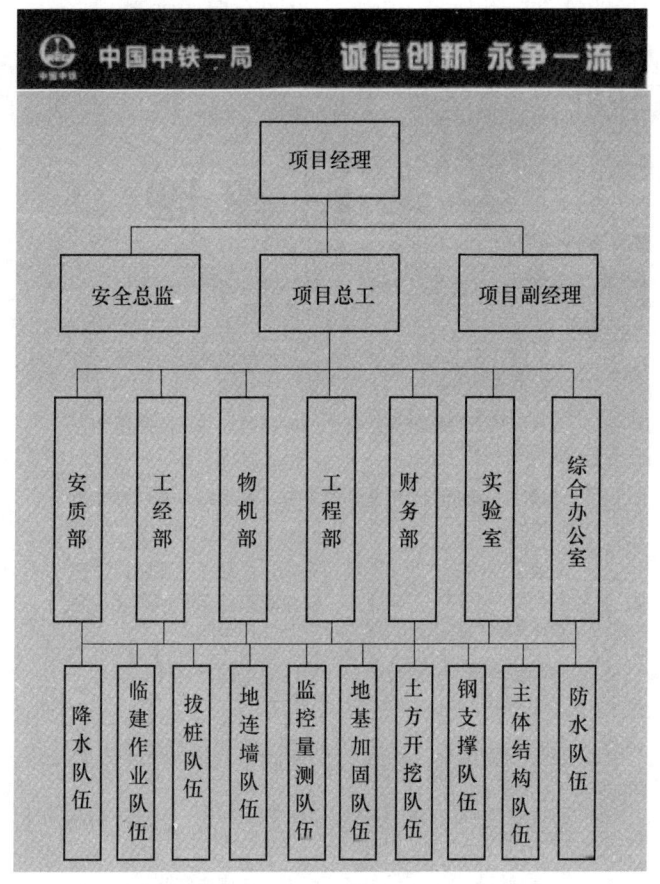

图2-8 组织机构牌

7. 安全纪律牌（图2-9）

参考内容：

（1）坚决贯彻安全生产法律、法规和安全生产管理条例。坚持"安全第一、预防为主、综合治理"的方针。

（2）未经教育不得上岗，非操作人员严禁进入危险区域，特种作业人员必须持证上岗。

（3）进入现场必须戴好安全帽，系好帽带，并正确使用个人劳动防护用品。

（4）现场内不准赤脚，不准穿硬底鞋、高跟鞋、喇叭裤和酒后作业。

（5）在建工程中的"四口"和"五临边"必须设置防护设施。

（6）高处作业必须系好安全带，安全带高挂低用，严禁从高处抛扔材料、工具、建筑垃圾等一切物品。

（7）各种配电箱（电器）及电源线必须符合规定，做到一机一闸一箱一漏，门锁齐全。

（8）各种机械设备、设施必须经过安全检查及性能试验，合格后按安全操作规程使用。

（9）未经有关人员批准不准任意拆除安全设施、安全装置和脚手架。

（10）施工现场的危险区域设警示标志，夜间有照明示警。

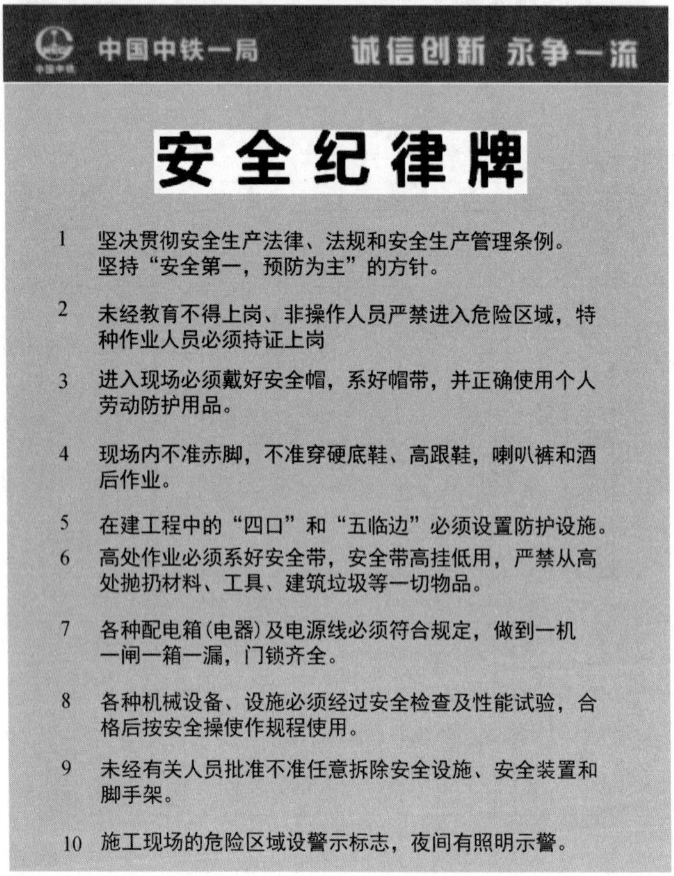

图2-9　安全纪律牌

8. 施工管理牌

参考内容：

（1）确保工程达到合同和验收规范的质量标准。

（2）贯彻落实项目质量计划和作业指导书，严格按图纸施工；推行标准化管理。

（3）坚持"三检制"，实施工程质量全员、全方位、全过程、全要素的管理，保证工程质量。

(4) 不合格材料禁止进场使用；严格材料配合比，不准施工不计量。

(5) 施工和生活区域划分责任区，设置标牌责任到人；禁止乱扔垃圾，实行奖罚制度，定期组织评比。

(6) 各种材料分门别类堆放、标识清楚并有防潮、防雨、防盗措施，机械设备停放合理，定期保养，外观整洁，状态良好。

(7) 对施工噪声严格进行控制，最大限度地减少噪声扰民。

(8) 坚持对员工进行文明施工教育，施工现场内严禁吸烟，严禁违章作业、野蛮施工。

(9) 运输车辆不得将泥土带出现场，沿途不撒。

9. 消防保卫牌

参考内容：

(1) 实行各级消防、保卫责任制，确定消防、保卫责任人，建立消防、保卫档案。

(2) 施工现场内外消防道路和通道保证畅通，设置明显标志，配备有效的消防设施及器材。

(3) 易燃、易爆、有毒物品专库存放，专人保管。

(4) 施工现场、生活区严禁私拉乱接电线。

(5) 进入施工区域严禁打架斗殴、聚众闹事，严禁酗酒、赌博、寻衅滋事。

(6) 现场保卫人员佩戴明显标志，未经批准非施工人员严禁进入施工现场，出入现场应登记。

(7) 场内材料及各种物品，未经批准严禁外运。

(8) 电焊、气焊人员应严格执行操作规程，不准在易燃易爆物附近电气焊。

(9) 施工现场昼夜设值班员巡逻，并设义务消防队，发现火情及时处理。

10. 重大危险源公示牌（表2-1）

表2-1 重大危险源公示牌

序号	作业活动	重大危险源	危害	危险级别	预防和控制措施	现场责任人

2.1.5 场地硬化

施工区内的临时房屋、内外地坪、道路、仓库、加工场、材料场、基坑四周均进行场地硬化。场地硬化按施工方案执行，且不低于合同标准，具体如下：

(1) 场区路面：厚20cm，强度为C30的钢筋混凝土（φ16@250单层双向钢筋网）。生产区路面的基础处理，参照道改路面的基础处理要求执行。

(2) 生活区：厚20cm，强度为C25的素混凝土。

2.1.6 排水系统

(1) 排水应专门规划，各分区及总体排水应形成完善的系统。

(2) 排水沟尺寸不小于30cm×30cm。有通行要求的水沟上设置槽钢或铸铁排栅，无通行要求的采用轻型排栅。

（3）施工废水、泥浆经处理达标后方可排入市政管道，雨水、污水分流排放，不得污染施工区域以外的地下管网、路面。

（4）设置三级沉淀池，长≥550cm，宽≥250cm，深≥150cm。池上采用钢格栅网片遮盖，四周设置防护栏杆（图2-10、图2-11）。

（5）定期安排人员进行清理维护，保持排水系统的畅通。

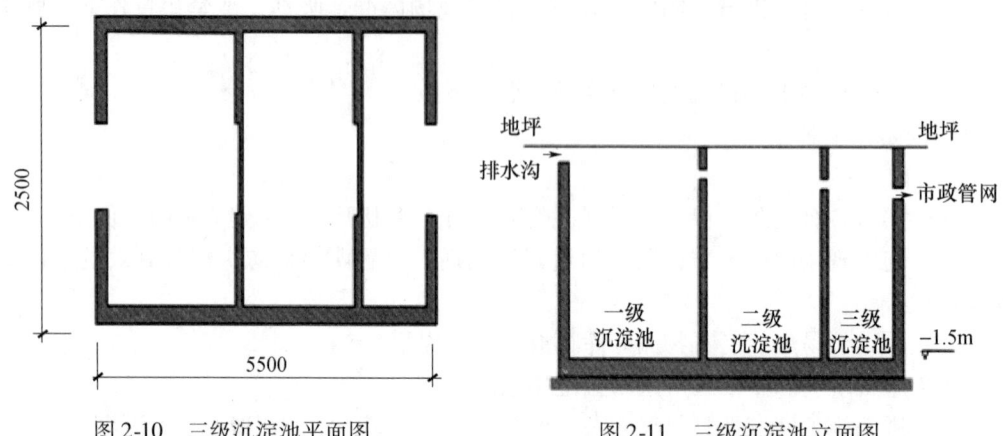

图2-10　三级沉淀池平面图　　　　图2-11　三级沉淀池立面图

2.1.7　洗车槽

（1）施工现场大门处设置不小于6m×4m的洗车槽，槽两侧设置隔挡，防止污水漫流。洗车槽排水沟箅子采用足够强度的材料加工（如槽钢），并设排水沟连接至沉淀池。

（2）必须配备不少于两套高压洗车水泵等配套设施和设备（图2-12、图2-13）。

图2-12　人工冲洗洗车槽　　　　图2-13　自动冲洗洗车槽

2.1.8　休息室及工地厕所

（1）休息室不小于360cm×270cm×220cm，配备椅子、烟灰缸（铁桶）、饮水机、灭火器材等设施。可适当挂一些有针对性的安全生产宣传条幅或挂图。

(2) 施工区域内设置工地厕所。

(3) 建立卫生责任制度，定期清理，保持干净整洁。

2.1.9 材料标识牌

(1) 标识牌宽 50cm，高 40cm。采用铝塑板制作，白底黑字。

(2) 支撑架高度 120cm，底部支撑不小于 40cm 长，以防止倾倒。

2.1.10 钢筋存放

(1) 按照总平面图规定位置存放。钢筋原材料存放不得变形扭曲，层次分明，保持一头对齐；半成品堆码牢固，便于取用。

(2) 分品种、规格、批号存放，采用 16 号槽钢分隔。

(3) 钢筋下垫构件应坚实牢固，宜采用混凝土条形块、枕木、工字钢，高度不小于 25cm。

(4) 做好钢筋原材料及半成品的防碰撞、碾压，防泥浆、尘土污染和防锈蚀保护工作。表面覆盖包裹应使用帆布，不得使用彩条布。

(5) 钢筋原材料及半成品均应有相应标识牌（图 2-14～图 2-18）。

图 2-14 混凝土条形块钢筋存放底座

图 2-15 双拼工字钢钢筋存放底座

图 2-16 钢筋原材料存放

图 2-17 钢筋半成品码放

图 2-18 钢筋丝头保护

2.1.11 模板存放

（1）按照总平面图规定的位置放置。钢模板堆码地面应坚实平整，木模板堆码处距离易燃易爆物品应满足安全距离要求。

（2）分品种和规格分别码放；堆码应稳固，必要时应有捆扎措施。

（3）模板堆垛离地高度不小于 20cm，支垫材料应有足够强度。

2.1.12 方木存放

（1）按照总平面图规定的位置放置，距离易燃易爆物品应满足安全距离要求。

（2）分规格堆放；堆码应稳固，必须有捆扎措施。

（3）配备足够数量的消防器材。

（4）采用帆布包裹覆盖，防止雨淋或暴晒导致变形。

2.1.13 管片存放

（1）堆放区地面采用 C20 混凝土硬化处理，排水畅通，不得积水。

（2）设置卸车位置，便于管片进场的卸车和验收工作。

（3）使用 20cm×20cm 方木支垫或者使用专门设计的管片底座（图 2-19）。管片层数不超过三层，堆放间距不小于 1 m。

（4）已粘贴防水材料的管片，必须配备可移动防护棚。

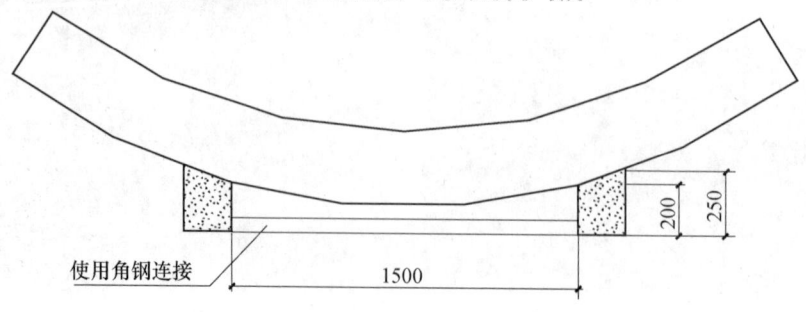

图 2-19 管片下垫枕木示意图

2.1.14 泥浆与污水处理

(1) 市区内施工必须配置泥浆箱,市区外施工经业主审批后可以设置砖砌泥浆池。

(2) 地下连续墙施工时必须使用泥浆分离器。分离出的泥浆采用泥浆箱存放,经过沉淀等工序形成清水后方可外运(图2-20、图2-21)。

图 2-20 泥浆分离器　　　　　　　　图 2-21 泥浆箱

2.1.15 钢筋加工棚

(1) 加工棚高度与宽度应根据现场加工条件和工作需要确定,满足作业要求。加工棚框架体系采用型钢材料制作,并经过抗倾覆稳定性计算合格。

(2) 加工棚移动到位后应与地面拉结,走行轮部位加楔块,防止加工棚掉道或移动。大风天气应增加缆风绳进行加固。

(3) 加工棚走行轮与走行轨道应匹配,以免掉道。

(4) 加工棚顶面四周悬挂安全警示标语。棚内加工设备处悬挂安全操作规程。

(5) 比较固定的钢筋焊接作业,电焊机及其控制开关箱集中放置,并设置封闭或隔离措施。所有电焊工特种作业操作资格证复印件在现场张贴告示,如图2-22所示。

图 2-22 电焊机集中放置并隔离

2.1.16　工地标养室

（1）标养室面积大小应结合各标段高峰时段浇筑混凝土数量及试件留置数量确定。根据招标文件要求，标养室面积不小于40m²，如图2-23所示。

（2）设置温度湿度自动控制系统，并在室内适当位置设置若干温度计和湿度计进行校核，确保试件养护达到标准条件。

（3）试件放置在架体上养护，架体应具有足够的强度。上方设置喷淋管道，喷水口不得直接冲淋试件。喷水量和间隔时间应能确保试件表面始终保持潮湿状态。

（4）试件按不同强度等级归类放置并挂标识牌，便于查找，如图2-24所示。

（5）室内地面宜设坡度确保排水通畅，喷淋用水宜回收并经沉淀处理后循环使用。

（6）室内用电线路应加套管保护，照明宜采用LED防水灯具。

图2-23　标养室

图2-24　试件标识牌

2.1.17　应急物资库

（1）按照合同文件及审批的综合应急预案配备应急物资，并集中存放在应急物资专用库房内。

（2）明确库房管理责任人，库房外公布管理人员联系电话。库房内外张贴应急物资、机具设备清单。已使用的及时补充，失效的及时修复或更换。

（3）库内设置货架，各类物资分类上架存放并设置标识牌。

（4）每月对库内物资规格、数量、有效性进行检查，对机具设备使用性能进行运转检查。检查结果张贴在库房内。

2.1.18　气瓶存放

（1）气瓶分类存放在专用库房内。

（2）库房与在建工程的防火间距不应小于15m。库房应通风、干燥、防雨防暴晒，并保持稳定牢固。

（3）明确库房管理责任人专人管理。库房上锁，张挂安全警示标识，配备灭火器。

（4）气瓶运输使用运输手推车。手推车设置气瓶固定、输气管线缠绕装置及灭火器，如图2-25所示。

图 2-25　气瓶运输手推车

2.1.19　消防

1. 重要消防场所布置

（1）固定动火作业场应布置在可燃材料堆场及其加工场、易燃易爆危险品库房等全年最小频率风向的上风侧，并宜布置在临时办公用房、宿舍、可燃材料库房、在建工程等全年最小频率风向的上风侧。

（2）易燃易爆危险品库房应远离明火作业区、人员密集区和建筑物相对集中区。

（3）可燃材料堆场及其加工场、易燃易爆危险品库房不应布置在架空电力线下。

（4）易燃、易爆物品分类专库储存，库房内通风良好，并设置安全警示标志。

2. 防火间距

（1）易燃易爆危险品库房与在建工程的防火间距不应小于15m。

（2）可燃材料堆场及其加工场、固定动火作业场与在建工程的防火间距不应小于10m。

（3）其他临时用房、临时设施与在建工程的防火间距不应小于6m。

3. 消防车道

（1）施工现场内设置临时消防车道，临时消防车道与在建工程、临时用房、可燃材料堆场及其加工场的距离不宜小于5m，且不宜大于40m；施工现场周边道路满足消防车通行及灭火救援要求时，施工现场内可不设临时消防车道。

（2）临时消防车道宜为环形。设置环形车道确有困难时，在消防车道尽端设置尺寸不小于12m×12m的回车场。临时消防车道的净宽度和净空高度均不小于4m，右侧设置消防车行进路线指示标识。

4. 应急疏散

（1）层数为3层或每层建筑面积大于200m^{2}时，应设置至少2部疏散电梯。房间疏散门至疏散楼梯的最大距离不应大于25m。

（2）房间内任一点至最近疏散门的距离不应大于15m。

（3）双层临时用房宜设置紧急情况下的立杆式快速疏散逃生措施。

5. 配置灭火器的场所

（1）易燃易爆危险品存放及使用场所。

(2) 动火作业场所。
(3) 可燃材料存放、加工及使用场所。
(4) 厨房操作间、锅炉房、发电机房、变配电房、设备用房、办公用房、宿舍等临时用房。
(5) 其他具有火灾危险的场所。

6. 灭火器配置

(1) 类型与配备场所可能发生的火灾类型相匹配。
(2) 灭火器的最低配置标准满足《建设工程施工现场消防安全技术规范》(GB 50720—2011)的规定。
(3) 灭火器的配置数量应按《建筑灭火器配置设计规范》(GB 50140—2005)规定经计算确定,且每个场所的灭火器数量不应少于2具。
(4) 灭火器摆放稳固,铭牌朝外。灭火器箱不得上锁。
(5) 手提式灭火器设置在灭火器箱内或挂钩、托架上,其顶部离地面高度不应大于150cm,底部离地面高度不宜小于8cm。
(6) 进入施工现场的重要通道口设置消防架(柜),集中设置一部分消防器材,主要包括消防锹(不少于3把)、消防斧(不少于2把)、消防钩(不少于2把)、消防桶(2~3个)、消防砂(不少于1m³)及小推车(常备1台)。
(7) 临时用房建筑面积之和大于1000m²或在建工程单体体积大于10000m³时,应设置临时室外消防给水系统。当施工现场处于市政消火栓150m保护范围内,且市政消火栓的数量满足室外消防用水量要求时,可不设置临时室外消防给水系统。临时消火栓设置具体规定见《建设工程施工现场消防安全技术规范》(GB 50720—2011)。

7. 宿舍生活区消防

(1) 必须设置电瓶车集中充电区,实现有序集中的充电安全管理。
(2) 明确宿舍消防安全管理责任人,张贴紧急疏散路线图及消防器材平面图。

8. 消防管理

(1) 重要消防场所设置及消防器材配置必须经过验收。
(2) 经常检查和维护消防器材,保证灵敏有效。
(3) 每月开展1次消防检查,保留检查记录。
(4) 经常性开展消防器材使用及应急逃生知识培训。

2.1.20 道路破除及修复

1. 道路缺陷处理

(1) 有较严重坑洞、沉陷、开裂等缺陷的路面采用破除后重新施作路面的措施处理。
(2) 编制道路修补方案,对修补人员做好交底,确保修补质量。
(3) 确定处理范围并划线,先采用切割机具沿着划线切除,确保处理边界方正整齐。切除后基层平整并用小型机具夯实,最后重新浇筑混凝土或摊铺沥青混凝土。

2. 道路管理维护要求

(1) 落实负责人、联系人、道路缺陷处理人员及物料、机具等。
(2) 每日巡查不应少于1次,并形成巡查记录。

（3）及时修补道路缺陷，留存修补图文记录。

2.1.21 扬尘控制

（1）至少配备1台洒水机动车定期对地面洒水冲洗，以现场无扬尘为准。
（2）土壤裸露区应根据裸露时间长短做绿化处理或密闭网覆盖。
（3）易产生扬尘的材料堆放采取覆盖措施，粉末状材料应封闭存放。
（4）工程垃圾、渣土及产生扬尘的废弃物装载过程中，采取喷淋压尘措施。
（5）拆除凿除作业采取清理积尘、局部遮挡、掩盖、水淋等措施降尘。
（6）高处清理垃圾采用容器吊运，严禁向下直接倾倒抛洒。
（7）运送容易散落、飞扬、泄漏的物料的车辆必须封闭严密。
（8）接触粉尘的作业人员必须佩戴防尘口罩（图2-26～图2-28）。

图2-26　洒水车

图2-27　喷雾机　　　　　　　　　　　图2-28　场地绿化

2.1.22 噪声与振动控制

（1）现场噪声排放不得超过《建筑施工场界噪声环境排放标准》（GB 12523—2011）的规定。
（2）在施工场界对噪声进行实时监测与控制。

(3) 使用低噪声低振动的机具，采取隔声与隔振措施，避免或减少施工噪声和振动。
(4) 作业人员佩戴耳塞等防护用品。

2.1.23 光污染控制

(1) 尽量避免或减少施工过程中的光污染；夜间室外照明灯加设灯罩，透光方向集中在施工范围。
(2) 电焊作业采取遮挡措施，避免电焊弧光外泄。

2.1.24 水污染控制

(1) 施工现场污水排放应达到《污水综合排放标准》（GB 8978）的要求。
(2) 在施工现场应针对不同的污水，设置相应的处理设施，如沉淀池、隔油池、化粪池等。

2.1.25 地下及封闭空间有毒有害气体与环境监测

1. 有毒有害气体及主要环境参数
(1) 可燃性气体：甲烷（CH_4）。
(2) 有毒气体：一氧化碳（CO）、氨（NH_3）、硫化氢（H_2S）、苯（C_6H_6）、二氧化硫（SO_2）。
(3) 主要环境参数：环境温度、湿度、O_2浓度、CO_2浓度、CO浓度、CH_4浓度等。
2. 管理措施
(1) 盾构机安装有毒气体检测报警装置。
(2) 配备能力足够的通风机，保证换气量达到有关要求。
(3) 配备应急用喷雾装置（泵），对有毒气体进行稀释。
(4) 地下施工人员需配备毛巾、水壶（或水源）等用品，以便毒气发生撤离时用作临时防护；必要时配备专业的防毒面具、防毒呼吸器等。
(5) 制订地下施工防毒和应急措施，并组织有关人员进行演练。

2.2 工地临时建筑

2.2.1 总体要求

(1) 办公、生活、生产、物料存贮等功能区宜相对独立布置，防火间距应符合规范要求。
(2) 宿舍、办公用房的建筑构件采用的夹芯彩钢板厚度应大于7cm，夹层为防火棉，单层钢板的厚度不小于3mm，燃烧性能等级应为A级。主要构件截面应大于10cm×10cm，预制板厚度不小于5cm。发电机房、变配电房、厨房操作间、锅炉房、可燃材料库房及易燃易爆危险品库房的建筑构件的燃烧性能等级应为A级。
(3) 办公区、生活区分开设置，宜布置在施工物件坠落半径和塔式起重机作业半径之外。

(4) 临时用房必须组织验收。验收按照方案要求对基础、建筑结构安全、抗风措施、房屋所附电气设备、防火情况等进行验收，并检查材料产品合格证、产品检测检验报告及生产许可证等。

(5) 会议室面积不小于 60m²，容纳不少于 30 人。一般设计在两层办公楼底层。

2.2.2 生活区布置与管理

(1) 总体要求与办公区相同，宿舍、食堂、厕浴室的规格不得低于项目部临建。
(2) 远离深基坑和暗挖隧道上方，避开高压线、危险边坡等区域。
(3) 生活配套设施齐全，设置医务室、活动室，配备相应的器材。
(4) 不堆放材料、工具和易燃易爆危险物品。
(5) 预先与当地民政部门联系了解所在地避难中心设置情况，把确定的避难中心及去避难中心的路线传达到每个员工。必要时，可同时与地方社区或周边学校、工厂等单位联系，落实更优的或备用的避难场所。

2.2.3 宿舍

(1) 宿舍内人员不得超过 6 人，人均面积不应小于 2.5m²。
(2) 安装空调，每个铺位床头统一布设插座。禁止私自拉设电线，禁止非电工进行用电作业，禁止使用功率超过 300W 及以上的电器。
(3) 宿舍区（房前、楼道）需按标准配置消防器材、设施。
(4) 对入住员工按房号登记造表。
(5) 划分卫生责任片区，落实卫生管理责任人。
(6) 严禁存放易燃、易爆、有毒、有害物品。

2.2.4 食堂

(1) 办理餐饮服务许可证、餐饮服务许可证及食堂工作人员健康证，如图 2-29 所示。

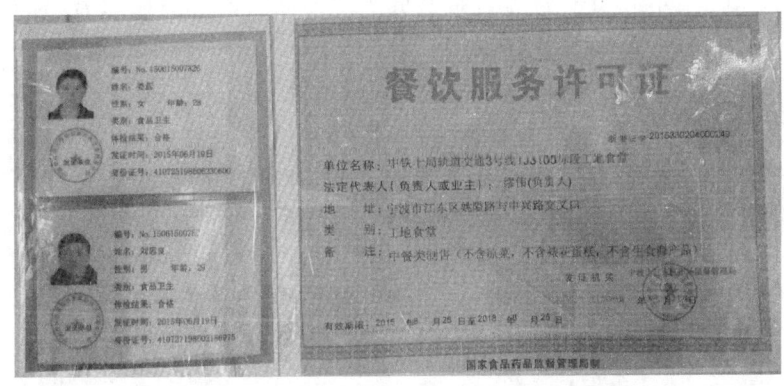

图 2-29 餐饮服务许可证及食堂工作人员健康证

(2) 食堂工作人员经过体检合格上岗，每年进行一次身体检查。上班时间必须穿工作衣戴帽。
(3) 保持厨房、餐厅及周围环境整洁。物品上架摆放整洁有序。

（4）设置透气窗和排风扇，燃气罐存放于通风良好的区位，无其他易燃易爆物。

（5）设置隔油池，不得直接向市政管网排放。厨余垃圾集中收集，及时清理。

（6）定期检查消防、用电、卫生、饭菜留样情况。

2.2.5 农民工学校

（1）配备必要的培训设施，如桌椅、计算机、投影仪、书籍、挂图。

（2）受场地限制不能单独设置农民工学校的，可利用会议室作为培训场地。

2.3 临时用电管理

2.3.1 配电室隔离防护

（1）露天或半露天配电室及变压器四周设固定围栏（墙），并设置明显的禁止、警告标志。

（2）防护设施与外电线路之间设置最小安全距离（图2-30）。

2.3.2 配电箱

1. 配电箱选用

（1）配电箱、开关箱必须采用冷轧钢板材料制作，设内置防护门，有"3C"认证标识（电器元件也要具有"3C"认证标识）。户外安装使用的，配电箱外壳防护等级不低于IP44，门内操作面的防护等级不低于IP21，如图2-31所示。

图2-30 配电室隔离防护

（2）隔离开关采用分断时具有可见分断点，能同时断开电源所有极的隔离电器，并设置于电源进线端，如图2-32所示。

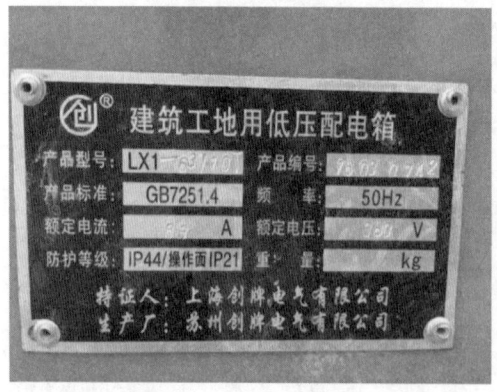

图2-31 "3C"认证标识；防护等级标记

图2-32 有可见分断点；集隔离、短路、过载、漏电保护的漏电断路器

2. 配电箱标识（图 2-33～图 2-36）

(1) 配电箱箱体张贴标识牌，主要信息包括配电箱名称、级别、编号、控制设备名称、分路标记、验收结果、管理责任人、电工联系方式及安全操作规程。

(2) 电工操作证件。

图 2-33 配电箱标识

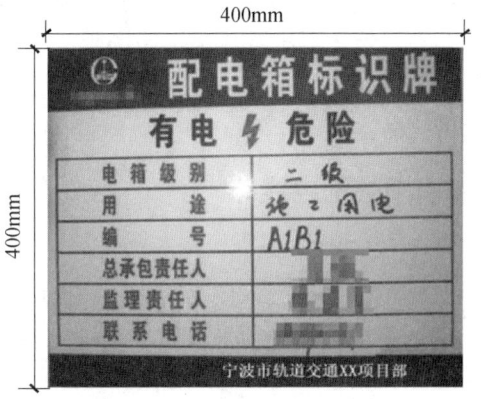

图 2-34 配电箱标识牌参考图

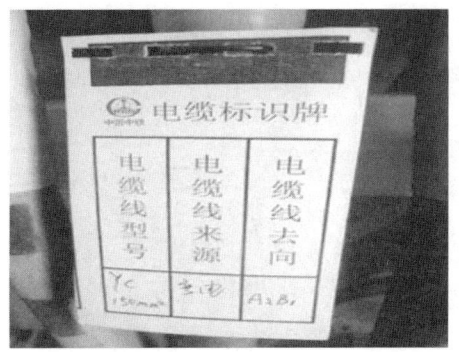

图 2-35 分路标识

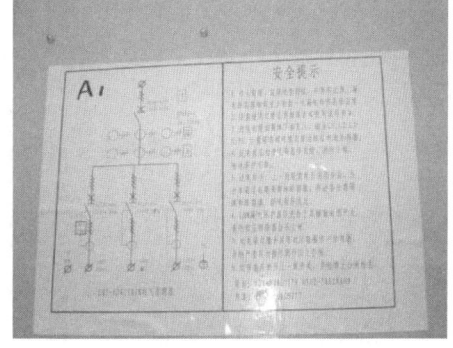

图 2-36 配电箱系统图

3. 配电箱防护

(1) 固定式配电箱底部设置底座，顶部设遮雨篷，周边设置通透式封闭围护并加锁，如图 2-37 所示。

图 2-37 固定式电箱防护

（2）移动式配电箱装设在坚固稳定的支架上，其中心点与地面的垂直距离宜为 80～160cm。

（3）配备适用于电气火灾的灭火器材。

4. 配电箱周边环境要求

（1）配电箱装设在干燥、通风及常温场所，不得装设在有害介质及易受外来撞击、强烈振动、液体浸溅及热源烘烤场所。

（2）配电箱周围应有足够 2 人同时工作的空间和通道，不得堆放任何妨碍操作、维修的物品。

2.3.3 配电线路

1. 总体要求

（1）配电系统投入使用前必须按照临时用电方案经过验收合格。

（2）配电线路必须采取架空或埋地敷设。架空线必须采用绝缘导线或电缆线，严禁绝缘导线或电缆线沿地面明设，并避免机械、材料损伤或介质腐蚀。

（3）架空敷设应采用防锈钢支架瓷瓶布挂或 PVC 管穿管保护，支架间距统一，每隔 50m 悬挂线路走向标识牌，如图 2-38～图 2-40 所示。

图 2-38　电缆线沿围挡架高敷设

图 2-39　使用绝缘托架敷设

图 2-40　电缆沿电缆沟敷设

2. 生活办公区配电（图2-41~图2-43）

（1）办公区房间装设漏电保护；生活区宿舍装设限流器，严禁使用大功率用电设备。

（2）配电线路采用绝缘卡槽沿墙壁敷设，严禁配电线路敷设于墙体内。

图2-41 办公区房间装设漏电保护器　　图2-42 生活区宿舍装设限流器

图2-43 配电线路采用绝缘卡槽沿墙壁敷设

3. 车站配电线路敷设要求

电缆线沿墙或柱布设，线路支架不宜破坏主体结构，悬挂高度不低于2.5m。底板、中板每8m设置1处40W照明灯，如图2-44所示。

图2-44 车站照明布置

4. 区间配电线路敷设要求

（1）每隔100m安装100A分段照明动力箱一只，作为照明安装或维修时的分段开关，并作为隧道施工小容量动力设备的电源，同时安装应急灯一只。

（2）照明导线采用三相五线架空敷设，敷设导线采用BV3×25+1×25+1×25铝芯导线，敷设支架采用角钢支架蝴蝶瓷瓶布挂，排列次序由上至下依次为相线、相线、相线、工作零线、保护零线。

（3）每9.6m（8环）安装防潮型40W荧光灯一只，10A插入式熔断器一只，每盏灯按一相一零三项轮流跳接。

（4）照明线、高压线敷设位置位于人行走道板对面。

2.3.4 保护接零接地及防雷

1. 保护接零

（1）施工现场TN-S系统保护零线应由工作接地线、配电室（总配电箱）电源侧零线或总漏电保护器电源侧零线处引出。

（2）PE线（保护零线）所用材质与相线、N线（工作零线）相同时，其最小截面面积要符合表2-2的规定。

表2-2 最小截面面积

相线芯线截面S（mm^2）	PE线最小截面（mm^2）
$S \leq 16$	S
$16 < S \leq 35$	16
$S > 35$	$S/2$

（3）配电箱金属箱体，施工机械、照明器具、电器装置的金属外壳及支架等不带电的外露导电部分应做保护接零，与保护零线的连接应采用铜鼻子连接，如图2-45、图2-46所示。

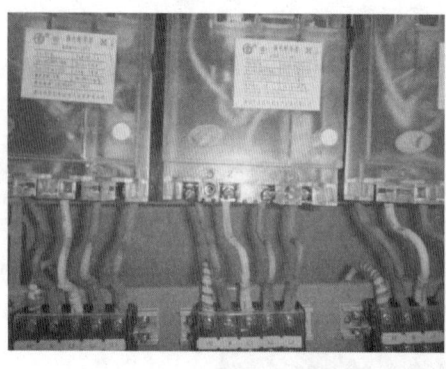

图2-45 分路电缆保护接零

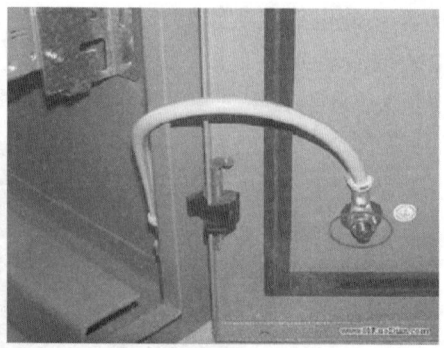

图2-46 配电箱箱体接零

2. 接地

（1）TN-S保护系统中的保护零线除必须在配电室或总配电箱处做重复接地外，还必须在配电系统的中间处和末端处做重复接地。每一处重复接地装置的接地电阻值不大于10Ω。

(2) 垂直接地体宜采用角钢、钢管或圆钢，不得使用螺纹钢或铝导体做接地体。

(3) 角钢板厚不小于4mm，钢管壁厚不小于3.5mm，圆钢直径不小于4mm，接地体埋入地下深度不小于0.5m。

3. 防雷

(1) 施工现场内的桩架及钢脚手架等的金属结构超出地面20m时，需装设防雷装置。

(2) 机械设备上的避雷针（接闪器）长度应为1~2m。塔式起重机可不另设避雷针（接闪器）。

(3) 机械设备或设施的防雷引下线可利用该设备或设施的金属结构体，但应保证电气连接。

(4) 做防雷接地机械上的电气设备，所连接的PE线必须同时做重复接地，同一台机械电气设备的重复接地和机械的防雷接地可共用同一接地体，但接地电阻应符合重复接地电阻值的要求。

2.3.5 现场照明

(1) 照明器采用的种类、布置数量和间距要能保证现场施工作业及安全需要。

(2) 一般场所选用额定电压为220V的照明器，特殊场所使用安全特低电压照明器，行灯电压不大于36V。

特殊场所指《施工现场临时用电安全技术规范》（JGJ 46—2005）10.2.2条规定的场所。

(3) 室外220V灯具距地面不得低于3m，室内220V灯具距地面不得低于2.5m。

(4) 严禁将照明设施加挂在动力线路上（图2-47）。

图2-47 照明灯架

2.4 项目场地围挡

2.4.1 永久围挡

作业时间超过2个月的施工场地设置永久围挡。一般采用现浇混凝土基座+彩钢板围挡形式，不宜采用砖砌形式。采用砖砌围挡的应报业主代表审批。

通用要求：转角处设置通透围挡，保持通视，转角顶部设闪烁交通警示灯；围挡上每隔10m设1个功率20W、直径30cm的球形灯；顶部外侧布置LED灯带；周边道路照度不足区段，在围挡上增设照明设施。

1. 现浇混凝土基座+彩钢板围挡

（1）围挡高度。围挡高度（包括基座）250cm。地面高低不平的，通过调整基座高度来保证围挡顶面平齐以及围挡最低高度250cm。

（2）基座。采用C20混凝土现浇，高度不低于30cm，宽度不小于20cm，外侧涂刷10cm间隔的黑黄相间警示色。

（3）彩钢板。采用夹芯彩钢板，单层厚度不小于0.3mm，夹芯板厚不小于50mm，每块彩钢板宽度为100cm。采用蓝色和白色两种颜色，按每4块蓝色夹1块白色排列布置。

（4）加固。围挡内侧设置斜撑，保证围挡结构强度及安全。

2. 砖砌围挡

（1）高度。270cm，其中混凝土基座50cm。

（2）构造。墙厚不低于24cm，顶面压顶；墙柱49cm×49cm，每隔5m一道；沉降缝每隔20m设置一道；墙面用砂浆抹面并刷白。

2.4.2 临时围挡

作业时间不足2个月或需要快速封闭道路的施工场地，可设置临时围挡。基座部分为预制定型混凝土基座，上部彩钢板构造、球形灯及LED灯带设置与永久围挡要求相同。

2.4.3 工地大门

（1）根据平面规划及现场道路情况设置1~2个宽度不小于8m的大门。

（2）大门统一采用板门，可以选择开启式或推拉式，门板上标注参建单位名称。

（3）没有门禁系统的大门设置190cm×100cm小门，有门禁系统的大门不设置小门。

（4）大门颜色为蓝色。

（5）门垛采用砖砌或钢结构，规格为80cm×80cm×280cm，表面贴深蓝色瓷砖。

（6）门垛与最近处立柱之间的距离不小于3m，门垛顶部放置直径40cm、功率40W白色球形灯。

（7）大门左右两侧分别设置标牌和宁波轨道交通Logo，标牌如图2-48所示。

2.4.4 人员出入管理

1. 电子门禁系统

深基坑开挖施工期间必须实现坑内作业人员信息（姓名和数量）的实时动态管理，入口处宜设置电子门禁或视频监控，如图2-49所示。

2. 门卫室

施工区域入口由各项目部根据自身管理需要设置电子门禁或门卫室。

```
┌─────────────────────────────────────────────────┐
│         宁波市轨道交通×号线×期工程××站            │
│                                                 │
│  工程概况：                                      │
│  建设单位：宁波市轨道交通工程建设指挥部            │
│           宁波市轨道交通集团有限公司              │
│                                                 │
│  设计单位：                                      │
│  监理单位：                                      │
│  施工单位：                                      │
│  监督单位：宁波市市政公用工程安全质量监督站        │
└─────────────────────────────────────────────────┘
```

图 2-48　大门侧标牌（300cm×200cm）内容示意图

图 2-49　深基坑入口处电子门禁

（1）管理制度、出入登记本上墙。

（2）配备必需的设备并摆放整齐，如安全帽、手电筒、雨伞、急救药箱、灭火器等。

（3）实行 24h 值守。

2.5　临边防护质量

2.5.1　安全防护

1. 安全网

（1）符合《安全网》（GB 5725—2009）规定。旧安全网应有试验检测报告。

（2）支撑物应有足够的强度、刚度和稳定性，系网处无尖锐边缘。

（3）多张网连接使用时，相邻部分应靠紧或重叠。

(4) 平网安装时不宜绷紧,安装平面与水平面平行或外高里低。网与其下方物体表面的最小距离不得小于3m。

(5) 立网平面与支撑作业人员的面的边缘处的最大间隙不超过10cm。

2. 安全带

(1) 符合《安全带》(GB 6095—2009)的规定。旧安全带应经过静态负荷测试合格。

(2) 有坠落风险的作业必须正确使用安全带。

(3) 安全带无悬挂固定点的,设置可靠的临时固定措施,如图 2-50、图 2-51 所示。

图 2-50　高架护栏板作业用钢丝绳作安全带挂点　　图 2-51　桥面施工挂设限制区域安全带

2.5.2　危险部位防护

1. 车站基坑临边防护

(1) 挡水墙

采用钢筋混凝土浇筑成型,宽度 20cm,墙顶高程以相对基坑周边最高点高 50cm 为准。挡水墙连续封闭,与冠梁连接牢固,具有足够强度,能够承受机械意外碰撞而不损坏。

(2) 防护栏

采用方钢管钢丝网栏片(建议尺寸:方钢管规格 40mm×40mm×2.5mm,网片钢丝 $\phi6$,网片网格大小 5cm),承插方式安装在挡水墙上,栏片之间采用螺栓连接。栏片长度基本保持一致,以人工方便安拆为准;高度以保证防护高度(栏片和挡水墙总高度)不低于 120cm 为准。防护栏杆能经受 1000N 外力冲击。

(3) 安全警示

挡水墙面、防护栏框架涂刷黄黑相间警示色;防护栏钢丝网片为黄色。护栏上挂设安全警示标志。

集土坑临边防护可参考本防护形式,如图 2-52 所示。

2. 车站深基坑应急爬梯

车站深基坑开挖过程中,根据施工工作面大小及位置设置逃生应急爬梯,且每个基坑不得少于 2 处。

图 2-52 集土坑临边防护

3. 预留洞口及临边防护

（1）最长边尺寸在 50cm 以下（含 50cm）的预留洞口必须用钢板遮盖防护，并采取固定措施，如图 2-53 所示。

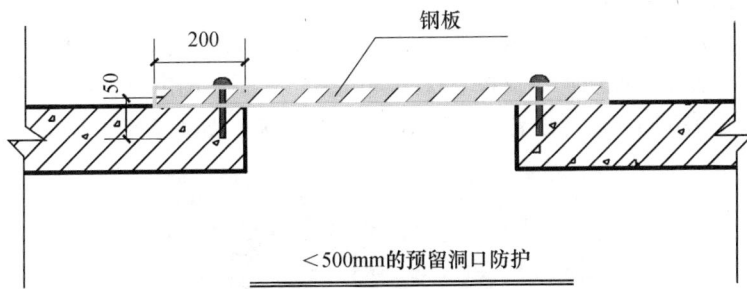

图 2-53 固定措施

（2）最短边尺寸在 50cm 以上的洞口设置防护栏杆。防护栏杆高度 120cm，挡脚板不低于 18cm，距离洞口边 20cm 以上，四周张挂密目式安全网，洞口处设置防坠安全平网，如图 2-54 所示。

本防护形式也适用于桥梁基坑、结构临边的防护。

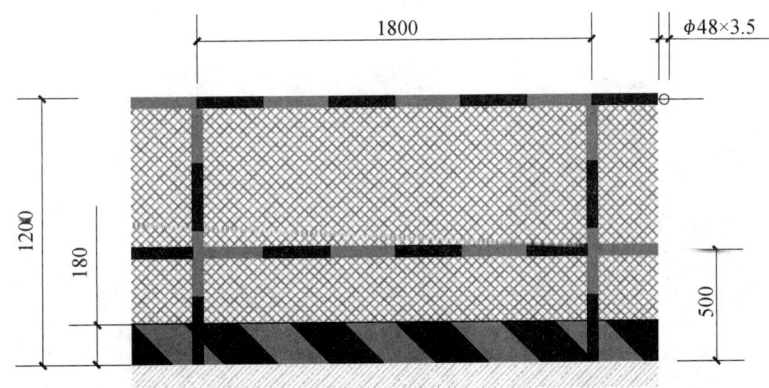

图 2-54 大于 50cm 洞口及临边防护示意图（单位：mm）

(3) 地连墙槽口防护

槽口两侧采用可移动式栏杆进行隔离防护，槽口采用钢板或钢格栅网片覆盖或回填，如图2-55、图2-56所示。

图2-55 可移动式钢管防护栏杆

图2-56 工具式可移动护栏及钢格栅网片

(4) 车站基坑混凝土支撑梁通道及冠梁防护

作为通道使用的混凝土支撑梁、冠梁内侧临边均设置临边防护，水位观测及监控量测作业区域应设置平台或防护。支撑立柱牢固可靠，立面采用定制化的钢丝网防护栏片。防护高度不低于120cm。底部设置不低于18cm高踢脚板，如图2-57～图2-59所示。

图2-57 混凝土支撑梁通道防护

图2-58 混凝土冠梁内侧防护

图2-59 降水观测平台防护

4. 管线防护（图 2-60～图 2-65）

（1）裸露管线设置隔离墩（墙）进行硬隔离防护，并设置警示标志。

（2）地下管线设置管线提示标牌或在地面设置管线名称和路径标记，管线探坑采取可移动护栏进行封闭防护。

（3）架空线路安全保护区要在地面用醒目实物做出标记，并设置警示标牌或标记。

图 2-60　裸露管线防护隔离墩

图 2-61　地下管线可移动护栏围闭防护

图 2-62　在地面标识出电力架空线保护红线，并设置隔离桩

图 2-63　电力架空线警示标牌

图 2-64　燃气管线警示标牌　　　　　　　图 2-65　LED 夜间警示牌

5. 楼梯

（1）未使用的楼梯在楼梯口部位采取封闭措施，已使用的楼梯必须安装护栏。

（2）防护栏杆高度为 120cm，下杆离地高度为 60cm，侧面加设钢丝防护网，底部设高度不小于 18cm 的挡脚板。

（3）栏杆涂刷安全警示色，悬挂安全警示标志。

6. 下井钢梯（图 2-66）

（1）下井钢梯必须进行专项结构设计，并经过检算合格。

（2）钢梯宽度不小于 90cm；台阶宽度不小于 25cm，高度不得大于 20cm。

（3）踏步采用防滑钢板。防护栏杆设置标准参照"临边防护"相关规定。

（4）踏步底部应全封闭，顶部宜设置防雨遮盖。

（5）安装完成后经过验收合格方可投入使用，并在入口醒目位置挂验收合格牌。

图 2-66　下井钢梯

7. 梯笼（图 2-67～图 2-69）

（1）车站基坑上下通道必须采用定制梯笼。高架桥上下通道宜采用定制梯笼，也可采用钢管脚手架或盘扣式脚手架搭设。

（2）梯笼应当采用标准化构件，颜色为红色或蓝色。

（3）深基坑上下梯笼设置不得少于两处。

图 2-67 车站深基坑梯笼

图 2-68 高架梯笼　　　图 2-69 高架定制化工具式爬梯

8. 电梯井口防护

（1）电梯井口必须设防护固定栅门，高度不低于 2m，宽度根据井口尺寸选定。采用钢筋焊接的选用 $\phi 16$ 钢筋作边框，其余选用 $\phi 12$ 钢筋；采用方管焊接的选用 30mm×30mm 方管制作骨架。

（2）在防护门上口两端设置 $\phi 16$ 钢筋作为翻转轴。固定栅门式防护底部应设不低于 20cm 高的挡脚板。

9. 通道口防护（图 2-70）

（1）下层作业的位置应处于高处坠落半径之外，否则必须搭设安全防护棚。

（2）主体结构施工自二层起，凡人员出入的通道口均应搭设安全防护棚；高度超过 24m 以上的交叉作业，应设双层防护。

(3) 由于上方施工可能坠落物件或处于起重机臂杆回转范围之内的通道，在其受影响范围内，必须搭设顶部能防止穿透的双层防护棚。

图 2-70　通道口防护

10. 垂直运输设备层门及通道（图 2-71、图 2-72）

(1) 井架、施工用电梯与建筑物连接通道的两侧边必须设防护栏杆。

(2) 防护栏杆的上杆必须能够经受任何方向的 1000N 外力。

图 2-71　物料提升机层门防护

图 2-72　物料提升机通道防护

11. 站台板临边防护（图 2-73、图 2-74）

(1) 采用分片装配式方钢管防护栏片，钢丝网全封闭。

(2) 防护栏杆每隔 10~15m 设置斜撑或采取连墙固定措施。

(3) 防护高度 1.8m，底部设 20cm 高挡脚板。

图 2-73 地下车站站台板轨行区防护

图 2-74 高架车站站台板外侧临边防护

12. 高架临边防护（图 2-75~图 2-77）

图 2-75 高架临边防护效果图

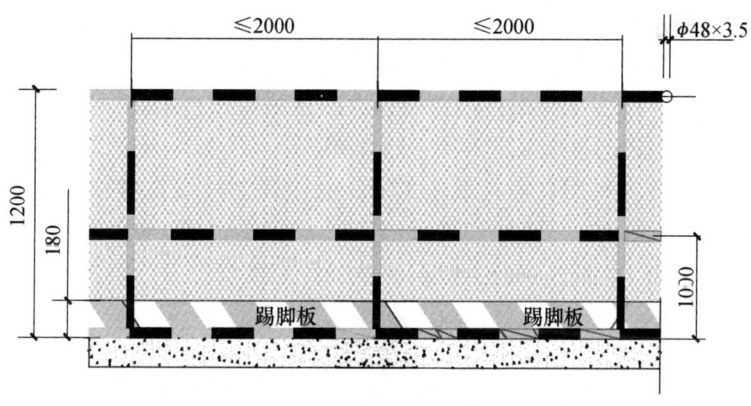
图 2-76 高架临边防护正面示意图（单位：mm）

(1) 所有防护栏杆刷间距 15cm 黄黑相间警示漆，栏杆立面使用密目网防护。

(2) 钢管使用扣件连接。

13. 挂篮施工安全防护（图 2-78）

(1) 挂篮安全防护宜在挂篮设计阶段同时设计。安装完成后必须经过验收合格后方可使用。

(2) 外模板操作平台下设安全网，平台四周设护栏，上下模板之间架设钢爬梯。

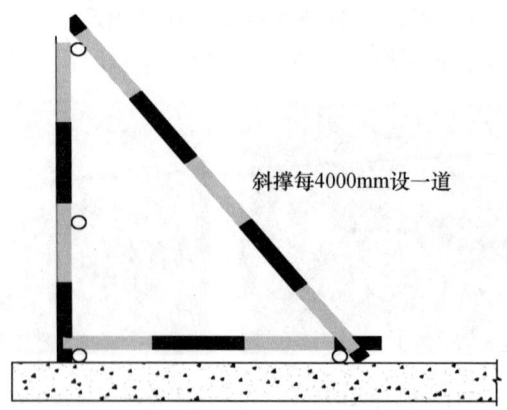

图 2-77　高架临边防护侧面示意图

图 2-78　挂篮施工安全防护

（3）经常检查后锚、保险绳等，底模标高调整设专人指挥。

（4）混凝土浇筑前对挂篮锚固、吊带等进行全面检查。

（5）挂篮对称、同步向两端推进，后设保险措施防止行走时挂篮倾覆。

14. 声屏障施工安全防护（图 2-79～图 2-80）

（1）纵向通长方向采用直径不低于 12mm 的镀锌钢丝绳设置保险绳。保险绳固定于声屏障弧形梁上，每 12m 设置一个牢固支点，横向不少于 3 根。

（2）安装声屏障 PC 板，作业人员在梯车平台上操作。

图 2-79　保险绳设置　　　　图 2-80　梯车平台

2.5.3 移动式操作平台

(1) 平台面积不超过 $10m^2$,荷载不宜超过 $1.5kN/m^2$。脚手板厚不小于 50mm。

(2) 底部轮子与平台连接必须牢固可靠,行走脚轮和导向脚轮配有制动器或刹车闸等使脚轮切实固定的措施。平台脚轮的制动器除在移动情况下,均应保持在制动状态。支腿底部宜增设斜撑提高平台稳定性。

(3) 不得在倾斜或移动状态时上下人,不得载人移动。

(4) 实行专项结构设计、监理验收、报监理申请编号及使用挂牌管理(图 2-81、图 2-82)。

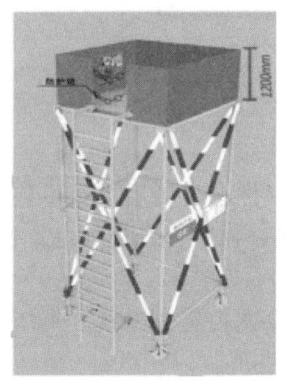

图 2-81　移动式操作平台效果图　　图 2-82　支腿底部增设斜撑提高平台稳定

2.6 机械设备管理

2.6.1 起重机械

1. 设备信息公示

(1) 设置管理标识牌

在起重机械醒目位置张贴管理标识牌,包括使用登记牌、人员信息牌、使用安全管理信息牌(含安全操作规程),如图 2-83 ~ 图 2-85 所示。

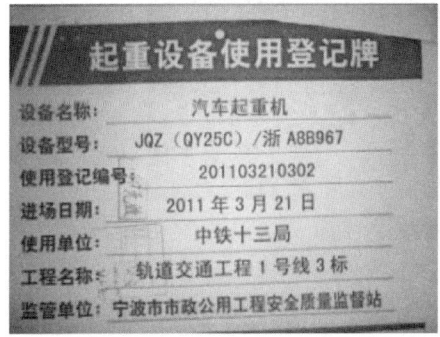
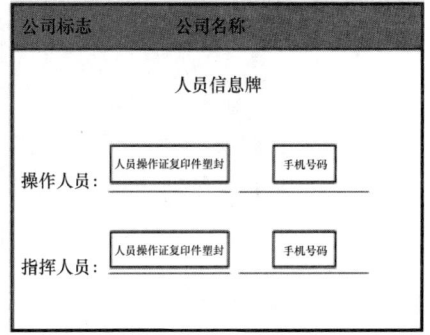

图 2-83　使用登记牌　　　　　　图 2-84　人员信息牌

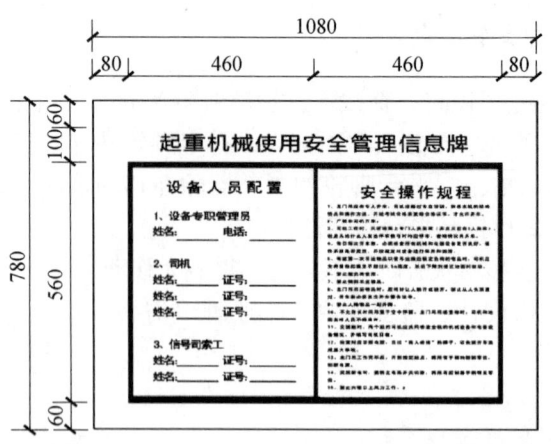

图 2-85 使用安全管理信息牌

（2）检验检测报告

流动式起重机械随车携带年度检验合格报告复印件，进场后重新拼装的特种设备附带检测合格报告复印件。塔式起重机、龙门起重机、物料提升机等位置相对固定的，可将检测合格报告复印过塑后张贴或挂在设备上。

塔式起重机除经过检测合格外，还必须安装安全监控管理系统。群塔作业时，必须编制专项施工方案。

（3）使用及维保记录，包括使用工作日志、交接班记录及维修保养记录。

2. 特种设备作业防护

（1）设置作业区域警戒隔离带。

（2）轨形式特种设备在其运行区间两侧设置隔离护栏，端部设置止挡装置，如图 2-86 所示。

图 2-86 龙门吊走行轨道外隔离防护

3. 吊装作业分级管理

吊装作业实行分级管理，具体见表 1-3。

2.6.2 其他机械

其他机械分为特殊机械、一般工程机械及小型机具设备。特殊机械指盾构机、电瓶车、成槽机、三轴搅拌桩机。一般工程机械指除特种设备、特殊机械以外的其他较大的工程机械，如桩工机械、土方机械、泥浆设备、水泥浆搅拌设备、滚筒搅拌机、铺轨运输平板车等。小型机具指钢筋加工机具、手持电动工具、潜水泵、混凝土振捣器具、预应力张拉及压浆设备等。

1. 进场验收

（1）所有设备进场后必须经过验收合格后方可使用。其中，盾构机必须经由指挥部验收通过。

（2）盾构机高压电缆施工完成后，必须由有资质的单位现场电试。电试合格后方可供电使用。

（3）电瓶车必须安装动态摄像头监控系统。

（4）成槽机、履带式三轴搅拌桩机必须经具备资质的检测单位检测合格后使用。三轴搅拌桩机优先选用步履式，如因工作需求选用履带式时，施工单位要向监理单位提出书面使用申请，明确使用的必要性。

（5）交流电焊机必须安装二次侧空载降压保护器。经常移动、露天作业使用电焊机时，参考图2-87设置电焊机的安全防护。

图2-87　经常移动的电焊机架体及专用开关箱、防雨遮盖

（6）机械设备转动部位、作业时产生飞溅物质的，设置防护罩。不经常移动的设备宜设置隔离防护栏或防护罩，如图2-88～图2-90所示。

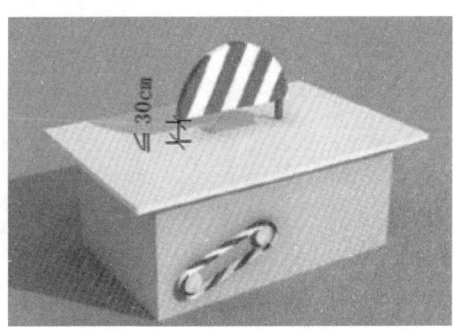

图2-88　切割机防护罩　　　　　　　图2-89　圆盘锯防护罩

图 2-90　设备隔离防护罩

（7）钢筋直螺纹加工宜选用专用平头切断机或锯床，如图 2-91、图 2-92 所示。

图 2-91　直螺纹加工专用平头切断机

图 2-92　锯床

2. 设备信息公示

（1）特殊机械、一般工程机械及位置比较固定的小型机具设备，在其醒目位置张贴管理标识牌，包括设备验收合格牌、操作人员信息牌、安全操作规程牌。经常移动使用的小型机具设置验收合格牌。

（2）成槽机、履带式三轴搅拌桩机随机携带检测合格报告复印件，或将检测合格报告复印过塑后张贴或挂设在设备上。

（3）在机械设备危险部位或醒目位置张贴安全警示标志。

（4）特殊机械、一般工程机械要随车放置使用及维保记录，包括使用工作日志、交接班记录及维修保养记录。

第2篇　基坑工程质量管理

3 工程背景

3.1 设计概况

某城市轨道交通4号线柳西站位于苍松路上、车站呈南北方向布置，车站沿横向区域约1/3位置侵入柳西河内，结构施工前需进行填河围堰施工。站址中部上方有110kV高压线横穿车站，与地面的垂直净空为19.8m，设计阶段不进行改迁。柳西站设于苍松路与常青路路口北侧，沿苍松路呈南北走向，西侧部分位于柳西河内；共设3个出入口和2组风亭。

柳西站为地下两层单柱双跨、双柱三跨钢筋混凝土箱形结构。车站基坑宽度19.9～24.0m，长约269m。南、北端头井基坑深分别为21.861m、21.275m；标准段基坑深约19.96m。采用明挖顺作法施工，围护形式为1000mm厚地下连续墙。标准段沿基坑深度布置一道钢筋混凝土支撑及五道钢支撑。车站共设3个出入口和2组风亭。站台形式为岛式站台。车站标准段底板厚1m（局部1.2m、1.3m），端头井底板厚1.1m，侧墙厚度端头井为0.9m，标准段为0.8m，中板厚0.4m，顶板厚0.9m。车站标准段负二层净空为6.16m，端头井负二层净空北端为7.76m，南端为7.81m；负一层净空均为5.7m。

A号出入口及A号风亭位于车站东南角，与银亿开发地块（原干休所地块）住宅项目合建。A号出入口及A号风亭为地下一层结构，局部设夹层板（下沉式广场）。共分两期实施。

A号出入口为地下一层结构，采用明挖顺作法施工。出入口长31.8～45.95m，基坑净宽约25m，标准段基坑深约14m，落地基坑最深16m。围护结构采用φ1000@1100/1200钻孔灌注桩+φ850@600搅拌桩止水帷幕。支撑形式为三道混凝土支撑。主体结构底板厚度为800mm，顶板厚度700mm，侧墙厚度600mm，结构混凝土为C35P8。

B号出入口及B号风亭位于车站东北角，为地下一层结构；南侧为咏归路菜市场；北侧为苍松路与苗圃路交叉路口。

B号出入口为地下一层结构，采用明挖顺作法施工。出入口长64.2m，基坑净宽28.81～29.36m，标准段基坑深13.3～13.37m，落底基坑最深约16.57m。围护结构采用φ800@1000钻孔灌注桩+φ850@600搅拌桩止水帷幕。支撑形式为一道混凝土支撑+三道钢支撑。主体结构底板厚度为900mm，顶板厚度800mm，侧墙厚度600～700mm，结构混凝土为C35P8。

C号出入口下穿柳西河，位于柳西河西侧TCC佳酿公司仓库内（已拆迁），柳西河水深1.5～2m，宽27～50m；南侧为柳锦家园，北侧为宁波效实中学。C号出入口为地下一层箱形结构，采用明挖顺作法施工，施工前先进行河道围堰清淤回填。出入口总长73.52m，为"L"形，基坑净宽7.7m，标准段基坑深约13.1m，局部落低坑深约16.1m。围护结构采用SMW工法桩φ1000@750mm，内插HN800×300×14×26mm型钢，支撑形式为一道钢筋混凝土支撑+三道钢支撑（落地处四道钢支撑）+一道换撑（出地面段），钢支撑端部设型钢围檩。主体结构底板厚度为800mm，顶板厚度700mm，侧墙厚度600mm，结构混凝土为C35P8。

车站西侧为柳西河，现状河道宽度27～50m，河深0.52～3.53m。柳西站布设于苍松路与常青路路口北侧，沿苍松路呈南北走向，柳西站主体结构西侧沿车站宽度方向约1/3区域侵入柳西河，施工前需对部分柳西河进行清淤回填处理，再进行基坑开挖，然后进行施工钢管桩围堰打设。

柳西站（图3-1）包含佳酿桥拆复建工程，因佳酿桥桥梁与轨道4号线柳西站冲突需拆除重建，重建桥梁跨径为10+10+8+5.59m，采用盖梁式墩台或重力式桥台。重建桥梁面积311.6m²；重建搭板面积68.8m²。主要工程内容包括老桥拆除、重建桥梁结构、附属设施、路桥接坡处搭板结构。

图3-1 柳西站总平面图

3.2 地质水文

1. 地质条件

柳西站位于苍松路上，沿苍松路南北向敷设。地貌类型属于滨海冲湖积平原，地形开阔较平坦，根据地质勘查报告，主要土层分布：①1a层杂填土、①2层黏土、①3b层淤泥质黏土、②1层黏土、②2b层淤泥质黏土、③1a层砂质粉土、③2层粉质黏土、④1b层淤泥质粉质黏土、⑤1b层粉质黏土、⑤1T层黏质粉土、⑤4a层粉质黏土、⑤4b层黏质粉土、⑥1黏土、⑥3a层黏土、⑦1层粉质黏土、⑦1t层砂质粉土、⑦2尺粉质黏土、⑧1层粉砂、⑨1a层粉质黏土、⑨1t层粉砂。

车站基底主要坐落于⑤1b层，部分基底处于⑤1T层中，连续墙墙趾进入⑥1、⑥

3a层。详见表3-1基坑工程土层情况简表。

车站西侧为河道回填区,河底至地面4m距离均为回填土,土质较为疏松;东侧为原有苍松路,地面至地面以下约4.5m多为暗浜区域,以抛石为主;因此,车站东西两侧地质存在较大差异(地面～地面以下4.5m之间),如图3-2所示。

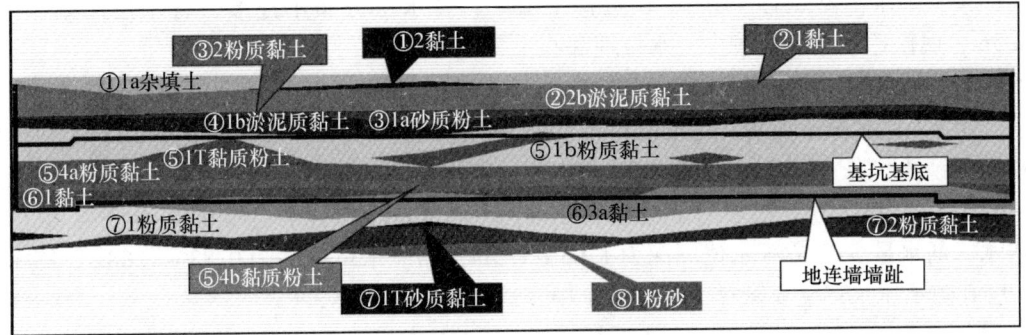

图3-2 柳西站地质断面图

表3-1 基坑工程土层情况简表

土层序号	土层名称	土层描述
①1a层	杂填土	杂色,结构松散,成分杂,主要由碎、块石及黏性土组成,含少量建筑垃圾及生活垃圾,表部大部分为混凝土地坪
②1层	黏土	灰色,软塑,厚层状,土质较均,有光泽,韧性高,干强度高,无摇振反应
②2b层	淤泥质黏土	灰色,流塑,厚层状,土质不均,偶含贝壳碎屑及粉土薄层,局部为淤泥质粉质黏土、淤泥,有光泽,韧性高,干强度高,无摇振反应
③1a层	砂质粉土	灰色,稍密,湿,厚层状,局部混杂黏性土团块,局部为含黏性土粉砂,无光泽,韧性低,干强度低
③2层	粉质黏土	灰色,流塑,厚层状,含较多粉土、粉砂团块,土质不均,局部粉粒含量较高为粉土,稍有光泽,韧性中等～低,干强度中等～低,摇振反应无～缓慢
④1b层	淤泥质黏土	灰色,流塑,厚层状,土质不均,含少量贝壳碎屑及粉土(砂)薄层,局部粉粒含量稍高为粉质黏土,稍有光泽,韧性中等,干强度中等,无摇振反应
⑤1b层	粉质黏土	黄绿、灰黄色,可塑,厚层状,土质不均一,含铁锰质氧化斑,局部粉粒含量稍高,稍有光泽,韧性中等,干强度中等,无摇振反应
⑤1T层	黏质粉土	灰黄色,中密,湿,含少量黏性土团块,局部黏性土含量稍高,土质较均,无光泽,韧性低,干强度低,摇振反应中等
⑤4a层	粉质黏土	灰色,软塑,厚层状,土质不均一,含少量粉土薄层及有机质,局部为黏土,稍有光泽,韧性中等,干强度中等,无摇振反应

2. 水文情况

本场地地下水可分为三类:

(1) 松散岩类孔隙潜水

该类型水主要赋存于场区表部杂填土和浅部淤泥质土层中，潜水位变幅一般在 1.0m 之间。潜水稳定水位埋深为 0.9~1.9m，相应标高为 0.83~2.48m。

(2) 浅部孔隙承压水

该类型水主要赋存于③1a 砂质粉土层中，含水层分布不连续，含水层厚 0.7~4.5m，属微透水，水量较少，水位埋深在 1.35~1.6m。

(3) 孔隙承压水

第Ⅰ1层孔隙承压水：主要赋存于⑤1T 黏质粉土、⑤4b 黏质粉土层中，⑤1T 黏质粉土层镜体状分布，含水层厚 1.2~10.2m，属弱透水，涌水量小，⑤1T 水位标高为 -0.25~0.2m。⑤4b 黏质粉土层全场分布，但厚度较小，含水层厚 0.8~4.2m，属弱透水，涌水量少，⑤4b 水位埋深为 1.65~1.9m，相应水位标高为 0.83~1.08m。第Ⅰ2 层孔隙承压水：主要赋存于⑧层砂土中，透水性好，见表3-1。

3.3 工程特点

1. 工程施工量较大

柳西站主体结构部分侵入柳西河，施工前需对部分柳西河进行清淤回填处理，再进行围护结构施工。

柳西站包含佳酿桥拆复建工程，因佳酿桥桥梁与轨道 4 号线柳西站冲突需拆除重建，重建桥梁跨径为 10+10+8+5.59m，采用盖梁式墩台或重力式桥台。重建桥梁面积 311.6m²；重建搭板面积 68.8m²。主要工程内容包括老桥拆除、重建桥梁结构、附属设施、路桥接坡处搭板结构，如图 3-3 所示。

图 3-3 佳酿桥形象图

2. 车站施工环境复杂，影响因素较多

柳西站周边建筑密集，环境复杂。临近车站东侧有天海大酒店、宁波大公馆、宁波 TCC 佳酿有限公司，车站西侧为柳西河；车站场区内地下管线密集，主要管线有车站范围内沿垂直于苍松路方向，有一悬高约20m的110kV高压线，沿苍松路方向主要管线有电力（600×400，局部900×150，电压10kV）、饮水管（混凝土DN300埋深约1.1m）、通信管（塑10架空7.0m）、电信管（300×200）、燃煤气管（DN110中压）等。目前燃气、电信及架空电力线已改迁完成，影响施工的为架空19.8m的110kV架空电力线，如图3-4所示。

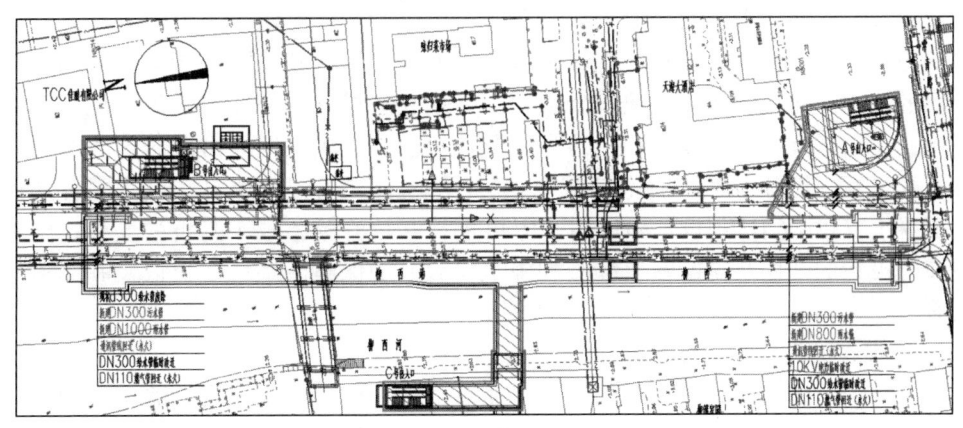

图3-4 柳西站管线平面布置图

3. 站址工程地质条件以软弱土层为主

柳西站车站底板主要位于淤泥质粉质黏土层、粉质黏土层。基坑开挖范围地层主要为杂填土、黏土、淤泥质黏土、淤泥质粉质黏土、淤泥、粉质黏土。具备"天然含水量高、压缩性高、灵敏度高、触变性高、流变性高、强度低、透水性低"等特点。

3.4 难点及对策

1. 车站周边建筑物保护

重点分析：柳西站场地东侧为宁波军分区干休所、天海大酒店、大公馆等办公楼、商业建筑、住宅等，西侧为道路绿化带和柳西河，东侧建筑距车站结构较近，施工场地狭小、周围建筑物密集。施工时，减小基坑开挖扰动，控制建筑物变形，确保其结构安全与使用功能是本工程施工重点。

采取措施：建立完善的监测系统，在建筑物埋设观测点，进行系统、全面的跟踪量测，实行信息化施工；根据建筑物的结构形式及与车站基坑的位置关系，确定建筑物最大沉降和沉降差的警界值；必要时注浆加固建筑物基础。在建筑物基础外侧开挖立坑，在立坑中根据埋设在建筑物基础下方的注浆管进行注浆作业，采用水泥、水玻璃双液进行注浆地层加固，并对于临近警界值的建筑物进行跟踪注浆；加强对基坑监测，基坑周围建筑物出现异常情况，及时采取增加基坑支撑的刚度、预加力或增加横支撑，以及加固建筑物本身等措施。

2. 车站深基坑开挖安全控制

重点分析：在地下水和周边交通荷载的影响下易引起基坑不稳定。且车站周边部分建筑物距离基坑较近，施工中需注意保护。

采取措施：建立施工实时监测和工程远程监控管理系统，严密监控风险源，提高工程安全信息化管理水平；成立项目部基坑开挖监控管理分中心，建立三位一体的联动机制，加强深基坑施工管控。按照轨道交通指挥部基坑开挖管控模式，建立现场监控管理分中心，明确各部门各岗位的责任，整合基坑开挖、地面监测和监测分中心。对外配合业主、设计、监理、施工监测、第三方监测和风险咨询单位，共同对各项基坑及周边环境监测数据及时研判，综合分析，快速决策；加强"三图四表"在基坑工程中的应用。在基坑施工中对开挖作业进行动态管控，以减少无支撑暴露时间及开挖作业面的范围。在监测数据超出报警值时，采取相应措施控制基坑变形。施工准备阶段措施：车站基坑开挖采取"纵向分段、竖向分层、先撑后挖、均衡开挖"的原则进行，开挖过程中充分考虑"时空效应"，车站采用长、短臂挖掘机、抓斗配合开挖出土；混凝土支撑必须达到设计强度后，方可进行基坑开挖，减小基坑的变形；施工中严格按照设计的开挖及支撑施工程序和施工参数，确保整个基坑变形值及其周边环境的安全。

3. 确保车站结构防水质量

重点分析：防水效果是地铁工程施工质量的综合体现，直接影响着工程的耐久性和地铁运营安全，因此确保车站结构防水质量是本工程施工控制的重点。

采取措施：严格细致地做好车站防水施工组织设计及施工过程中的相关操作规程，针对防水施工中的技术重点、难点控制区域进行专项施工安排；各种防水材料符合现行国家和行业标准的规定，并符合设计要求，使用前向监理上报质量证明文件和试验资料，得到监理同意后再用于施工，并在施工过程中经常进行检验试验；混凝土的施工质量是结构防水根本，对材料、配合比、混凝土保护层、入模振捣、综合控温及养护等全过程要进行严格控制，防止混凝土开裂，确保混凝土的强度和自防水的性能；附加防水层施工过程中，当下道工序或相邻工程同时施工时，对已完部分防水层加强防护，防止破坏，如图3-5所示。

图3-5 防水施工现场效果图

4. 河道补偿施工

重点分析：柳西站主体结构部分侵入柳西河，施工前需对部分柳西河进行河道改迁；且分三期施工，各期都需要改迁恢复河道。

（1）围堰施工钢管桩质量要求

桩的垂直度控制在1%以内；桩底高程误差控制在10cm左右；桩的平面位移控制在15cm以内；在使用拼接接长的钢管桩时，钢管桩的拼接接头不能在围堰的同一断面上，而且相邻桩的接头上下错开至少2m，所以，在拼装钢管桩时要预先配桩，在运输、存放时，按插桩顺利堆码，插桩时按规定的顺序吊插；钢管桩围堰在使用过程中，防止围堰内水位高于围堰外水位。在低水位处设置连通管，到围堰内抽水时，再予封闭，在围堰内抽水前，先在钢管桩锁扣的接缝处填入河底淤泥，再用土工布包裹钢筋插入锁扣缝隙进行止水。钢管桩围堰形象图如图3-6所示。

图3-6　钢管桩围堰形象图

（2）河道清淤回填施工

回填前先清淤再抽水，待水位下降露出河底时，先用水泥土进行驳岸反压，再进行二次抽水，然后回填挤淤；回填施工中，已严格控制好土方含水量；含水量过大时必须晒到最佳含水量时方可施工；含水量过小则需要洒水到最佳含水量方可压实；压路机作业中需要人工清除碾子上的黏着物时，清理人员要站在两旁，禁止正面跟进。两台以上压路机在同一场地工作时，前后间距不得小于5m，左右不得小于1.5m，坡道上不得纵队行驶。作业后应已压路机停放在平坦坚实的地方，不得停放在土路边缘及斜坡上或妨碍交通的地方。

5. 工程重难点及施工对策

110kV高压线影响范围内各工序施工是本工程难点。

（1）难点分析

110kV架空高压线横穿车站主体结构，与地面的净空距离为19.8m。由于该管线迁改周期长，在招标和初步设计阶段已明确不进行改迁，在车站各施工阶段均采取保护措施。主要影响的施工工序有地连墙施工、钢管桩围堰施工、地基加固施工及围护结构施工。

（2）采取措施

为了确保110kV高压线附近施工作业安全，根据现场实际情况，结合电力运管部门相关要求，我方确定保护区域时，水平安全距离定为15m、垂直安全距离定为6m（以此值作为安全距离的严管区），控制区域在现场用红色油漆涂刷，并在控制区域安装可移动式护栏；针对高压线影响范围内施工工序，编制可行性专项施工方案，制订的高压线影响范围内施工管理及奖罚制度。在高压线下地连墙采用低净空成槽机，钢筋笼采用分节吊装；槽壁加固与抽条加固采用高压旋喷进行施工。110kV高压线防护设施如图3-7所示。

图3-7　110kV高压线防护设施

3.5　施工筹划

柳西站主体结构总共划分为12个施工段，总体施工时间为2017年11月20日至2018年5月29日，共计191天（包含春节假期20天），详见表3-2基坑工程施工完成节点表。

表3-2　基坑工程施工完成节点

车站	节点工期	工程内容
柳西站	2016年8月16日	柳西站河道工程开工
	2017年2月5日	柳西站围护结构开工
	2017年6月30日	提供柳西站南端头井加固场地
	2018年6月30日	提供柳西站南端头井盾构始发条件
	2017年6月30日	提供柳西站北侧端头井加固场地
	2018年5月30日	提供柳西站北侧端头井盾构始发条件
	2018年5月30日	完成柳西站主体结构
	2019年12月15日	完成柳西站附属结构及站内二次结构

基坑开挖见底后及时浇筑垫层,然后依次由第一段到第二段展开流水作业。根据图纸中钢支撑拆除要求,混凝土浇筑按照底板→负二层侧墙→负二层立柱→中板→负一层侧墙→负一层立柱→顶板。

(1) 分段设置在结构受力较小处,即在距柱 1/4~1/3 范围内;

(2) 分段尽量避免在横梁、暗梁、暗柱等构件处断开;

(3) 分段避开较大的预留孔洞,保证车站内部设施(如水池、电梯井、出入口门洞等)的完整性;

(4) 柳西站主体结构施工段划分为 12 段。主体结构分段图、结构施工缝划分图、主体结构基坑开挖期间施工图、主体结构完工形象图如图 3-8~图 3-11 所示。

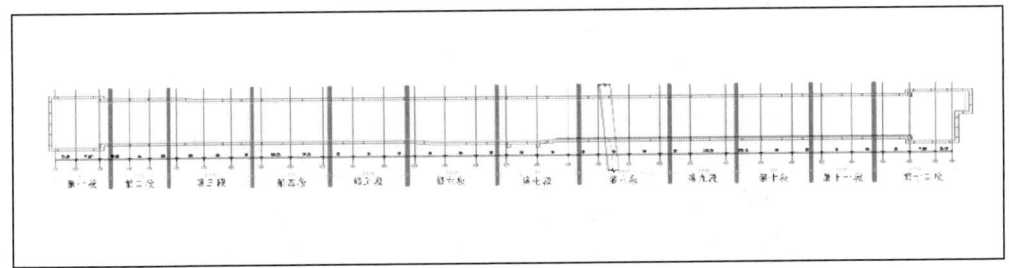

图 3-8 主体结构分段图

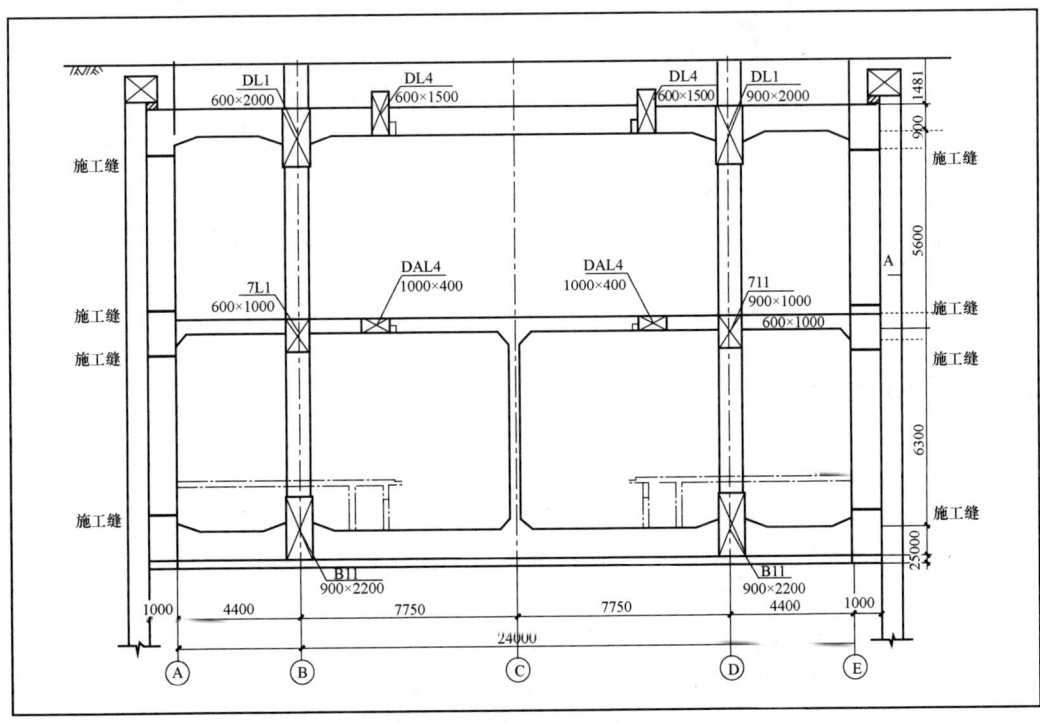

图 3-9 结构施工缝划分图

图 3-10 主体结构基坑开挖期间施工图

图 3-11 主体结构完工形象图

3.6 环境保护

1. 周边建（构）筑物保护

柳西站 A 号出入口和 A 号风亭位于主体的东南角，A 号出入口与 A 号风亭临近基坑北侧有天海大酒店，最近约 4.1m，南侧有荣锦佳苑 4 号楼，最近约 22.8m。建立完善的监测系统，在建筑物埋设观测点，进行系统、全面的跟踪量测，实行信息化施工；根据建筑物的结构形式及与车站基坑的位置关系，确定建筑物最大沉降和沉降差的警界值；根据要求及时施工混凝土支撑，确保基坑安全；加强对基坑监测，基坑周围建筑物出现异常情况，及时采取以下措施：增加基坑支撑的刚度、预加力或增加临时支撑。

基坑周边建（构）筑物保护措施，为满足保护要求，采取以下施工措施，详见表 3-3。

表 3-3 基坑周边建（构）筑物保护措施

不同阶段	周边建筑物保护措施
施工前	周边重要管线、建（构）筑物的调查，摸清存在现状，布设监测点，初步拟定保护方案及应急措施
	施工前，专业单位做降水试验，合理布置降水井，减少降水和施工对周边建筑物的影响
施工阶段	按照时空效应理论指导施工，遵循"开槽支撑、先撑后挖、分层分段开挖、分段施作结构、严禁超挖、限时作业"等原则，并注意坑内纵向土坡的稳定；禁止在基坑周边堆土，减小基坑的附加荷载
	对钢支撑施加足够的预加轴力以减小墙体变形
	慎重降水，加强水位观测。开挖工程中发现墙体渗漏时及时采取墙后注浆、堵漏等措施
	实施信息化施工，全程监测监控。当基坑变形或周边地层沉降有超过控制标准趋势时，立即停止施工，分析原因，采取加撑、坑外降水回灌、对管线和建筑采取动态跟踪注浆等施工措施，直至稳定方可恢复施工

2. 建立环境保护体系

根据本工程的特点、所处的位置及环境要求指定本项目经理部的环境保护责任体系，由项目经理全面负责、主抓本项工作并保持体系的正常运行，以确保环境保护的具体落实到位。环境保护体系框图如图 3-12 所示。

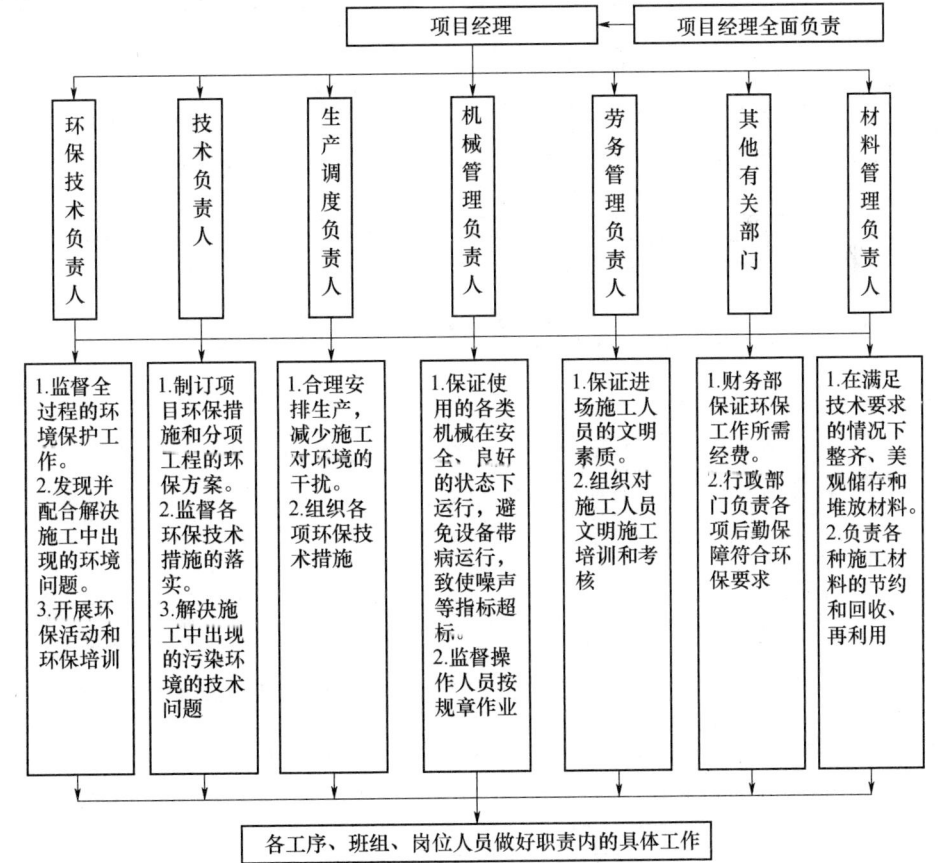

图 3-12 环境保护体系框图

3. 主要环境影响的控制保证措施

严格按照不同的环境影响,从产生的源头上,有针对性地进行控制和管理。

(1) 防噪声扰民控制措施

施工期间主要的噪声来源是施工机械等,采取的控制措施详见表3-4。

表3-4 基坑周边防噪声扰民控制措施

序号	防噪声扰民控制措施
1	施工场界噪声按《建筑施工场界噪声排放标准》(GB 12523—2011)的要求控制
2	采取措施,保证在各施工阶段尽量选用低噪声的机械设备和工法
3	夜间施工经批准领取"夜间施工许可证"
4	噪声超标时一定采取措施,并按规定缴纳超标准排污费
5	在距居民较近的施工现场,对主要噪声源如空压机、装载机、卷扬机等机具采用有效的吸声、隔声材料施作封闭式隔声屏障或隔声屏障
6	合理安排施工,在特殊时间段(如高考期间)不进行有噪声的作业

(2) 防振动扰民控制措施

产生振动的主要来源是施工机械的作业,采取的控制措施详见表3-5。

表3-5 施工基坑周边防振动扰民控制措施

序号	防振动扰民控制措施
1	施工振动对环境的影响按《城市区域环境振动标准》(GB 10070—1988)
2	根据敏感点的位置和保护要求选择施工机械及工艺最大限度的减少对周围的影响
3	本工程施工有可能会对地层产生扰动,引起建筑变形或沉陷的区域,对临近建筑物已事先详查、做好记录,对可能的危害采取加固等预防措施

(3) 基坑施工对环境的影响及保护措施详见表3-6。

表3-6 基坑施工对周边影响及保护措施

序号	影响
1	基坑施工降水会引起地下水位下降
2	基坑施工降水会造成周边地表沉降,道路开裂,影响道路交通
3	基坑施工影响市政地下管网的安全与正常使用
4	基坑施工的封闭要求,导致道路改道,影响道路交通,造成交通拥堵
5	基坑开挖的土方外运,弃土对环境造成影响
6	连续墙成槽过程中的泥浆会污染环境
7	大型机械施工噪声、光等污染环境

序号	保护措施
1	严格遵守国家和地方政府部门颁布的环境管理法律、法规和有关规定
2	根据客观存在的粉尘、污水、噪声和固体废弃物等环境因素,实施全过程污染预防控制,尽可能地减少或防止不利的环境影响
3	加强土方运输环境管理

续表

序号	保护措施
4	建立排水设施,施工污水经三级沉淀后方可排入市政管网
5	施工便道定期洒水清扫,出入口要有洗车槽,保持路面清洁,减少地面扬尘污染
6	合理安排施工机械作业,高噪声作业活动尽可能安排在不影响周围居民及社会正常生活的时段内进行

4 围护工程工序质量

4.1 施工测量

4.1.1 基本要求

① 明挖车站施工测量应包括其基坑围护结构、基坑开挖和结构施工测量。

② 施工前测量人员应该收集设计和测绘资料,对收集的测绘资料进行复核,对各类控制点应进行检测,加固保护,并根据施工方法和现场测量控制点状况制订施工测量方案。

③ 施工放样应依据卫星定位点、精密导线点、线路中线控制点及二等水准点等测量控制点进行。

④ 测量检测成果与原成果较差:精密导线点应小于 10mm,二等水准点应小于 5mm。

⑤ 根据施工需要宜将明挖隧道、车站施工区域内的各种管线、地下建筑物在地面投影位置放样到地面。

4.1.2 基坑维护结构施工测量

基坑围护结构形式多样,一般有连线、钻孔柱、人工挖孔柱、SMW 工法桩、工字钢桩和钢板桩围堰等形式。不同围护结构施工测量基本方法相同,放样精度也一样,但考虑不同围护结构的施工工法,测量放样要求也有差异。

(1) 地下连续墙施工测量

地下连续墙的施工工艺是利用特制的成槽机械在泥浆护壁的情况下,进行一定长度沟槽的开挖后,将在地面上做好的钢筋笼放入槽段内,采用导管法进行水下混凝土浇筑,完成一个单元墙段施工,各墙段之间以特定的接头方式相互连接,形成一道连续的地下钢筋混凝土墙。该结构适合于饱和砂层、饱和淤泥土层等饱和软弱地层,既可控制土压力又可有效地阻隔地下水,同时还可以作为车站结构的一部分。

地下连续墙的施工大体上有六个环节:导墙、成槽、放接头管、吊放钢筋笼、浇灌混凝土及拔接头管成墙等。地下连续墙施工测量的控制要点主要是导墙平面位置的测设及成槽垂直度的控制两方面。

(2) 人工挖孔桩和钻孔灌注桩施工测量

人工挖孔桩和钻孔灌注桩两种施工方法均是采用排桩柱墙来挡土和防水,实现基坑的围护。其中人工挖孔桩适合于地下水位较深或无水的地层,要求地层承载力较高,其断面形式不受施工机具的限制,可以做成圆形和方形,而且其施工质量和承载力要高于普通的钻孔桩;但是,钻孔灌注桩具有较广的适用范围,两者不能相互替代。

人工挖孔桩和钻孔灌注桩施工测量主要是桩位平面位置的测设及竖直度的控制。

① 人工挖孔桩和钻孔灌注桩测设

人工挖孔桩和钻孔灌注桩测设与地下连续墙施工测量类似,测量人员应根据现场实际情况,设计好放样点位和测设路线。放样时以施工加密控制点为基准,首先在钻孔桩中线的延长线上测设两个控制点,控制点经过检查满足精度要求以后,在控制点上架设仪器,按照10根或者20根柱的间隔测定一个点,然后在两点之间拉一根直线,用钢尺进行放样,并将每个钻孔桩的中心位置标定出来。

② 人工挖孔桩和钻孔灌注桩检核测量

桩位放样后,还需检核桩点位之间的相互关系,以确保放样无误。桩成孔后可采用测斜仪等测量钻孔垂直偏差,人工挖孔桩和钻孔灌注桩桩体允许偏差见表4-1。

表4-1 人工挖孔桩和钻孔灌注桩桩体允许偏差

项目	桩体允许偏差	备注
高程	±100mm	
平面位置	±50mm	相对于地铁线路中线
垂直度	3‰	

4.1.3 土方开控和主体结构施工测量

(1) 土方开挖施工测量

明挖隧道土方开挖按坑壁结构可分为放坡开挖、内支撑支护开挖、拉锚支护开挖和无支撑支护开挖。下面分别对放坡开挖和支护开挖土方施工测量予以介绍。

① 放坡开挖土方施工测量

在放坡开挖地段,应根据不同的地质条件,岩土滑动角、含水率等不同参数,设计开挖的顺序、深度和宽度。

土方开挖前。测量人员应该认真阅读设计图纸,按设计要素计算出基坑轮廓的坐标,根据施工现场已有的线路中线点或导线点,以极坐标法测设这些基坑轮廓点以确定开挖范围。放样点位横向误差为±3mm。

施工过程按照设定的坡度放坡,一般第一次开挖不要求一次到位,预留200mm左右厚度的土方在最后修整边坡时才准确到位,避免施工超挖造成边坡失稳引起塌方或其他危险,接近基底标高时,要求把高程引测至基坑底,以便控制开挖的标高。

② 支护开挖土方施工测量

有支护基坑的土方开挖,主要是控制每层开挖的深度,以便及时对基坑围护结构进行支撑体系的架设。

开挖前,以附合水准测量的方法,从高程控制点引测至施工场地条件较好的位置,设立2~3个临时高程点。土方开挖时可以在基坑周边设立一些临时高程点,采用悬挂钢尺直接把高程引测至基坑内。当基坑开挖深度接近基坑底板深度时,应使用水准仪准确的引测高程点至基坑内,并在稳定的地方设定高程控制点。

(2) 主体结构施工测量

① 基坑底部地下线路中线点或导线点测量

明挖隧道施工中，开挖至垫层标高，应及时从地面控制点采用导线测量和水准测量方法将平面坐标及高程引至基坑底部，并测设地下线路中线点或导线点。测量的精度要求同加密控测量。

② 主体结构的放样及精度要求

明挖隧道的施工，因安全、工期等原因，一般是分段施工，即开挖一段，主体结构也跟着做一段，而地铁隧道讲究线路的平顺连接、结构相对关系要求高，这就给施工测量提出了比一般建筑物更高的精度要求。

垫层浇筑完成后，以地下线路中线点或导线点为依据，在垫层上测设线路中线点，车站还需测设主要控制轴线。测设方法同线路测量。测设完成后还需检核点位的相互关系。

地铁主体结构，特别是车站，一般均有大量的顶留洞、预埋管及埋预件等，结构非常复杂。测量前测量人员要认真阅读图纸，找出各个预留洞、预埋管及预埋件等与线路中线、轴线的关系，并根据这些关系，以地铁线路中线为基准，将其测设在实地。

结构混凝土浇筑时，以地铁线路中线为基准，测设模板位置，距离近的可用钢尺量设，距离远的一般用极坐标方法测设。

4.1.4 基坑围护结构施工测量

1. 基坑采用地下连续墙围护结构时，其施工测量应符合下列规定：

① 地下连续墙的中心线放样允许误差不应超过。

② 内外导墙应平行于地下连续墙中线，其放样允许误差不应超过。

③ 地下连续墙成槽施工过程中应根据设计和施工规范要求测量其深度、宽度和垂直度。

④ 地下连续墙竣工后，应测定其实际中心线与设计中心线的偏差，偏差值应小于30mm。

2. 基坑采用护坡桩围护结构时，其施工测量技术要求应符合下列规定：

① 护坡桩地面位置放样，应依据线路中心线控制点或精密导线点进行，放样允许误差纵向不应大于100mm，横向为0~50mm。

② 桩成孔过程中，应根据设计要求测量其孔深、孔径及其铅垂度。

③ 采用预制桩施工过程中应根据设计要求测量桩的铅垂度。

④ 护坡桩竣工后，应测定各桩位置及与轴线的偏差。其横向偏差值为0~50mm。

4.1.5 基坑开挖施工测量

① 采用自然边坡的基坑，边坡线位置应根据线路中线控制点或精密导线点进行放样，放样允许误差不应超过±50mm。

② 基坑开挖过程中，应使用坡度尺或采用其他方法检测边坡坡度，坡脚距隧道结构的距离应满足设计要求。

③ 基坑开挖至底部后，应采用附合导线将线路中线引测到基坑底部。基坑底部线路中线纵向允许误差不应超过±10mm，横向允许误差不应超过±5mm。

④ 高程传入基坑底部可采用水准测量方法、电磁波测距三角高程测量方法。水准测量和电磁波测距三角高程测量闭合差应小于±8$\sqrt{L}$mm。电磁波测距三角高程测量应对向观测，垂直角观测、距离往返测距各两测回，仪器高和觇标高测量精确至毫米。

4.1.6 结构施工测量

结构施工测量基本要求：

（1）结构底板绑扎钢筋前，应依据线路中线，在底板垫层上标定出钢筋摆放位置，放线允许误差不应超过±10mm。

（2）底板混凝土模板、预埋件和变形缝的位置放样后，应在混凝土浇筑前依据设计要求进行检核测量。

（3）结构边墙、中墙模板支立前，应按设计要求，依据线路中线放样边墙内侧和中墙两侧线，放样允许偏差应为0～5mm。

（4）顶板模板安装过程中，应将线路中线点和顶板宽度测设在模板上，并应结合模板板跨预拱度进行高程放样和模板高程调整，其高程测量误差为0～+10mm，中线测量允许误差不应超过±10mm，宽度测量误差为－10～+15mm。

（5）结构施工完成后，应对设置在底板上的线路中线控制点和高程控制点进行复测，复测方法和精度要求应按工程测量规范第8.3节的有关规定执行。

（6）采用盖挖逆作法的结构施工测量应按下列方法进行：

① 顶板立模前，应在连续墙或桩墙的顶面，每5m测量一个高程点并标定其位置，同时在连续墙或桩墙的侧面标出顶板底面设计高程线，其测量误差为0～+10mm。

② 中板施工前，应对顶板上的线路中线控制点和高程控制点进行复测，并通过顶板上的预留孔或预留口将这些控制点的坐标和高程传递到中板的基坑面上，作为支立中板模板和钢筋的依据；在浇筑混凝土前应对标定在模板上的线路中线控制点和高程控制点进行检核，其中线测量允许误差不应超过±10mm，高程测量误差为0～+10mm。

③ 底板的施工测量方法同中板，其中线测量允许误差不应超过±10mm，高程测量误差为－10～0mm。

（7）采用盖挖顺作法施工的车站，其结构施工测量方法和技术要求应符合《城市轨道交通工程测量规范》（GB/T 50308—2017）中8.4节的规定。

4.1.7 仪器设备及人员

1. 仪器设备

仪器设备的精度及数量满足合同及《城市轨道交通工程测量规范》（GB/T 50308—2017）一等水准测量要求（全站仪、水准仪数量及精度要求有强制要求，其他仪器设备根据需要配备）；仪器在使用期内有有效检定证书，定期自检并留有记录；仪器台账与使用仪器均能一一对应；仪器保持稳定，如有变更，经监理单位审批，报测控中心备案（图4-1）。

图 4-1 仪器设备

2. 人员要求

测量人员资质及数量满足合同及相关要求；测量人员应保持稳定，如有变更，经监理单位审批；主要测量人员离岗均应请假且明确替岗人员，工作妥善交接，并及时备案（表 4-2）。

表 4-2 人员

岗位	学历专业	资格要求	从事专业年限	岗位最少人数
测量主管	测量专业，大专以上	中级以上	工程测量 5 年，轨道交通工程测量 3 年以上	1 人
测量队长	测量专业，大专以上	"助工"以上	施工测量 3 年以上	1 人/站（区）
技术人员	中专以上	中级测量工及以上	施工测量 1 年以上	1 人/站（区）

4.1.8 测点埋设及保护

标准化要求：

车站内控制点埋设在侧墙上，导线点间距一般控制在 $L/10$ 以上（L 为单线区间长），左、右线各至少 2 个，用于隧道内控制点测量、贯通测量、车站断面测量、隧道断面测量及轨道基础控制网点测量等，现场应有明显标识。控制点材质、埋设样式、位置及点号标识满足标准化要求；控制点保护、防护措施到位，无擅自破坏或破坏后未及时恢复的问题发生；每月定期进行日常控制点巡查及维护（图 4-2）。

图 4-2 测点埋设及保护

4.2 地下连续墙

4.2.1 导墙施工

标准化要求:

地下连续墙成槽前先要构筑导墙。导墙是建造地下连续墙必不可少的临时构筑物,是成槽设备进行导向、存储泥浆稳定液位的关键,导墙质量的好坏直接影响地下连续墙的边线和标高,同时,导墙还是维护上部土体稳定,防止槽壁坍塌的重要措施(图4-3~图4-5,表4-3)。

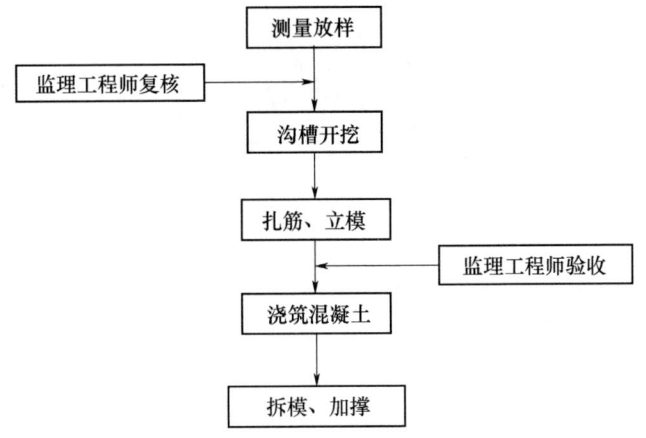

图 4-3 导墙施工一般流程

图 4-4 导墙混凝土浇筑、加临时支撑

图 4-5 导墙防护及回填

表 4-3 导墙施工质量检验标准

项目		允许偏差	检查方法
内外导墙净距		±10mm	尺量
受力钢筋	主筋间距	±10mm	尺量
	保护层厚度	±3mm	尺量
	纵筋长度	±100mm	尺量
	横向纵筋间距	±10mm	尺量
同一连接区段内纵向受力钢筋接头面积百分率		<50%	观察
模板	模板与中心线	±10mm	尺量
	导墙宽度	±10mm	尺量
	垂直度	≤5‰	靠尺
导墙	内墙面与地下连续墙总轴线平行度	±10mm	尺量
	内外导墙间距	±10mm	尺量
	导墙内墙面垂直度	1/300	靠尺
	导墙内墙面平整度	3mm	靠尺
	导墙顶面平整度	5mm	靠尺

标准化要求：

一般情况下当导墙开挖深度≤2m时，导墙断面采用"┐ ┌"形。当导墙开挖深度>2m时，导墙断面采用"C"形或"L"形，导墙翼面坡度2%，导墙的净距比地下连续墙的设计宽度一般大50mm，地下连续墙施工中为防止结构侵入主体，地下连续墙中线根据图纸适当外放 10～12cm，现场放样结束经验收合格后再开挖。导墙翼面坡度一般要求向外侧2%放坡，防止雨水及地面污水进入槽段污染泥浆。

4.2.2 泥浆工程

标准化要求：

护壁泥浆在使用前，应进行室内性能试验，施工过程中根据监控数据及时调整泥浆指标。不符合灌注水下混凝土泥浆指标要求的应作为废弃泥浆处理（图4-6～图4-10，表4-4、表4-5）。

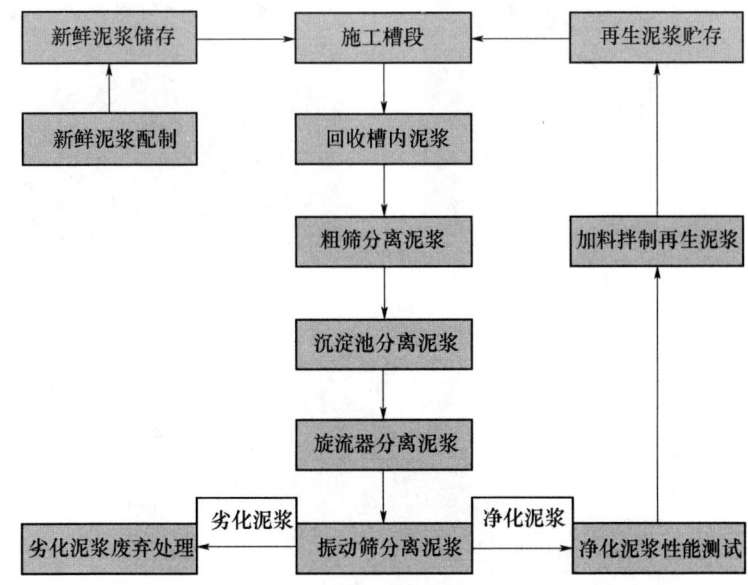

图4-6 泥浆系统工艺流程

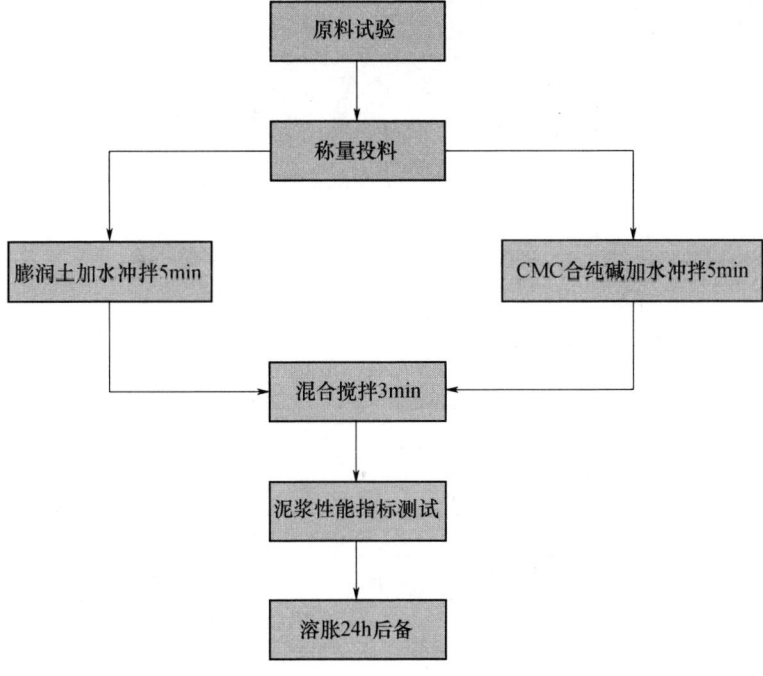

图4-7 泥浆系统工艺流程

图 4-8 含砂率检测

图 4-9 泥浆储存

图 4-10 泥浆除砂器

表 4-4 泥浆配制要求

序号	材料	规格
1	膨润土	商品膨润土
2	水	自来水
3	分散剂	纯碱(Na_2CO_3)
4	增黏剂	

项目	黏度（s）	密度（g/cm^3）	pH 值	含砂率（%）	滤皮厚（mm）
指标	20~24	1.04~1.05	8~9	<3	≤2
泥浆材料	膨润土	纯碱	CMC	清水	
$1m^3$ 投料量（kg）	130	4	1	950	

表 4-5 泥浆密度检测

泥浆性能	新配置泥浆	循环泥浆	废弃泥浆	检测方法
密度（g/cm³）	1.05~1.15	<1.25	>1.35	泥浆密度计
黏度（s）	19~25	20~25	>35	500mL/700mL、漏斗法
含砂率	<4%	<4%	>8%	洗砂瓶
pH 值	7~9	7~10	>12	pH 试纸

标准化要求

开挖前泥浆储量需要满足一幅槽段的 1.5 倍的泥浆，防止成槽过程中泥浆损耗离析导致的泥浆储量不足。

1. 护壁泥浆在使用前，应进行室内性能试验，施工过程中根据监控数据及时调整泥浆指标。不符合灌注水下混凝土泥浆指标要求的应作为废弃泥浆处理。

2. 废浆废弃标准，清孔清出来的泥浆予以废弃。浇灌混凝土回收泥浆中，当泥浆指标超过以下任何一项指标时，泥浆应予以废弃。黏度大于 45，pH 值大于 12，密度大于 1.3。

3. 地下连续墙施工期间根据现场实际情况设置泥浆池，另外各设 1 个拌制新泥浆的拌浆池和 1 个废浆池，开槽前需要储备泥浆，以地铁车站标准段方量的 1.5 倍，防止成槽过程中泥浆损耗离析导致的泥浆储量不足。

4. 泥浆循环采用 3kW 型泥浆泵在泥浆池内循环，7.5kW 型泥浆泵输送，15kW（或 22kW）泥浆泵回收，由泥浆泵和软管组成泥浆循环管路。泥浆使用一个循环之后，利用泥浆净化装置对泥浆进行分离净化并补充新制泥浆，以提高泥浆的重复使用率。提高泥浆技术指标的方法是向净化泥浆中补充重晶石粉、烧碱、钠土等，使净化泥浆基本上恢复原有的护壁性能。

4.2.3 成槽施工

标准化要求：

用超声波测壁仪器在槽段内左中右 3 个位置上分别扫描槽壁壁面，扫描记录中壁面最大凸出量或凹进量（以导墙面为扫描基准面）与槽段深度之比即为壁面垂直度，3 个位置的平均值即为槽段壁面平均垂直度（图 4-11~图 4-14）。

图 4-11 成槽机成槽

图 4-12 成槽渣土外运

图 4-13　槽段深度检测　　　　　图 4-14　超声波检测

4.2.4　地下连续墙钢筋工程

标准化要求：

为了保护钢筋笼吊装安全，吊点位置的确定与吊环、吊具的安全性应经过设计和验算，作为钢筋笼最终吊环安装中吊杆构件的钢筋笼上竖向钢筋，必须同相交的水平钢筋自上而下的每个交点都焊接牢固（图 4-15、图 4-16）。

图 4-15　钢筋笼桁架规格检查　　　　　图 4-16　钢筋笼焊接现场

标准化要求：

严格按设计要求及翻样图纸焊装预留插筋（或接驳器）、预埋铁件，绑扎硬泡沫塑料板，并保证插筋、埋件的定位精度符合规定要求。斜撑预埋钢板采用 Q235B 钢板，钢板上预留孔洞，安装时与预埋锚筋穿孔塞焊，必须填焊密实，锚筋长度必须满足锚固长度，如果预埋位置和导管通道冲突，通道内锚筋可打弯处理，预埋钢板和钢筋笼必须焊接牢靠，防止吊装过程脱落伤人（图 4-17～图 4-19，表 4-6）。

4 围护工程工序质量

图 4-17 吊筋、吊点检查　　　　　　图 4-18 钢筋笼成品检查

图 4-19 桁架焊接长度及直螺纹丝头检测

表 4-6 钢筋笼验收标准

项目	允许偏差（mm）	检查频率		检查方法
		范围	点数	
长度	±50	每幅	3	尺量
宽度	±20		3	
厚度	−10		4	
主筋间距	±10		4	在任何一个断面连续量取主筋间距（1m范围内），取其平均值作为一点
两排受力筋间距	±10		4	尺量
预埋件中心位置	<20		4	抽查

4.2.5 钢筋笼吊装

标准化要求：

为了保证地下连续墙的墙体质量，所有"—""L"和"T"形钢筋笼都将采用整

幅一次吊装的方法就位,"Z"形幅分成两个"L"形幅分两次吊装。采用整幅吊运安装的方案,可减少钢筋笼安置时间,有利于深槽壁体的稳定,保证地下连续墙的墙体质量。主、副履带吊的具体型号需经过计算且专家论证后定型(图4-20、图4-21)。

图4-20　地下连续墙钢筋笼起吊　　　　图4-21　钢筋笼双机抬吊

标准化要求:

钢筋笼吊放采用双机抬吊,空中回直。钢筋笼吊装过程中,双机停置在钢筋笼的一侧的施工便道,主、副机双机抬吊,主机吊钩吊钢筋笼的顶部范围,副机吊钩起吊钢筋笼底部范围,主、副机均采用铁扁担穿滑轮组进行工作(图4-22～图4-23)。

图4-22　钢筋笼垂直　　　　图4-23　钢筋笼入槽

标准化要求:

钢筋笼吊筋长度应根据导墙实际标高确定,钢筋笼下放位置应精确,以保证地下连续墙钢筋笼上预埋件位置准确。锁口管宜分节吊装,在槽口进行拼装(图4-24～图4-27)。

图 4-24 地下连续墙钢筋笼下放到位

图 4-25 锁口管吊装

图 4-26 导管气密性试验

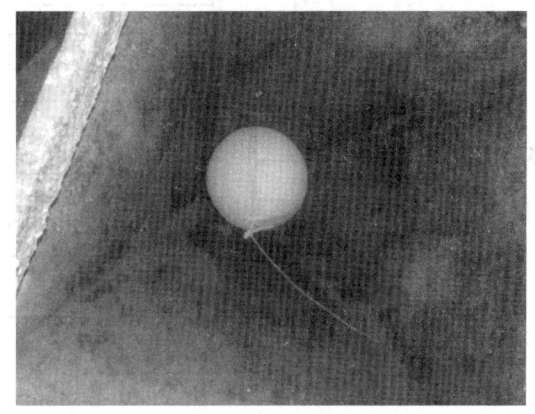
图 4-27 阻水球胆

4.2.6 混凝土浇筑

标准化要求：
（1）地下连续墙浇筑前应对导管进行水密性试验，试验合格后才允许使用。
（2）混凝土浇筑前料斗位置应提前阻止防水球胆。
（3）混凝土进场后需进行坍落度试验，混凝土到场方量满足出灌方量后才允许进行灌注。
（4）地下连续墙混凝土浇筑时需两车混凝土同时浇筑。

4.3 钻孔灌注桩施工

4.3.1 钻孔灌注桩施工流程

标准化要求：
钻机成孔工艺：电动机带动转盘，转盘带动钻杆和钻头，由钻头转动切削孔内土层，钻渣的排出由泥浆泵通过钻杆将泥浆打入孔底，形成孔内泥浆由孔底向孔口流动，再加上钻头的旋转扰动将钻渣随泥浆排出孔外，依次循环成孔（图 4-28、图 4-29）。

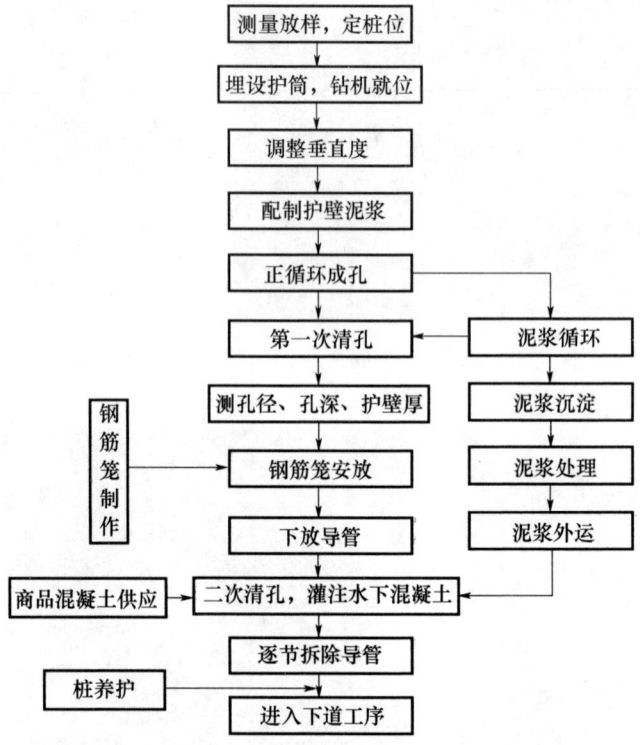

图 4-28　钻孔灌注桩施工工艺流程

图 4-29　钻孔灌注桩施工图解

4.3.2 钻孔灌注桩质量检验

标准化要求：

采用锥角钻头，造孔采用原土造浆护壁，泥浆循环使用。回旋钻成孔采用正循环泥浆固壁，由高压泥浆泵供浆，钻孔时将储浆池的泥浆通过钻杆打入孔内进行钻孔护壁，排出的废浆经孔口设置的泥浆泵排至泥浆箱，经沉淀净化后的泥浆循环使用（图 4-30、图 4-31，表 4-7、表 4-8）。

图 4-30 泥浆密度测试

图 4-31 钻孔完成

表 4-7 质量检验标准

序号	检查项目	性能指标	检验方法
1	密度	1.05~1.20g/cm³	泥浆密度计，清孔后在距孔底 50cm 处取样
2	黏度	17~20s	漏斗法
3	含砂率	<4%	洗砂瓶
4	pH 值	7~9	pH 试纸

表 4-8 钢筋笼质量验收标准

序号	钻孔灌注桩钢筋笼检验标准	允许偏差
1	钢筋笼长度	±5cm
2	钢筋笼外径	±10mm
3	主筋间距	±10mm
4	箍筋间距	±20mm
5	钢筋笼外径	±10mm
6	焊接长度	10d（单面焊）
7	焊缝高度	0.8d
8	焊缝宽度	0.3d

标准化要求：

钢筋笼及导管下好后通过导管进行二次清孔，清孔后泥浆密度应控制在 1.03~

1.10g/cm³，含砂率＜2%，黏度 17～20s，实测钻孔桩的沉渣厚度小于 100mm，孔径、孔深符合设计要求时，报监理工程师验收同意后，开始浇筑混凝土（图4-32，表4-49）。

图 4-32 钢筋笼下放

表 4-9 钻孔质量验收标准

项目		规定值或允许偏值
钻孔桩	桩位	50mm
	孔径	±50mm
	垂直度	≤1%
	孔深	不小于设计桩长
	沉淀厚度	100mm
	清孔后泥浆指标	密度：1.03～1.10g/cm³；黏度：17～20s；含砂率：＜4%；胶体率：＞98%

标准化要求：

钢筋笼及导管下好后通过导管进行二次清孔，清孔后泥浆密度应控制在 1.03～1.10，含砂率＜2%，黏度 17～20s，实测钻孔桩的沉渣厚度小于 100mm，孔径、孔深符合设计要求时，报监理验收同意后，开始浇筑混凝土（图4-33、图4-34）。

图 4-33 安装导管

图 4-34 混凝土浇筑

标准化要求：

导管使用前应试拼装、试压。钢筋笼及导管下好后通过导管进行二次清孔，实测钻孔桩的沉渣厚度小于100mm，孔径、孔深符合设计要求时，开始浇筑混凝土。

灌注混凝土前，隔水塞在导管一定高度内设置好，由初灌量计算确定，初灌量确定原则：导管离孔底 30～50cm，并保证第一次混凝土下料使导管埋入混凝土中 0.8m 以上。

4.4 SMW 工法桩

4.4.1 沟槽开挖

标准化要求：

围护结构施工放样时，应考虑施工误差、围护变形等因素进行适当外放，设计建议附属围护外放100m，施工单位可根据施工经检及机械精度等适当调整，但不得侵占侧墙厚度和限界尺寸（图4-35～图4-38）。

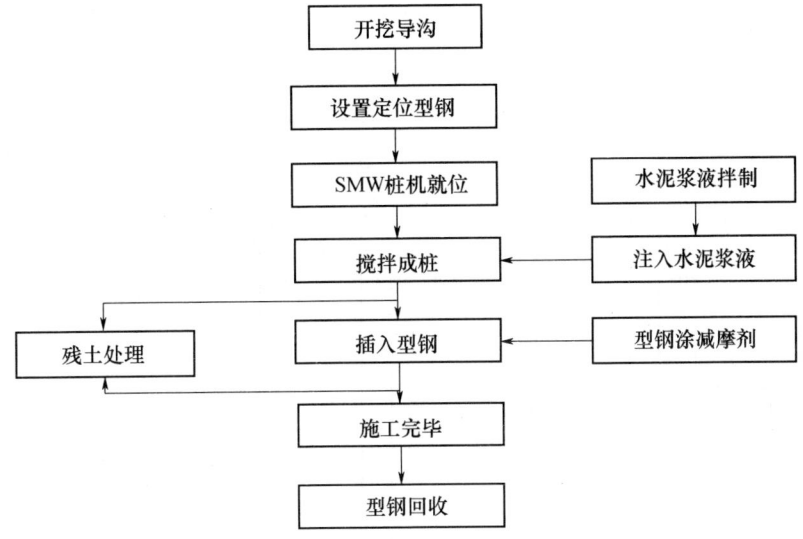

图 4-35 施工工艺流程

图 4-36 测量放线

图 4-37 SMW 工法桩沟槽示意图

图 4-38　SMW 工法桩定位

标准化要求：

开挖沟槽：根据基坑维护内边控制线开挖沟槽，并清除地下障碍物，沟槽尺寸如图 4-39 和图 4-40 所示，开挖沟槽余土应及时处理，以保住 SMW 工法正常施工，并到达文明工地要求。

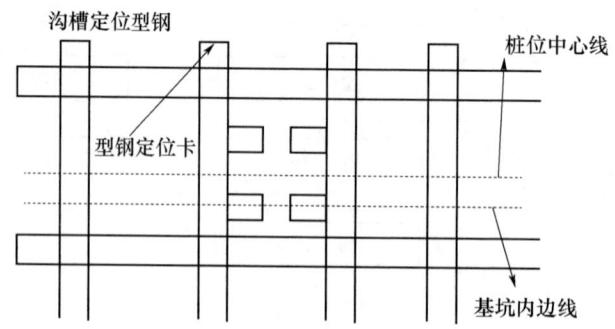

图 4-39　SMW 工法桩定位型钢示意图

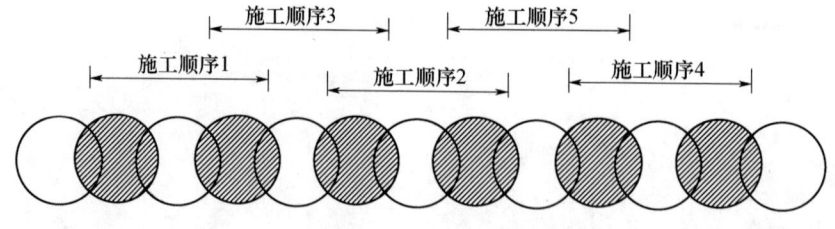

图 4-40　复搅式施工示意图

标准化要求：

定位型钢放置：垂直沟槽方向放置两根定位型钢，规格为 200mm × 200mm，长约 2.5m，再在平行沟槽方向放置两根定位型钢，规格 300mm × 320mm，长 8~20m，型钢定位采用型钢定位卡。

4.4.2 成桩施工

标准化要求：

三轴水泥搅拌桩在下沉和提升过程中均应注入水泥浆液，同时严格控制下沉和提升速度。根据设计要求和有关技术资料规定，下沉速度不大于1m/min，提升速度不大于1.3m/min，避免因提升过快，产生真空负压，孔壁坍方。在桩底部分适当持续搅拌注浆，做好每次成桩的原始记录（图4-41和图4-42）。

图4-41 三轴搅拌桩桩机定位

图4-42 搅拌桩成桩施工

4.4.3 型钢施工

标准化要求：

起吊前在型钢顶端开一个中心圆孔，孔径约6cm，装好吊具和固定钩，然后用50t吊机起吊H型钢，用线锤校核垂直度，必须确保垂直（图4-43、图4-44）。

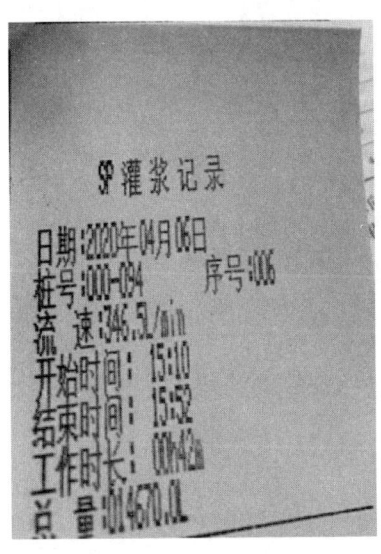
图4-43 SMW工法桩灌浆记录

图4-44 H型钢拼装焊接

标准化要求：

在沟槽定位型钢上设H型钢定位卡固定插入型钢平面位置，型钢定位卡必须牢固、水平，然后将 H 型钢底部中心对正桩位中心，并沿定位卡徐徐垂直插入水泥土搅拌桩体内（图 4-45、图 4-46）。

图 4-45 H 型钢吊装　　　　　图 4-46 H 型钢插入

标准化要求：

为便于 H 型钢回收，型钢须涂刷减摩剂后插入水泥土搅拌桩，结构强度达到设计要求后起拔回收，减摩剂必须加热至完全融化，用搅棒搅时感觉厚薄均匀，才能涂敷于 H 型钢上（图 4-47）。

图 4-47 H 型钢减摩剂涂刷

4.5　地基加固

4.5.1　高压旋喷桩施工

标准化要求：

高压旋喷桩系利用高压泵将水泥浆液通过钻杆端头的特制喷头，以高速水平喷入土体，借助液体的冲击力切削土层，同时钻杆一面以一定的速度旋转，一面低速徐徐提升

(10～25cm/min)，使土体与水泥浆充分搅拌混合凝固，形成具有一定强度（0.5～8.0MPa）的圆柱固结体（即旋喷桩），从而使地基得到加固（图4-48、图4-49）。

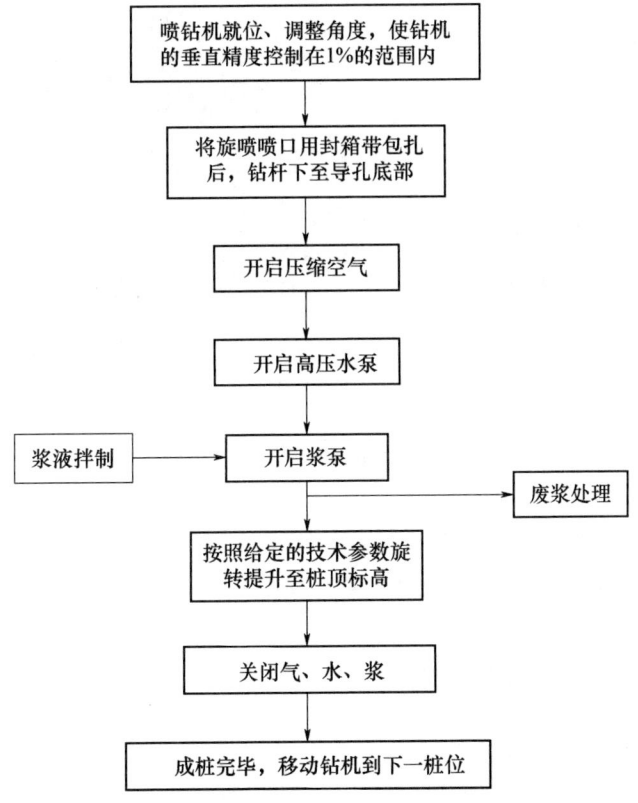

图4-48 高压旋喷桩施工流程图

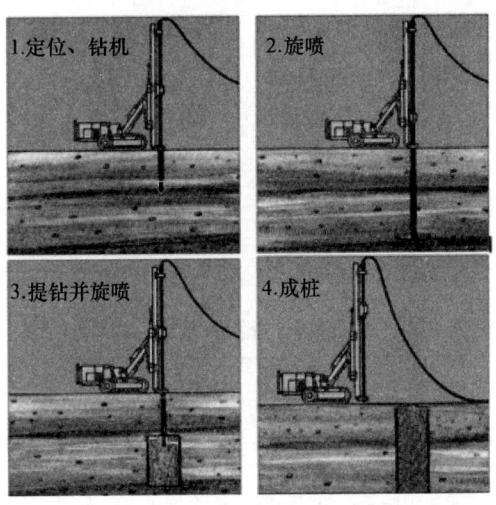

图4-49 高压旋喷桩施工流程图

标准化要求：

确定孔位。在施工轴线上确定孔位，编上桩号、孔号、序号，依据基准点测量各孔口地面高程。桩位应严格按照图纸设计测设，偏差不得大于50mm，垂直度小于1/200（图4-50、图4-51）。

图4-50　桩机定位

图4-51　高喷桩机钻孔

标准化要求：

高压喷射注浆法为自下而上连续作业。喷头可分单嘴、双嘴和多嘴。

① 当注浆管下至设计深度，喷嘴达到设计标高，即可喷射注浆。

② 送入符合设计要求的气和水泥浆，待浆液返出孔口正常后，开始提升。水泥浆液流量大于30L/min，气压不宜小于0.7MPa，旋喷提升速度10~25cm/min（图4-52、图4-53）。

图4-52　高喷喷射作业

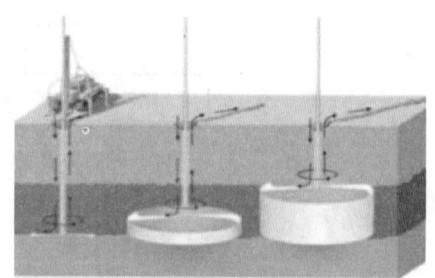

图4-53　高压旋喷桩工作示意图

4.5.2　高压旋喷桩检验标准

高压旋喷桩地基加固质量检验标准（表4-10）。

表4-10　高压旋喷桩地基加固质量检验标准

目录	序号	检查项目	允许偏差或允许值		检查方法
			单位	数值	
主控项目	1	水泥及外掺剂质量	设计要求		查产品合格证书或抽样检验
	2	水泥用量	参数指标		查看流量计及水泥浆水灰比
	3	桩体强度	设计要求		按规定办法
	4	地基承载力	设计要求		按规定办法
	5	钻孔位置	mm	≤50	用钢尺量

续表

目录	序号	检查项目	允许偏差或允许值		检查方法
			单位	数值	
一般项目	1	孔深	mm	±200	测机头深度
	2	桩位搭接	mm	>200	用钢尺量
	3	垂直度	%	≤1	经纬仪侧钻杆或实测
	4	注浆压力	按设定参数指标		查看压力表

4.5.3 三轴搅拌桩施工

标准化要求：

根据加固控制边线，采用挖机开挖导向沟，并清除地下障碍物，开挖导向沟弃土应及时处理，以保证搅拌桩工法正常施工，并达到文明施工的要求（图4-54、图4-55）。

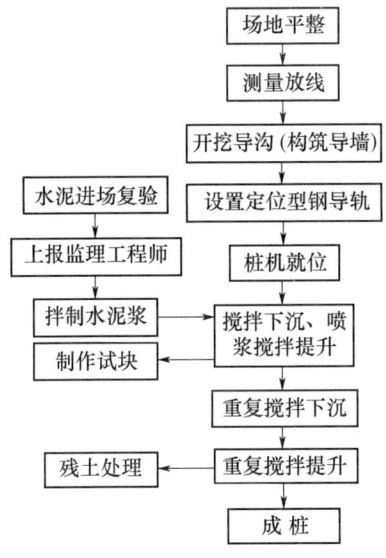
图4-54 三轴搅拌桩施工流程图

图4-55 导向沟槽开挖

标准化要求：

根据加固控制边线，采用挖机开挖导向沟，并清除地下障碍物，开挖导向沟弃土应及时处理，以保证搅拌桩工法正常施工，并达到文明施工的要求（图4-56、图4-57）。

图4-56 三轴搅拌桩桩机定位

图4-57 水泥浆液检测

标准化要求：

施工结束后，检验桩体强度、平均直径、桩体质量和承载力等（表4-11）。

表4-11 搅拌桩质量验收标准

项目	序号	检查项目	允许偏差或允许值		检查方法
			单位	数值	
主控项目	1	水泥及外掺剂质量	设计要求		查产品合格证书或抽样检验
	2	水泥用量	参数指标		查看流量计及水泥浆水灰比
	3	桩体强度	设计要求		按规定办法
	4	地基承载力	设计要求		按规定办法
一般项目	1	钻头提升速度	m/min	≤0.5	量钻头上升距离及时间
	2	桩底标高	mm	±200	测机头深度
	3	桩位偏差	mm	±20	用钢尺量
	4	垂直度	%	≤1/250	经纬仪侧钻杆或实测
	5	搭接	mm	≥250	用钢尺量

5 降水工程质量管理

5.1 降水施工关键要素

（1）制定钻机操作规范，保证成井质量；
（2）将材料分为 A、B、C 三类进行主次管理，保证降水效果；
（3）制定安全用电守则，保证安全生产；
（4）专业的应急抢险物资。施工组织管理图，如图5-1所示。

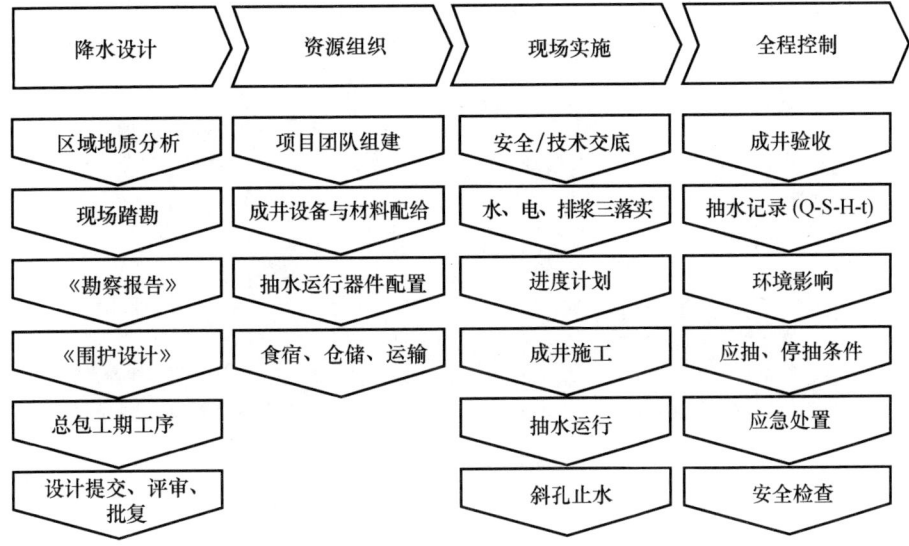

图 5-1　施工组织管理图

5.2 专项人员素质管理

专项人员素质管理见表5-1。

表 5-1　专项人员素质管理

特种工	资质证书	人员配备
现场钻探工、电工、电焊工持证上岗	公司报三类人员证书齐备 现场工人用工合同、保险办理	公司报施工五大员(施工员、质量员、材料员、资料员、安全员)资质

工种	人数	工种	人数
电工	6	安全员(C类)	12
电焊工	12	(市政)施工员	3
安全员(C类)	3	(市政)质检员	3
安全员	2		
测绘人员	2		
工程地质钻工	9		
钻探工	1		
工程测量工	1		
材料员	1		
资料员	1		
人数统计	38	培训中证书合计	18
回复审续办	1		

5.3 降水设备管理

降水井钻机可选 GK-200 钻机、GXY-1 钻机、GXY-2 钻机、GPS-10 钻机等不同型号钻机，可根据施工场地及施工要求灵活搭配（图 5-2）。

图 5-2　降水设备管理

5.4 降水方案设计

降水设计：在评价其对基坑工程的影响时，宜根据其动态规律，按最不利原则考虑。基坑底板的稳定条件：基坑底板至承压含水层顶板间的土压力应大于安全系数下承压水的顶托力（表 5-2）。

表 5-2　降水设计

区段	型号	井深（m）	数量（口）	降水井编号
车站主体	疏干井	按方案计算，下同	16	S1~S15
	降压井		6	J1~J6
	观测兼备用井		4	G1~G4
附属结构	疏干井		3	S16~S18
	降压井		2	J7~J8

采用安全系数法：

$$P_{cz}/P_{wy} = (H \cdot \varGamma_s)/(\gamma_w \cdot h) \geqslant F_s$$

式中 P_{cz}——基坑底至承压含水层顶板间土压力（Pa）；

P_{wy}——承压水头高度至承压含水层顶板间的水压力（Pa）；

h——基坑底至承压含水层顶板间距离（m）；

$\varGamma_s$——基坑底至承压含水层顶板间土的加权平均重度（kN/m³）；

H——承压水头高度至承压含水层顶板的距离（m）；

γ_w——水的重度（kN/m³），取 10kN/m³；

F_s——安全系数，取 1.10。

降水井布置（图 5-3）：①降压井间距、深度、孔径依据拟建工程场区水文地质条件、基坑总涌水量、单井降水能力并结合工程经验确定；②降压井尽可能布置在不影响基坑开挖施工的位置；③降压井的布置应尽可能减小降水对周围环境的影响。

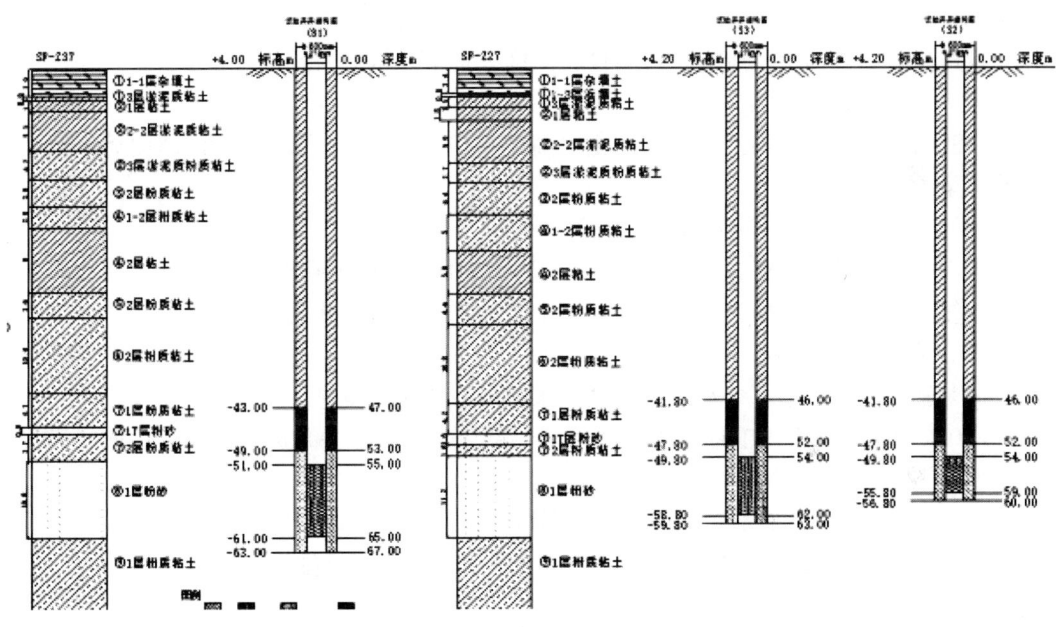

图 5-3 降水井布置

5.5 工序质量控制

5.5.1 降水施工工序质量控制

（1）测放井位

根据井点平面布置，使用全站仪测放井位，井位测放误差小于 30cm。当布设的井点受地面障碍物影响或施工条件影响时，现场可作适当调整。

（2）钻机安装

钻机底座应安装稳固水平，大钩对准孔中心，大钩、转盘与孔中心应三点一线。

(3) 钻进成孔

开孔直径为 $\phi600mm$，一径到底。开孔时应轻压慢转，以保证开孔的垂直度。钻进时一般采用自然造浆钻进，遇砂层较厚时，应人工制备泥浆护壁，泥浆密度控制在 1.10~1.15。当提升钻具和临时钻停时，孔内应压满泥浆，防止孔壁坍塌。钻进时按指定钻孔、指定深度内采取土样，核对含水层深度、范围及颗粒组成。

(4) 清孔换浆

钻至设计标高后，将钻具提升至距孔底 20~50cm 处，开动泥浆泵清孔，以清除孔内沉渣，孔内沉淤应小于 20cm，同时调整泥浆密度至 1.05 左右。

(5) 下井管

直接提吊法下管。下管前应检查井管及滤水管是否符合质量要求，不符合质量要求的管材须及时予以更换。下管时滤水管上下两端应设置扶正器，以保证井管居中，井管应焊接牢固，垂直，不透水，下到设计深度后井口固定居中。

(6) 回填砾料

投送滤料的过程中，应边投边测投料高度，直至砾料下入预定位置为止。

(7) 止水与回填

在滤料段以上采用黏土球止水，止水高度 6.0m。黏土球回填至设计高度后，回填黏性土至地面。

(8) 洗井

采用空压机洗井，通过空压机向井内注入高压空气冲击孔壁泥皮，清除滤料段泥砂，反复进行到水清砂净为止。结束后下水泵抽水，检验洗井效果。

(9) 安装抽水设备

成井施工结束后，下入水泵进行试抽水，以检查成井质量。

(10) 抽水：结合该工程地质条件，采用流量 $3m^3/h$ 深井泵进行抽水，一般能满足降压要求。

(11) 标识为避免抽水设施被碰撞、碾压受损，抽水设备须进行标识。

(12) 排水洗井及降水运行时排出的水，通过管道或明渠排入场外市政管道中（图 5-4）。

5.5.2 抽水试验

抽水试验的目的与作用：

(1) 观测承压含水层静止水位特征，求取水文地质参数；

(2) 观察和掌握抽水引起的深层承压水的水位变化特征及降水引起的沉降；

(3) 根据抽水试验结果合理优化基坑降水方案，有效控制、减小降水对周边环境不利影响（图 5-5）。

5.5.3 降水运行管理

管理原则：按需降水，避免过量降水引发地表沉降过大。

(1) 运行抽水。根据技术要求进行降水运行，把握降水过程中的重点和关键环节，如加真空、疏干抽水频率、减压水位观测等。

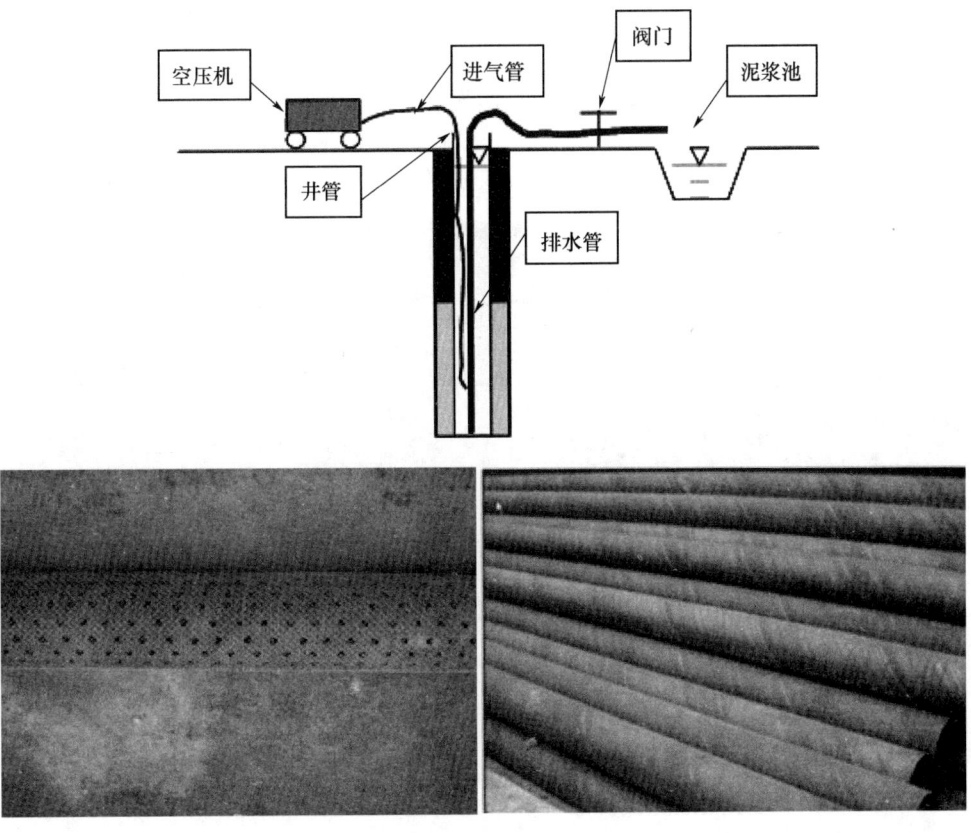

图 5-4 降水施工工序质量控制

图 5-5 抽水试验

（2）降水值班、沟通。在降水过程中做好工地值班工作，并及时与总包单位沟通、汇报工程现场情况及降水运行情况。

（3）运行监测。在降水运行过程中做好基坑内外水位监测工作，并及时提交总包单位。与监测单位保持信息沟通，通过监测指导降水运行。降水装置如图5-6所示。

图5-6　降水装置

5.5.4　降水井封堵

疏干降水井，直接随挖随割降水管，降水井封堵如图5-7所示。

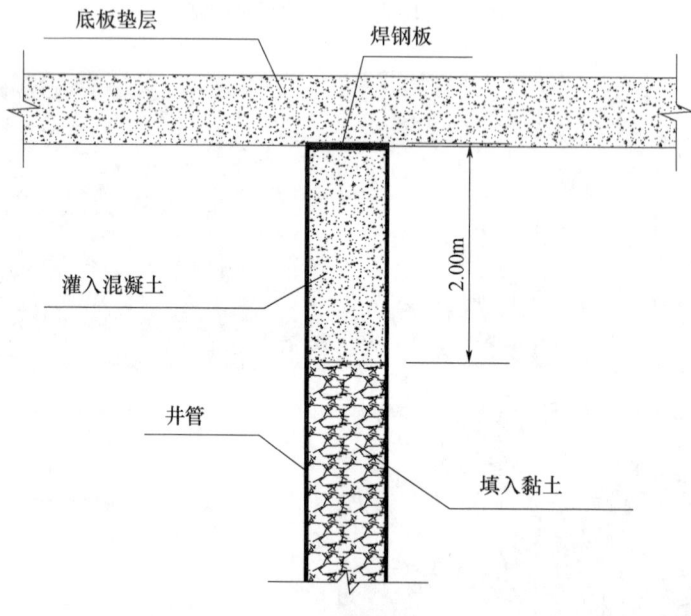

图5-7　降水井封堵

封堵较为困难和特别应关注封堵质量的是减压降水井，因为封堵失败，井口成为承压水涌出通道，后患无穷。坑内减压井封堵一般的工序是（图5-8）。（降水停止后）

焊接止水环、下注浆管、回填瓜子片、注浆并灌注混凝土、(混凝土初凝后)割除外露井管、焊封口钢板、浇筑抹平混凝土(结束)。

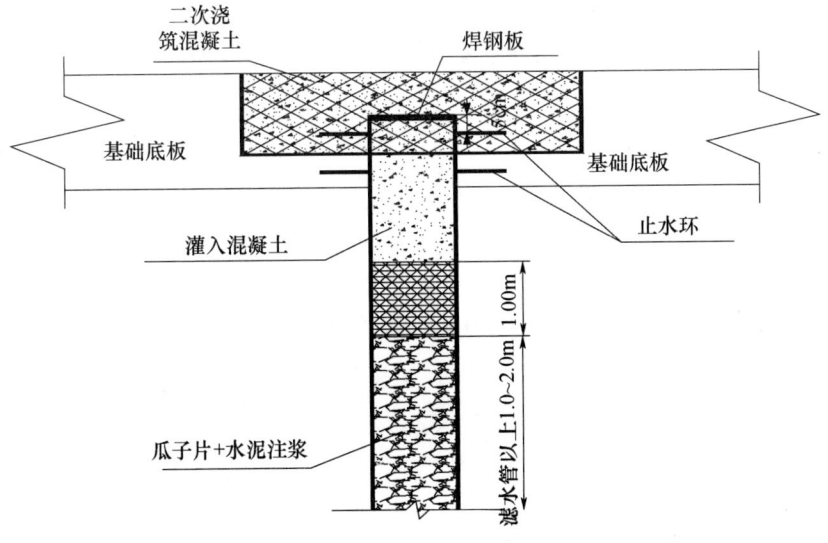

图 5-8　坑内承压降水井封堵示意图

6 支撑及开挖工序质量

6.1 施工监测

6.1.1 仪器设备及人员（图6-1、图6-2）

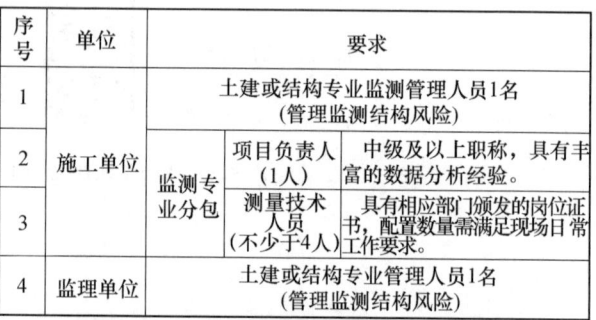

序号	单位	要求		
1	施工单位	土建或结构专业监测管理人员1名（管理监测结构风险）		
2		监测专业分包	项目负责人（1人）	中级及以上职称，具有丰富的数据分析经验。
3			测量技术人员（不少于4人）	具有相应部门颁发的岗位证书，配置数量需满足现场日常工作要求。
4	监理单位	土建或结构专业管理人员1名（管理监测结构风险）		

图6-1 仪器设备

图6-2 人员

6.1.2 监测点布设

支护桩（墙）顶水平位移监测点。在设计位置预钻监测孔，用植筋胶将监测点植入圈梁、围护桩或地下连续墙顶部，监测点采用强制归心监测标志，棱镜固定螺栓露出3~5cm。监测点在基坑两侧布置，保证与工作基点间的通视。

深层水平位移监测点：①一般每20~30m两侧的支护桩（墙）内各布设一个测斜孔，测斜管绑扎在地下连续墙钢筋笼主筋、钻孔桩主筋或H型钢上，测斜管深度不宜小于支护桩（墙）深度。②地连墙中预埋的测斜管必须埋设在钢筋笼的中间部位的背土侧（图6-3、图6-4）。

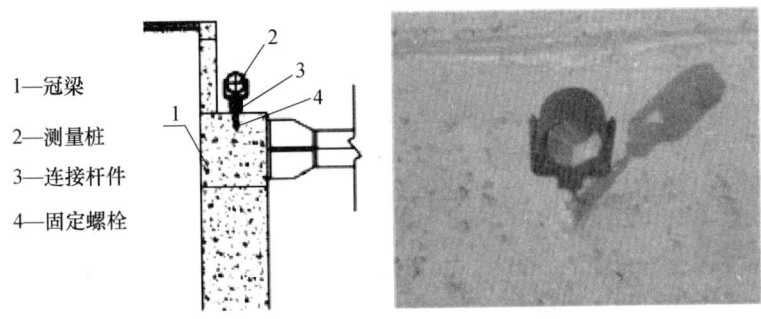

图6-3 支护桩（墙）顶水平位移监测点

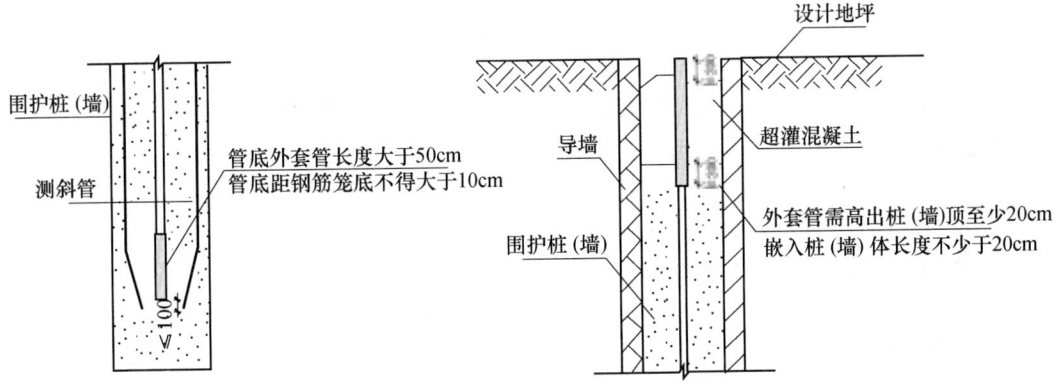

图6-4 深层水平位移监测点

混凝土支撑轴力监测点：钢筋混凝土支撑监测截面宜布置在支撑长度的1/3部位，并避开节点位置，每组应有4个钢筋测力计，分别埋设在混凝土支撑截面四个侧边中心位置组成一组测点，以便整理数据时取其平均值以消除弯曲的影响。沿基坑纵向每开挖段应有一组支撑轴力监测点，环境要求较高时可适当加密，每层支撑的轴力监测点不应少于3个，各层支撑的监测点位置在竖向宜保持一致（图6-5～图6-8）。

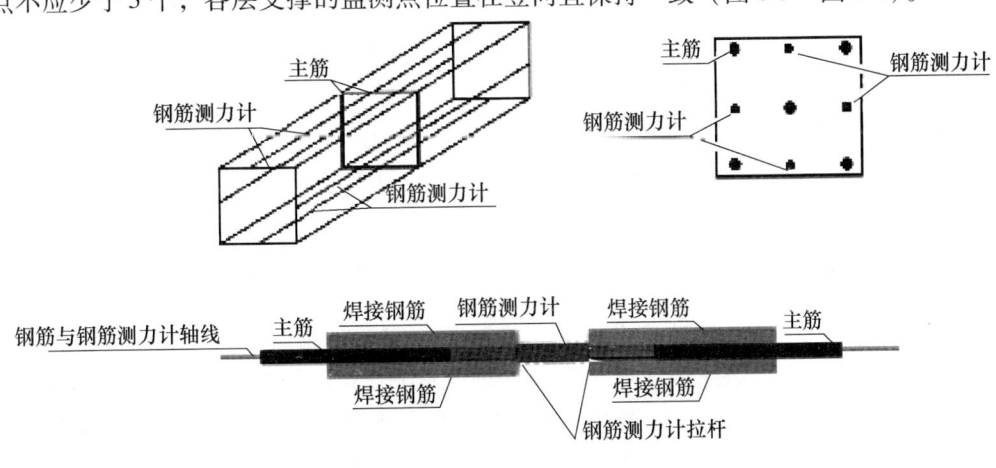

图6-5 混凝土支撑轴力监测点

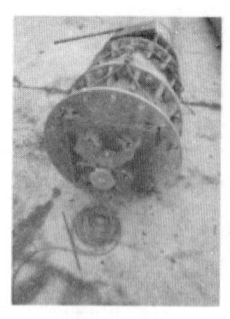  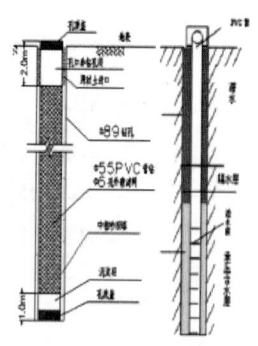

图 6-6　钢支撑轴力监测点　　图 6-7　立柱结构竖向位移监测点　　图 6-8　地下水位监测点

钢支撑轴力监测点：① 将轴力计安装架的圆形钢筒上没有开槽的一端与支撑的固定端的钢板焊接牢固，焊接时必须将钢支撑中心轴线与安装架中心点对齐。待冷却后，把轴力计推入焊好的安装架圆形钢筒内，并用圆形钢筒上的 4 个 M10 螺丝把轴力计在安装架内固定牢固，使支撑吊装时轴力计不会滑落中心轴线与安装架中心点对齐。② 钢支撑吊装到位后，即安装架的另一端（空缺端）与围护墙体上的钢板对上，中间加一块 250×250×25mm 的加强钢垫板，扩大轴力计受力面积，防止轴力计受力后钢板凹陷影响测试结果。安装完成后钢垫板必须焊接固定在地连墙钢板上。

立柱结构竖向位移监测点：立柱沉降监测点宜布置在基坑中部、多根支撑交汇处、地质条件复杂处的立柱上；监测点不应少于立柱总根数的 5%，逆作法施工的基坑不少于 10%，且均不少于 3 根，当基底受承压水影响较大时，应增加监测数量。

地下水位监测点：① 坑内地下水位：监测点宜布置在基坑中央和两相邻降水井的中间；② 坑外地下水位：监测点应沿基坑、被保护对象的周边或两者之间布置测点间距宜为 20~50m。相邻建筑、重要的管线或管线密集处应布置水位监测点；如有止水帷幕，宜布置在止水帷幕的外侧约 2m 处（图 6-9、图 6-10）。

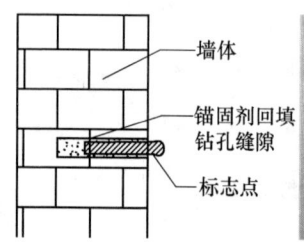 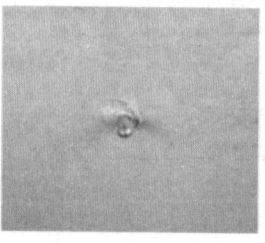 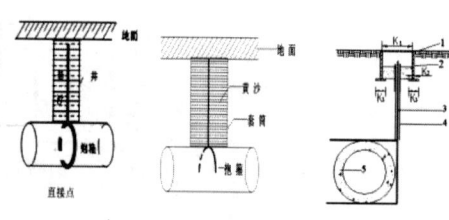

图 6-9　建（构）筑物竖向位移监测点　　图 6-10　地下管线竖向位移监测点

建（构）筑物竖向位移监测点：建（构）筑物竖向位移监测点应布设于建（构）筑物外墙或承重柱上，沿外墙每 10~15m 一处或每隔 2~3 根柱基上，且每侧不少于 3 个测点。在布设监测点时应注意避开如雨水管、窗台线等有碍设标与观测的障碍物。

地下管线竖向位移监测点：① 地下管线竖向位移监测点宜布置在管线的节点、转角点和变形曲率较大的部位，当地下管线位于主要影响区时，测点间距宜为 5~15m，位于次要影响区时，测点间距宜为 15~30m。② 位于基坑开挖影响区域能够开挖暴露的管线和新改迁的管线必须布设直接监测点；不能开挖暴露的管线布设间接监测点。③地下管线竖向位移直接监测点可采用抱箍法或位移杆法布设直接监测点。布设直接监测点须设置在管线上，也可以利用阀门开关、抽气孔以及检查井等管线设备作为监测点；间接点测杆底端与管线底标高一致（图6-11）。

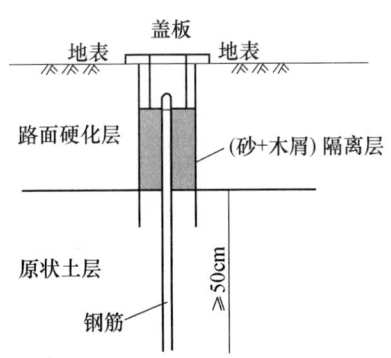

图6-11 地表沉降监测点及工后沉降点

地表沉降监测点及工后沉降点：①应根据基坑规模和周边环境条件，选择有代表性的部位布设垂直于基坑边线的横向监测断面，每个横向监测断面监测点的数量和布设位置应满足对基坑工程主要影响区和次要影响区的控制，每侧监测点数量不宜少于5个。②每一测量断面在坑外的监测距离宜大于3倍基坑开挖深度，每一测量断面上的监测点宜由内向外先密后疏布置，且不宜少于6个测点。③地表沉降观测点应打穿硬壳层，并应与硬壳层分离且与硬壳层下方原状土体紧密接触，严禁采取浅层设点方式埋设监测点位。

工后沉降点：地下车站结构工后监测主要内容为结构本体及周边环境变形监测。地下车站主体及附属结构每块底板浇筑完成后须立即布设沉降监测点，宜沿左、右线路中心线位置对称布设，纵向间距宜为10m，每块底板不少于2个点；监测点应稳固、合理，便于观测；对于不同结构形式、存在不良地质或病害、复杂周边环境及影响范围内有其他工程活动的区段，应根据实际情况加密或调整测点布置。每块底板完成后7d内完成工后沉降监测点布设及初始值采集。

6.1.3 监测频率（表6-1、表6-2）

表6-1 主体基坑工程监测频率

施工状况		现场测试频率		第三方抽检频率
		应测项目	选测项目	
围护结构施工期间		1次/d	1次/7d	将数据变化情况进行不定期抽检
地基加固和降水期间		1次/3d	1次/7d	
基坑开挖期间	第一至三层土方开挖	1次/d		1次/7d
	第四层土方开挖至最后一层土方开挖前	2次/d		
	最后一层土方开挖至垫层完成	3次/d		1次/d
基坑回筑阶段	垫层完成至底板完成后的3天内	1次/d		2次/7d
	各道支撑开始拆除到拆除完成后3天	1次/d	1次/3d	1次/7d
	底板完成3天后	1次/3d	1次/7d	

续表

施工状况		现场测试频率		第三方抽检频率
		应测项目	选测项目	
结构完成后	结构完成后至三个月	1次/7d	1次/15d	1次/15d
	结构完成后三个月至周边重要建（构）筑物沉降稳定（结构完成后第一年内）	1次/15d		1次/月
	结构完成后第二年内	1次/月		1次/2月
	结构完成后第三年内	2次/3月		1次/3月

表6-2 附属基坑工程监测频率

施工状况	施工监测频率		第三方抽检频率
	应测	选测	
第一层至第二层土方开挖	1次/d	1次/d	1次/3d（每层土方开挖期间至少抽检一次）
第三层土方开挖至底板施工	3次/d	1次/d	
底板施工至底板完成后	2次/d	1次/d	1次/2d

6.1.4 动态风险评估表（表6-3）

表6-3 动态风险评估表
×××标×××站每日风险动态分析

重点关注		填写该工区今日关注风险情况，包括但不限于结构本体、环境、地质及其他（第三方）									
序号	分项	主控监测数据（施工监测）					对应工况	综合分析	评估结论	施工处置意见	预警处置跟踪
		项目名称	测点编号	今日累计值	今日速率	本周（月）速率					
1	本体	测斜					格式：昨日21~23轴A2土方开挖，第二道钢支撑（2-46、2-27、2-46）架设完成。无支撑暴露时间9h。今日预计23~24轴A3、A4土方开挖（施工）	原因分析、数据趋势（分中心、第三方）	基本可控，存在风险，建议预警、（第三方）	（施工）	（第三方）
2											
3											
4		轴力									
5											
6											
7		结构柱降沉									
8		其他关键									
9	环境	地表沉降									
10		建筑									
11		管线									
12		其他关键									
13	地质	水位（承压）									
14		土体测斜									
15		其他关键									
16	其他	渗漏水									
17		坑外堆载									
18		其他关键									
岗位工程师：							项目（技术）负责人：				

注：1. 测斜、轴力监测项要求填写开挖面的监测数据。2. 本表要求每日14:00前上传至监测监控信息管理平台。

6.2 混凝土支撑

6.2.1 混凝土支撑施工流程及垫层施工（图6-12、图6-13）

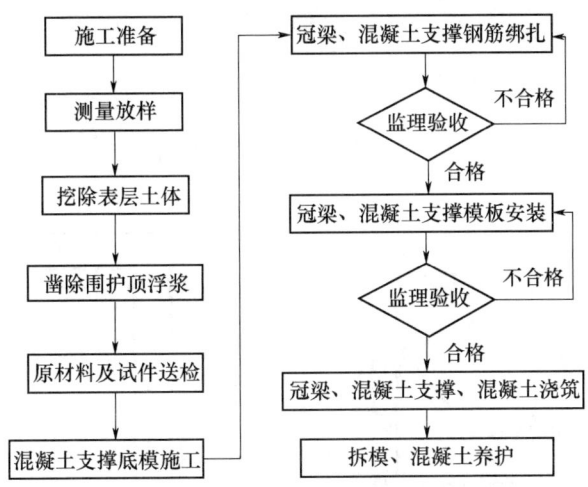

图 6-12 冠梁及混凝土支撑施工工艺流程图

图 6-13 混凝土支撑垫层施工

6.2.2 混凝土支撑钢筋施工及检验标准

标准化要求：

钢筋绑扎前，应清理干净冠梁空间的杂物，若在施工缝处施工，还应把接缝处钢筋调直。钢筋的交叉点必须绑扎牢固，不得出现变形和松脱现象。主筋应避开受力较大区域连接，直径小于或等于25mm的钢筋可以搭接，搭接长度不小于$45d$，一次连接率不大于50%，大于25mm的采用焊接或机械连接，单面焊接接头长度不少于$10d$；双面焊接接头长度不少于$5d$；封闭箍筋不方便施工时可以采用开口箍对焊封闭。在绑扎钢筋接头时，一定要把接头先行绑好，然后与其他钢筋绑扎。箍筋应与受力钢筋垂直设置，箍筋弯钩叠合处，应沿受力钢筋方向错开设置（图6-14~图6-16，表6-4）。

图 6-14　混凝土支撑钢筋绑扎　　　　图 6-15　混凝土支撑钢筋绑扎完成

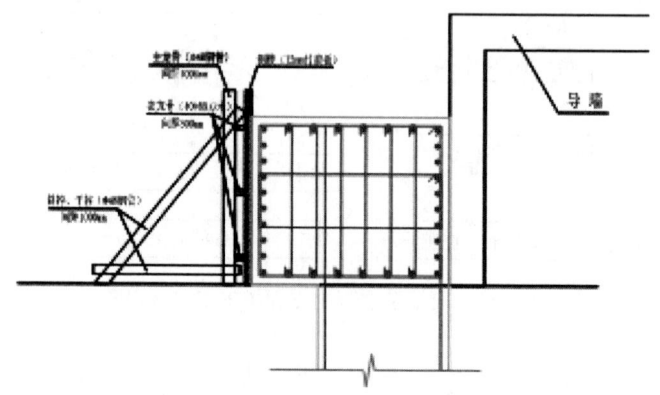

图 6-16　冠梁模板构造图

表 6-4　钢筋安装允许偏差表

项目		允许偏差（mm）	检验方法
箍筋间距		±20	用尺量，每个构件检查 5~10 个断面
主筋间距	列间距	±10	用尺量，每个构件检查 2 个断面
	层间距	±5	用尺量，每个构件检查 2 个断面

标准化要求：

模板由侧模、主龙骨、次龙骨、平撑、斜撑等组成，主龙骨间距 1m，次龙骨间距 0.3m，斜撑和平撑与主龙骨之间进行固定形成一个整体。为防止浇筑混凝土时漏浆，保证模板可靠地承受支撑结构及施工的各项荷载。模板支撑安装必须平整、牢固、接缝严密不漏浆，保证混凝土浇筑质量。

6.2.3　混凝土支撑模板施工及检验标准

标准化要求：

冠梁及第一道混凝土支撑模板采用 12mm 厚竹胶板，模板加固采用 40mm×80mm 方木配合 ϕ48mm 钢管，模板支立前应清理干净并涂刷隔离剂，每次混凝土浇筑之前确保模板清洁光滑（图 6-17，表 6-5）。

图 6-17 混凝土支撑模板支护

表 6-5 模板制作及安装允许偏差

项目	允许偏差（mm）	检验仪具
轴线位置	5	经纬仪、钢尺
截面内部尺寸	+4，-5	钢尺
相邻两板表面高低差	2	钢尺
表面平整度	5	靠尺或塞尺

6.3 钢支撑

标准化要求：

在地下墙施工完成后，基坑开挖之前，应对支撑的布置进行合理的分析和调整。支撑的布置应避开预埋钢洞圈、结构透导缝、施工缝，降水井点等，且满足基坑开挖过程中小挖机起吊、考虑板预留等要求。根据以上施工的要求，合理调整支撑的位置，以确保基坑的安全和满足施工的需要（图 6-18 ~ 图 6-21）。

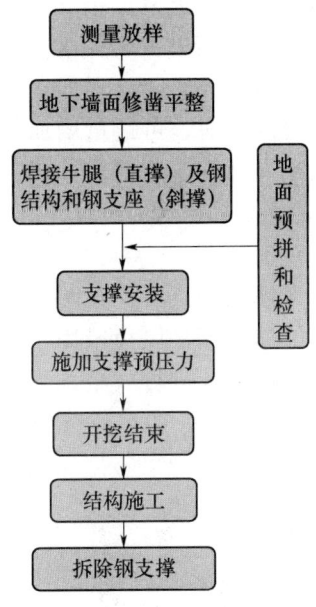 

图 6-18 钢支撑施工流程图　　　图 6-19 钢支撑图片

图 6-20 钢支撑平面布置图

图 6-21 钢牛腿详图

标准化要求：

支撑位置的土方开挖后，凿除覆盖在地墙预埋钢板上的混凝土，整平此处的地墙表面，安装支撑托架。用吊车将支撑整体吊装就位，同时用千斤顶及时准确地按设计要求施加预应力，将支撑顶紧，支撑端头与地墙的缝隙用细石混凝土填塞，防止支撑因局部受力过大而失稳。完成后定时观测预应力损失，及时复加预应力。

标准化要求：

钢支撑安装允许偏差见表 6-6。

表 6-6 钢支撑安装允许偏差

项目	钢支撑轴线竖向偏差	支撑轴线水平向偏差	支撑两端的标高差和水平面偏差	支撑挠曲度	横撑与立柱的偏差
允许值	±20mm	±30mm	≤20mm、≤1/600L	≤1/1000L	≤50mm

在施工中，要求对每一道钢支撑施加预应力，施加预应力值为计算轴力的 70%～80%（设计图纸要求 70%，考虑 10% 的轴力损失），并按要求复加钢支撑预应力。复加支撑轴力：①在第一次施加预应力后 12h 内观测预应力损失及墙体水平位移，并复加预应力至设计值；②当昼夜温差过大导致支撑预应力损失时，应立即在当天低温时段复加预应力至设计值；③墙体水平位移速率超过警戒值时，可适量增加支撑轴力以控制变形，但复加后的支撑轴力和挡墙弯矩必须满足设计安全度要求；④当坑内进行土体满堂加固或抽条时，应在加固后 1～2h 在加固范围复加预应力至设计值。

标准化要求：

直撑安装：安装前先在地面进行预拼接以检查支撑的平直度，其两端中心连线的偏差度控制在 30mm 以内，经检查合格的支撑按部位进行编号以免错用，支撑采用整体一次性吊装到位。支撑安装前先在地下连续墙上支撑位置进行找平，凿出地下连续墙的主筋将预先加工好的钢牛腿焊接在地下连续墙的主筋上，再将钢支撑整体吊装到位并安装轴力计，然后用组合千斤顶施加预加轴力。

6.4 土方开挖

土方开挖原则：

(1) 基坑土开挖施工应严格遵守"时空效应"理论，按照"竖向分层，纵向分段，随挖随撑"的原则，并做到紧随挖土、快速、稳固、限时完成。

(2) 纵向应分段开挖，每段长度控制在6m左右，每段每层挖土、钢支撑的安装和预应力的施加必须在16h内完成（对变形要求高的部位须控制在12h以内）。

(3) 基坑开挖至每层支撑牛腿以下时（由钢系梁处开挖至钢系梁底部），架设钢支撑并施加预应力，待支撑施作完毕后方可向下开挖。

(4) 基坑开挖时，小坡坡度控制在1∶1.5~1∶2，大坡坡度控制在1∶4以内。

(5) 基坑坑底严禁超挖，人工清底和基底垫层铺设必须在12h内完成。

(6) 基坑开挖过程中，2m范围以外附加荷载不得超过20kPa（图6-22）。

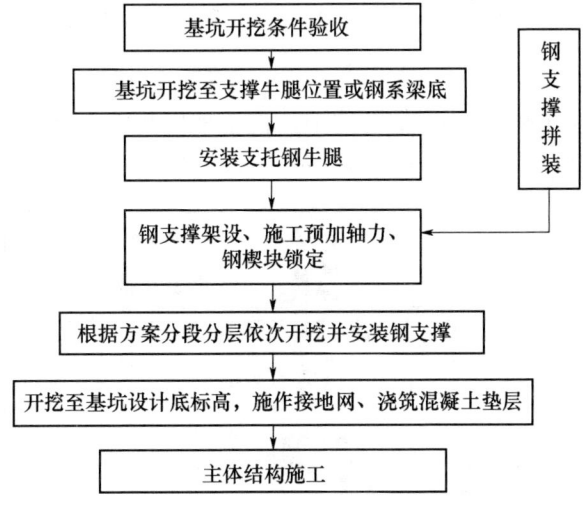

图6-22 土方开挖流程图

标准化要求：

基坑开挖时充分利用"时空效应"理论，遵循"分层、分段开挖，先中间后两边"的原则组织施工。

第一层至第二层土开挖拟采用长臂挖机挖土，挖土期间配合2台小型挖掘机翻土及放坡（图6-23、图6-24）。

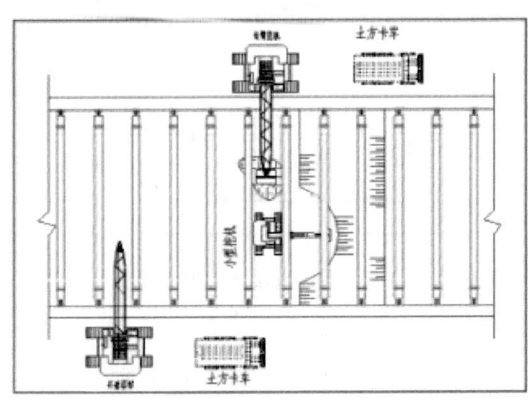

图6-23 第一、二层土方开挖平面示意图

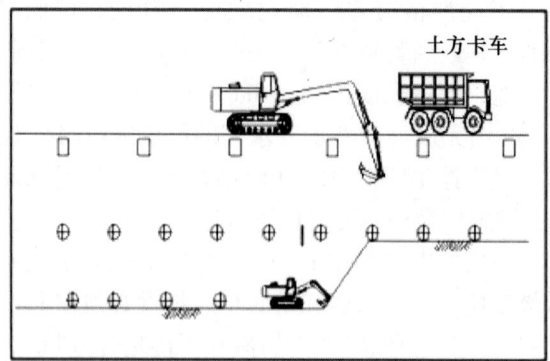

图 6-24 第一、二层土方开挖剖面示意图

标准化要求：

第三层至第五层土拟采用抓斗机挖土，挖土期间配合 2 台小型挖掘机翻土及放坡（图 6-25、图 6-26）。

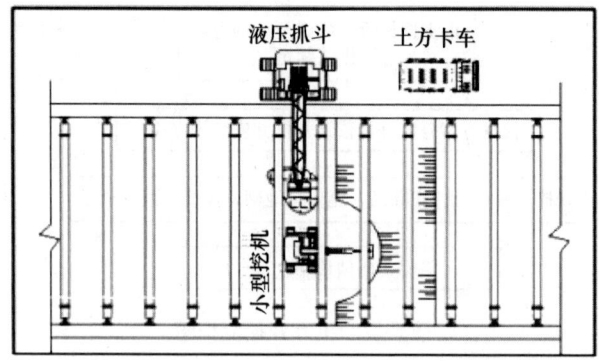

图 6-25 第三、四、五层土方开挖平面示意图

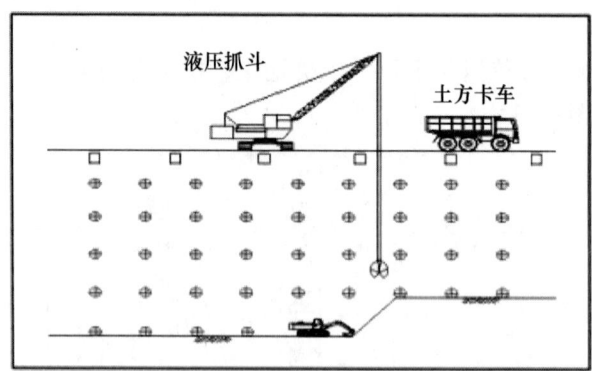

图 6-26 第三、四、五层土方开挖剖面示意图

标准化要求：

钢支撑安装前提前确定长度，钢支撑用高强螺栓相连，支撑安装后应及时施加轴力（图 6-27、图 6-28）。

图 6-27　钢支撑吊装图　　　　图 6-28　轴力施加示意图

标准化要求：

（1）标准段土方开挖，每块土体开挖时先开挖中部土体再开挖两侧土体，留土护壁尽可能减少围护结构的变形；

（2）第一层至第二层土方采用长臂挖掘机配合小型挖掘机进行开挖（开挖深度约8.4m）（图6-29～图6-31）；

（3）第三层至基坑底土方采用抓斗机配合小型挖掘机进行开挖（开挖深度约17.2m）。

图 6-29　留土护壁开挖示意图

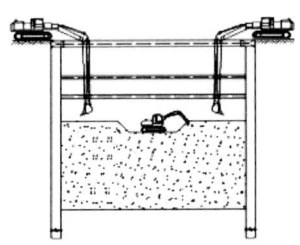　　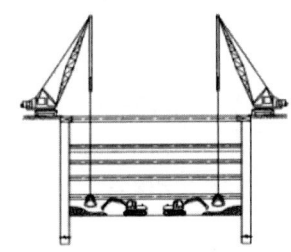

图 6-30　第一层至第二层开挖示意图　　图 6-31　第三层至基坑底开挖示意图

标准化要求：

端头井区域由于斜支撑架设所需时间较长，按照先行开挖中间三角区，开挖至对应分层支撑牛腿标高以下，然后利用小型挖掘机进入斜支撑区域开挖基坑转角部位土方。完成一侧转角部位土方开挖并架设斜支撑、加设预应力完毕后，再按照同样的程序进行另一侧转角部位土方开挖（图 6-32、图 6-33）。

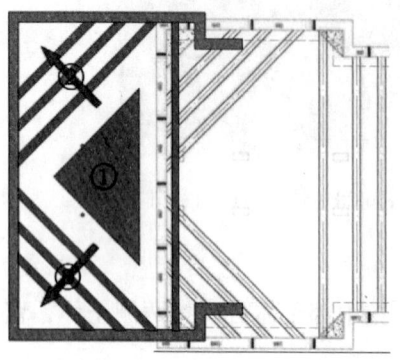 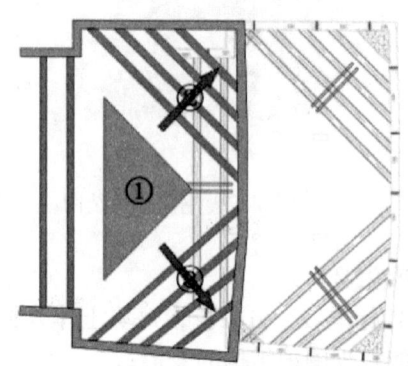

图 6-32 南端头井土方开挖顺序示意图　　图 6-33 北端头井土方开挖顺序示意图

标准化要求：

根据施工要求，基坑底下翻梁开挖深度约 1.2m，下翻梁处采用放坡开挖，坡度控制在 10.5 左右，下翻梁施工时需加快施工进度，严格控制无支撑暴露时间，同时加强监测频率，根据围护结构监测数据采用相应控制措施保护，必要时增设临时支撑（图 6-34）。

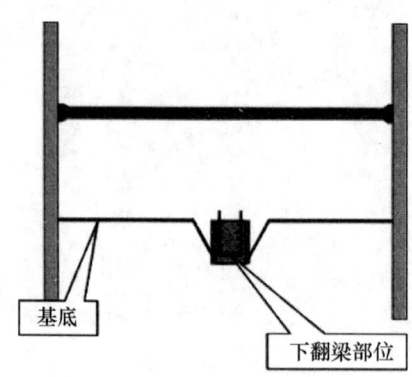

图 6-34 下翻梁施工示意图

6.5 其他支撑形式

其他支撑形式如图 6-35～图 6-38 所示。

图 6-35 混凝土角撑

图 6-36 钢围檩型钢

图 6-37 钢围檩及钢支撑

图 6-38 钢支撑司服系统

7 结构回筑工序质量

7.1 钢筋工程

7.1.1 原材料

控制要求：

原材料：钢筋规格、品质必须符合设计要求；抽取的试件做力学性能检测，质量必须符合规范设计要求（图7-1、图7-2）。

图7-1 钢筋原材取样

图7-2 钢筋存放

7.1.2 钢筋加工

控制要求：

钢筋焊接搭接长度、焊接宽度、高度满足规范。直螺纹丝头长度，露丝数量不超过2P（图7-3～图7-7）。

图7-3 钢筋连接样板

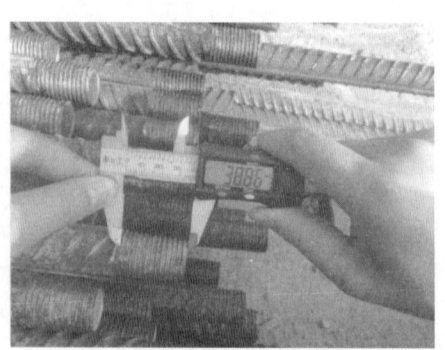

图7-4 有效丝头不小于套筒1/2 + 不超过2P

图7-5 直螺纹连接,力矩不小于检测标准值

图7-6 半成品堆码

图7-7 直螺纹丝口保护

控制要点:
钢筋直螺纹加工后用胶帽带套保护,胶帽长度应与钢筋规格相符合。

7.1.3 钢筋安装

控制要点:
(1) 钢筋接头采用帮条焊或搭接焊时,焊缝长度单面焊为10d,双面焊为5d。
(2) 连接头尾:接头两根钢筋搭接长度不小于35d。各受力钢筋接头位置应相互错开。间距必须满足设计要求。有绑扎接头的受力钢筋截面面积占受力钢筋总截面面积的百分率必须满足设计要求(图7-8~图7-11)。

图7-8 结构梁钢筋安装

图7-9 侧墙钢筋安装

图 7-10 结构板钢筋安装

图 7-11 柱钢筋安装

（3）直螺纹套筒连接：标准型套筒每端外露丝 2 扣长度不应超过 2P；连接完的接头用扭力扳手校核拧紧扭矩，拧紧扭矩值应符合规范规定的相应的标准值。

钢筋绑扎前将构件内杂物清理干净。绑扎时按从下到上、由主到次的顺序进行，合理统一安排。钢筋接头位置设置必须满足设计及规范要求。不同构件连接节点处，必须按规范要求保证钢筋的锚固长度。钢筋保护层厚度要符合设计要求。

7.1.4 钢筋工程验收

防治措施：

钢筋安装过程必须预先在定位钢筋上按照设计要求间距进行划线标识，并根据实际安装钢筋长度进行加密，在安装过程中严格按照标识执行，也可采用皮数杆进行控制（图 7-12 ~ 图 7-15）。

图 7-12 钢筋间距与设计要求不符，摆放不均匀

图 7-13 整改后最终效果图

图 7-14 钢筋布置间距不均匀

图 7-15 整改后效果图

防治措施：

马凳筋设置过程中，需根据实际结构情况，适当加密马凳筋数量，尤其是在特殊部位，从而减小面层钢筋挠度变形；现场技术员需对所有马凳筋标高进行复核，严禁"图省事"，完全依赖于施工班组。钢筋安装过程必须预先在定位钢筋上按照设计要求间距进行划线标识，并根据实际安装钢筋长度进行加密，在过程中严格按照标识执行；也可采用皮数杆进行控制（图7-16、图7-17）。

图7-16 钢筋骨架高度不一致，导致局部位置保护层厚度超限

图7-17 整改后最终效果图

防治措施：

垫块需与主筋采用扎丝绑扎牢靠，在下排筋安装结束后，应全面进行排查，对于垫块与主筋脱离或垫块被压碎的应及时给予更换调整。

下排主筋施工中，背水面垫块未绑扎牢靠，出现垫块与主筋脱离现象或被压碎，致使背水面保护层无法保证（图7-18、图7-19）。

图7-18 垫块与主筋脱离现象或被压碎

图7-19 整改后最终效果图

防治措施：

预埋接驳器必须依据设计图纸将准确平面位置及高程进行现场标识并进行现场交底，施工过程中需全程进行检查指导，确保预埋接驳器的存活率及后期结构的安全可靠性（图7-20、图7-21）。

图 7-20 预埋插筋偏位现象严重

图 7-21 整改后最终效果图

防治措施：

钢筋垂直度可根据实际情况设置连墙件等辅助措施；在模板安装结束后必须进行保护层末次调整。预埋接驳器必须依据设计图纸将准确平面位置及高程进行现场标识并进行现场交底，施工过程中需全程进行检查指导，确保预埋接驳器的存活率及后期结构的安全可靠性（图 7-22、图 7-23）。

图 7-22 侧墙钢筋保护层超限

图 7-23 整改后最终效果图

防治措施：

在底板施工阶段，严格根据侧墙结构边线预埋侧墙插筋，预埋结束后及时将插筋与底板钢筋进行点焊，防止偏位；并在内外排钢筋之间设置水平钢筋背带及定型内支撑；混凝土浇筑过程中严禁碰撞预埋插筋（图 7-24、图 7-25）。

图 7-24 内外排钢筋排距严重不足

图 7-25 整改后最终效果图

防治措施:

侧墙竖向主筋安装结束后,可每隔4m沿竖向主筋上下按照设计钢筋间距设置竖向梯子筋,水平筋安装可直接放置于梯子筋上,最后进行扎丝绑扎,扎丝绑扎点数按照50%梅花设置(图7-26、图7-27)。

图7-26 侧墙水平筋间距、线性差　　　　图7-27 整改后最终效果图

防治措施:

侧墙钢筋下料过程中,需严格把控单根钢筋下料长度,误差控制在+2cm内底层钢筋预埋过程中,采取拉线措施严格控制钢筋顶标高,将偏差控制在+2cm内(图7-28、图7-29)。

 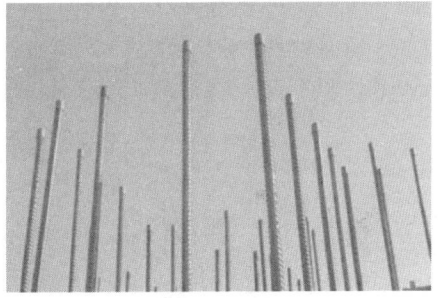

图7-28 侧墙钢筋顶标高参差不齐　　　　图7-29 整改后最终效果图

防治措施:

直螺纹预埋插筋安装结束后,作业人员应随手安装丝头保护盖,施工过程中管理人员应积极督促施工班组及现场作业人员,使广大作业人员养成习惯;过程验收中,可将此项作为验收内容进行单独验收(图7-30、图7-31)。

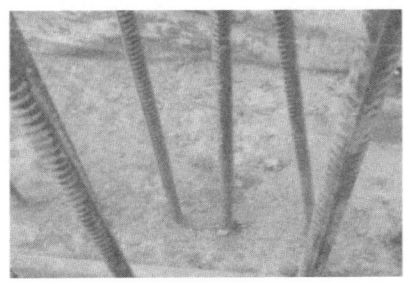 

图7-30 侧墙、框架柱预埋插筋丝头未及时保护　　　　图7-31 整改后最终效果图

防治措施：

为保证后续施工中钢筋安装质量，侧墙预埋插筋在施工过程中可采用水平梯子筋进行竖向主筋垂直度及间距固定；框架柱预埋插筋可采用定型钢筋模具进行钢筋垂直度及间距固定（图7-32、图7-33）。

图7-32　预埋插筋垂直度、间距偏差大

图7-33　整改后最终效果图

防治措施：

由于中板钢筋直径偏小，刚度较小，钢筋安装结束后，可在施工区域放置由走道板加方管支腿制作的临时走道，供作业区域内作业人员行走，有效保证钢筋骨架标高。

人员在中板钢筋骨架上方行走致骨架尺寸不满足要求（图7-34、图7-35）。

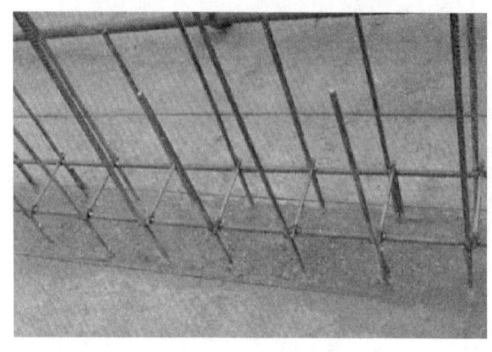

图7-34　站台板预埋插筋因外露过长，
　　　　严重影响后续施工

图7-35　整改后最终效果图

防治措施：

站台板预埋插筋可预先加工为90°L形钢筋，在预埋过程中按照设计边线，将站台板钢筋原外露段全部紧贴底板顶面，待站台板墙施工前，将预留钢筋调直即可。

7.2　模板及支架

7.2.1　模板设计

控制要点：

侧墙钢模安装流程：钢筋绑扎并验收后→弹外墙边线→吊装侧墙钢模板至墙边→安装地脚螺栓及背带槽钢→固定斜抛撑→调节支架垂直度→安装上操作平台→再紧固并检查次埋件系统→验收合格后浇筑混凝土。柱模板安装加固示意，如图 7-36、图 7-37 所示。

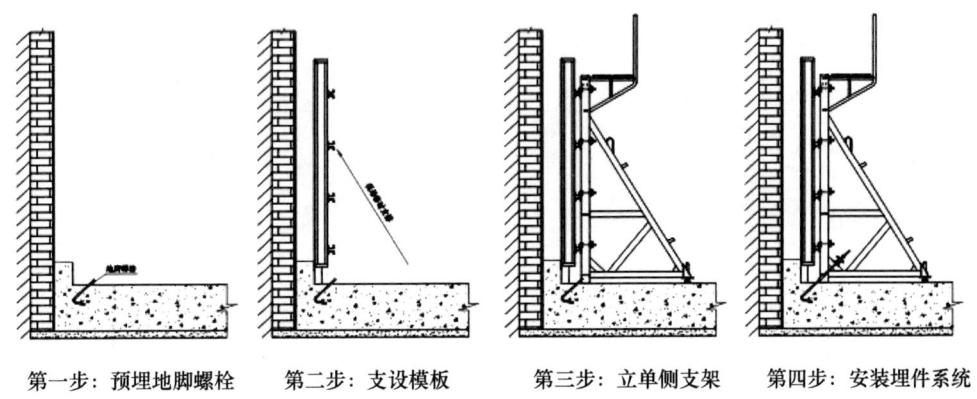

图 7-36 侧墙钢模安装流程

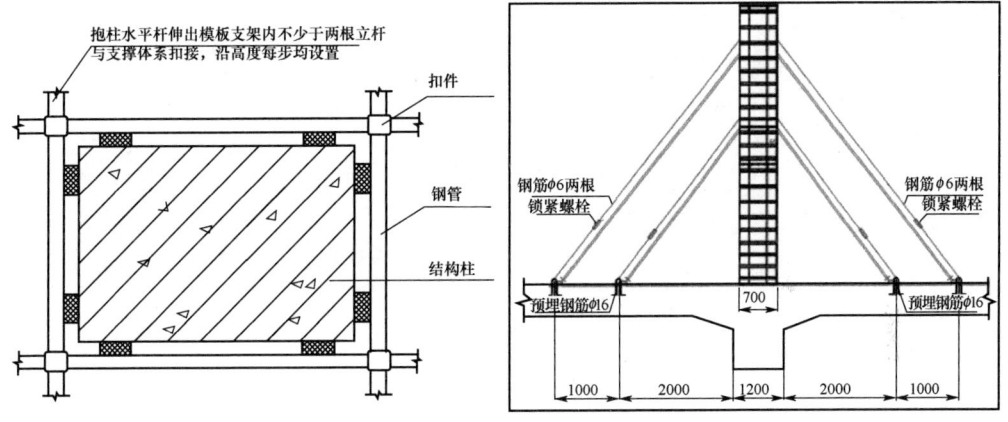

图 7-37 柱模板安装加固示意图

控制要点：

立柱模板施工工艺流程：弹出立柱位置线→抹找平层作定位墩→剔除接缝混凝土软弱层→安装柱模板→安装柱箍、方木楞加固→加设斜撑→调平、调直→模板预检。

7.2.2 模板安装及铺设

控制要点：

（1）安装地脚螺栓及背带槽钢：地脚螺环采用直径 25mm 精轧螺纹钢，锚入预先在底板及中板侧墙内预埋的直螺纹套筒内，然后外侧再用 20 槽钢作为背带固定住（图 7-38）。

（2）固定斜抛撑：钢模板斜抛撑采用外径 140mm，壁厚 10mm 的钢管作为支撑系

图 7-38 侧墙斜支架及模板安装

统。底部钢板预留 4 个孔洞,打入钢筋(直径 20mm)进行固定。钢筋长度 25cm,锚入底板混凝土深度不得小于 10cm。柱模板安装图如图 7-39 所示。

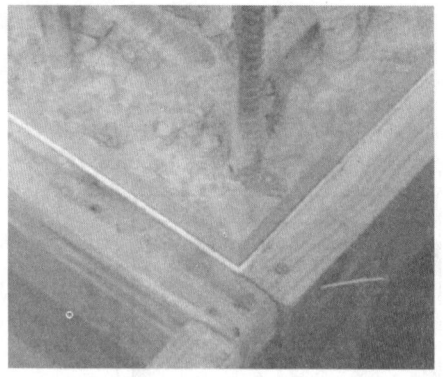

图 7-39 柱模板安装图

控制要点:

柱模板安装:为了防止在混凝土浇筑时模板产生鼓胀变形,模板设置柱箍,采用木箍。柱箍间距应根据柱模断面大小经计算确定。设置柱箍时横向侧板外面要设竖向木档。安装柱模板时,应先在板面上弹出柱轴线及边线,同一列柱应先弹两端柱轴线及边线,然后拉通线弹出中间部分柱的轴线及边线。按照边线先把底部方盘固定好,然后再对准边线安装柱模板,确保柱模的稳定。

7.2.3 支架工程

1. 施工流程

模板支架进场→模板支架安装→混凝土浇筑并达到拆模强度→支架及模板拆除。

2. 标准化作业

结构板盘扣支架安装如图 7-40、图 7-41 所示。

控制要点:

(1)结构采用盘扣式脚手架支架作为受力支撑杆件,支架由立杆、横杆构成空间

图 7-40　结构板盘扣支架安装（一）

图 7-41　结构板盘扣支架安装（二）

网格结构，立杆沿竖向，横杆沿横向、纵向布置。支撑架体立杆横 1200mm × 纵 1200mm（中板）、横 1200mm × 纵 1200mm（顶板），纵横平杆步距为 1500mm。立杆底座支撑在结构板上，立杆上下两端采用可调支座。

（2）面板材质为 15mm 竹胶板。

控制要点：

（1）模板构件选用

所选用的模板支架材料质量须符合现行国家标准规定。使用前应对材料进行取样抽检，合格后方可施工。支架体系选用盘扣式支架。采用插销进行顶部连接。

（2）支架搭设

立杆脚部设置横向、纵向扫地杆。当搭设高度不超过 8m 的满堂支架时，架体整体底层以及顶层均应设置竖向斜杆，在架体内部区域每隔 5 跨由底至顶纵横向均设置竖向斜杆；当架体高度超过 8m 时，沿高度每隔 4~6 个步距设置水平斜拉杆，当架体为无侧向拉结的独立塔状支架时，架体每个侧面每步距均应设置竖向斜杆，当有防扭要求时，在顶层每隔 3~4 个步距增设水平剪刀撑。

（3）模板安装

模板支架体系必须报验查看，确认合格后才可浇筑混凝土；模板的接缝不应漏浆，在浇筑混凝土前,将模板内杂物清理干净,木模板应浇水湿润,但模板内不应有积水,钢模板涂刷隔离剂。

(4) 模板体系拆除

拆除时遵循先支后拆、先板后梁、侧墙由上向下拆、梁板拆除时由中间向两边拆。拆下的模板应按指定地点堆放,并做到及时清理、维修及涂刷隔离剂,以备待用。

7.3 混凝土工程

7.3.1 配合比设计(图 7-42～图 7-45)

项目部按照设计配合比制作混凝土标准试块,养护后送业主指定的检测机构,取得检测报告后按业主规定程序报审。

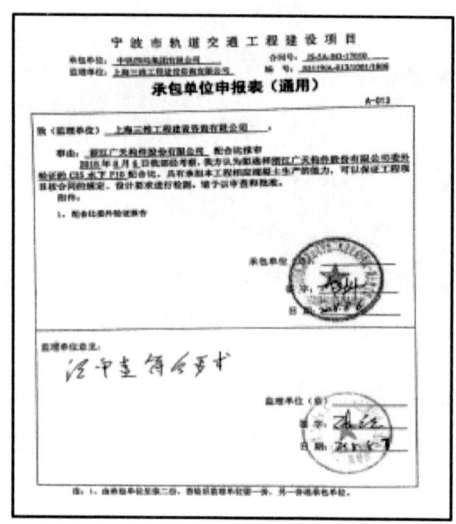

图 7-42 配合比报审

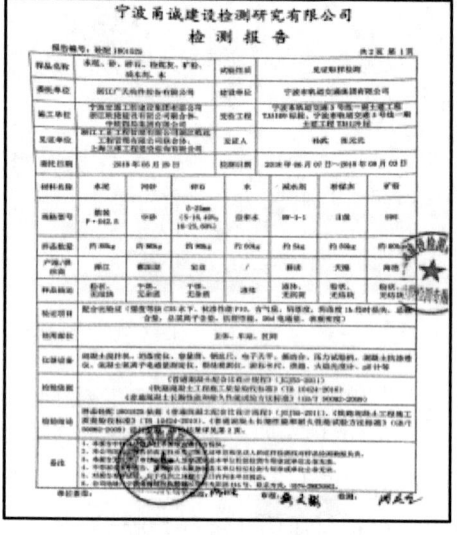

图 7-43 配合比报告

图 7-44 商品混凝土搅拌

图 7-45 商品混凝土运输

7.3.2 混凝土检测

施工控制要点:

砂: ①细度模数 (2.6~3.1); ②含泥量 (≤2.0%); ③泥块含量 (≤0.5%); ④贝壳含量 (≤1%); ⑤氯离子含量 (<0.0020%); ⑥表观密度 (2500kg/m³); ⑦堆积密度 (1400kg/m³)。碎石: ①颗粒级配; ②含泥量 (≤0.5%); ③泥块含量 (≤0.2%); ④针片状 (≤10%); ⑤表观密度 (≥2600kg/m³); ⑥堆积密度 (≥1450kg/m³); ⑦压碎值 (图7-46~图7-53)。

图7-46 黄砂现场取样

图7-47 石子现场取样

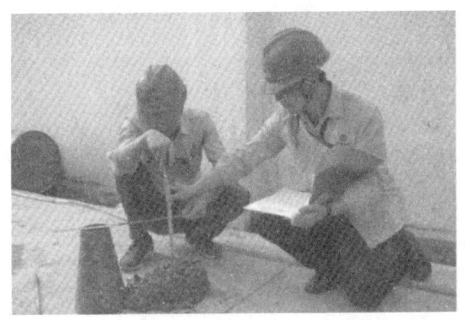

图7-48 混凝土坍落度检测, (140±20) mm

图7-49 水泥取样

图7-50 混凝土试块标养室

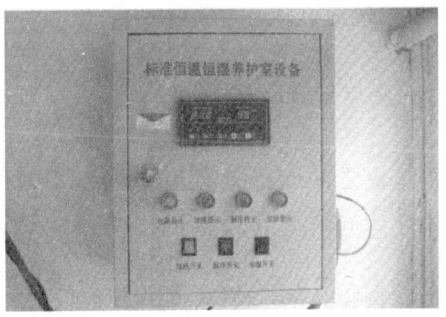

图7-51 恒温恒湿养护室

图 7-52 混凝土试块标养室

图 7-53 试验检测管理制度

混凝土浇筑：主体结构进行分层浇筑时，捣固应穿越两层之间的接缝，深 0～40cm，相邻两层混凝土的浇筑时间间隔不应超过 2h。在初凝后用抹子抹平、不得随意留设设计外的其他的施工缝。

7.3.3 混凝土浇筑及养护

控制要点：

混凝土应在浇筑完毕后的 12h 以内对其进行覆盖和浇水养护，使水泥充分水化，其生成物将毛细孔堵塞，切断毛细通路，使水泥石结晶致密，提高混凝土的抗渗性。有条件的部位采用蓄水养护。混凝土终凝后覆盖塑料薄膜及麻袋，保温保湿，有利于混凝土的强度增长及控制温度应力及混凝土干缩产生的裂缝（图 7-54、图 7-55）。

图 7-54 结构板混凝土浇筑施工

图 7-55 底板混凝土收光抹面

控制要点：侧墙养护

（1）土工布养护：侧墙拆模后采用土工布覆盖，注意不得污染侧墙混凝土；土工布块与块之间的搭接宽度不少于 10cm，并用角铁或其他物体压住，防止刮风裹起。为保证混凝土充分湿润，设专人洒水养护，洒水次数以保持混凝土表面湿润为度。

（2）覆膜养护：保持墙面湿润且塑料薄膜内有凝结水，使混凝土保持或接近饱水状态，保证水泥水化反应正常进行，养护龄期 14d（图 7-56、图 7-57）。

图 7-56　侧墙覆盖土工布养护　　　　　图 7-57　侧墙覆膜洒水养护

控制要点：混凝土养护

（1）应在浇筑完毕后的 12h 以内对混凝土加以覆盖并保湿养护。

（2）混凝土浇水养护的时间：对采用硅酸盐水泥、普通硅酸盐水泥或矿渣硅酸盐水泥拌制的混凝土，不得少于 7d；对掺用缓凝型外加剂或有抗渗要求的混凝土，不得少于 14d；

（3）浇水次数应保持混凝土处于湿润状态；混凝土养护用水与拌制用水相同；

（4）采用塑料布覆盖养护的混凝土，其敞露的全部表面应覆盖严密，并应保持塑料布内有凝结水（图 7-58、图 7-59）。

图 7-58　侧墙混凝土养护　　　　　图 7-59　柱混凝土养护

控制要点：成品混凝土保护

车站成型立柱外观防护，四个角部采用反光墙角防撞条包边保护。成品混凝土墙体边角同样采用反光墙角防撞条包边养护（图 7-60～图 7-62）。

图 7-60　混凝土成品保护　　　　　图 7-61　成品混凝土墙体边角保护处理

图 7-62　柱子阳角保护

工控制要点：

（1）商品混凝土的选型及输送

①混凝土型号必须符合设计要求，从搅拌车卸出的混凝土不得发生离析现象，混凝土坍落度必须满足设计要求；②混凝土浇筑时要根据现场情况合理安排混凝土供应量，确保浇筑连续有效进行；③采用泵送混凝土进行浇筑时，输送管拐弯要圆顺，接头必须严密，不得硬弯，输送泵间歇时间预计超过 45min；或混凝土出现离析现象时，要立即冲洗管内残留混凝土。

（2）混凝土浇筑主体结构进行分层浇筑时，捣固应穿越两层之间的接缝，深入一层约 5cm，以保证层与层之间的结合，振捣点间距 30～40cm，相邻两层混凝土的浇筑时间间隔不应超过 2h，在初凝后用抹子抹平、压实，以闭合收水裂缝。为尽量满足结构混凝土防水要求，不得随意留设设计外的其他的施工缝。

（3）混凝土养护

混凝土应在浇筑完毕后的 12h 以内对其进行覆盖和浇水养护，使水泥充分水化，其生成物将毛细孔堵塞，切断毛细通路，使水泥石结晶致密，提高混凝土的抗渗性。有条件的部位采用蓄水养护。混凝土终凝后覆盖塑料薄膜及麻袋，保温保湿，有利于混凝土的强度提高及控制温度应力及混凝土干缩产生的裂缝。

防治措施：

直螺纹预埋插筋安装结束后，作业人员应随手安装丝头保护盖，过程中管理人员应积极督促施工班组及现场作业人员，使广大作业人员养成习惯；过程验收中，可将此项作为验收内容进行单独验收（图 7-63～图 7-66）。

图 7-63　水平施工缝位置混凝土顶标高控制差　　图 7-64　整改后最终效果图

图 7-65 钢模板与木模板接茬位置胀模现象严重

图 7-66 整改后最终效果图

防治措施：

在大钢模施工阶段，需在顶口向下 15cm 处按间距 600mm 预埋中 16mm 接驳器，后期采用拉杆形式加固上部木模板，在预埋接驳器上方 600mm 处在设一道拉杆，拉杆可与侧墙预留主筋焊接，尽可能地将对撑加固体系转换为拉杆加固体系。直螺纹预埋插筋安装结束后，作业人员应随手安装丝头保护盖，过程中管理人员应积极督促施工班组及现场作业人员，使广大作业人员养成习惯；过程验收中，可将此项作为验收内容进行单独验收（图 7-67、图 7-68）。

图 7-67 混凝土烂根现象严重

图 7-68 整改后最终效果图

防治措施：

混凝土浇筑前准确了解混凝土自由下落高度，需控制 2m 以内，防止混凝土在下落过程中发生离析；在浇筑过程中，试验室需对进场混凝土质量严格把关，防止进场混凝土有离析现象；模板下口需封堵到位，防止浇筑过程中出现漏浆现象（图 7-69、图 7-70）。

图 7-69 蜂窝麻面现象严重

图 7-70 整改后最终效果图

防治措施：

严格将控制混凝土自由下落高度控制在 2m 以内，防止离析；过程中，试验室需对进场混凝土质量严格把关，防止有离析现象；模板表面混凝土渣等残留物必须清除干净，钢模板必须打磨除锈，并在过程中安排专人盯防混凝土振捣质量（图 7-71、图 7-72）。

图 7-71 墙面整体线性差，垂直度差

图 7-72 整改后最终效果图

防治措施：

模板安装结束后，技术人员需认真仔细检查相邻钢模板间连接是否紧密，牢靠；模板上沿线性合格后，检查每块模板垂直度是否满足要求；木模板需检查面板是否与背带贴紧，背带是否牢靠等（图 7-73、图 7-74）。

图 7-73 混凝土成型后色泽较差

图 7-74 整改后最终效果图

防治措施：

试验室需对进场混凝土严格把关，并定期检查搅拌站混凝土配合比；模板除锈除渣打磨作为一项重要工作对待，过程中安排技术员重点检查（图 7-75、图 7-76）。

图 7-75 混凝土浇筑结束后，施工缝外观不顺直呈波浪状

图 7-76 整改后最终效果图

防治措施：

前一段侧墙浇筑结束后，尤其是环向施工缝，应在凿毛前，在施工缝一侧约 3cm 处采用切割机进行切缝处理，防止在凿毛中破坏墙面结构，在后续模板安装过程必须将模板紧贴已完成段，确保接缝处不漏浆，如必要，可最后对施工缝位置修补（图 7-77、图 7-78）。

图 7-77　施工缝位置渗漏水现象严重

图 7-78　整改后最终效果图

防治措施：

项目部及班组需提高对施工缝施工质量意识，认真做好施工缝凿毛、防水以及混凝土振捣工作，并在过程中安排专人盯防，将施工缝作为一道关键工序，执行验收程序（图 7-79、图 7-80）。

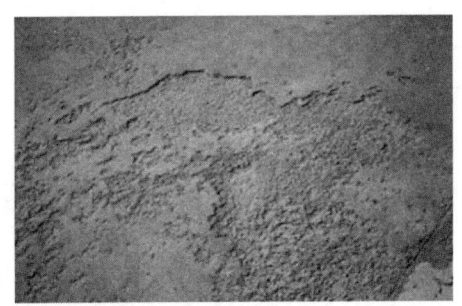

图 7-79　中板混凝土面平整度差

图 7-80　整改后最终效果图

防治措施：

混凝土浇筑结束后，需结合设计标高采用 1.5~3.0m 长的铝合金刮尺找平，将混凝土面大致抹平，再用抹子将混凝土面进行进一步整平，最后在混凝土初凝后，采用电动磨光机进行收浆、打平处理（图 7-81、图 7-82）。

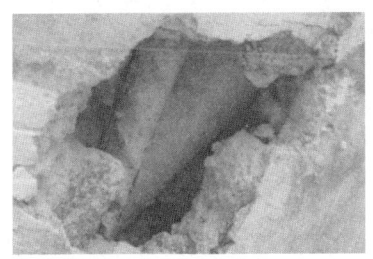

图 7-81　混凝土结构内有空腔，局部没有
　　　　　混凝土或蜂窝特别大

图 7-82　整改后最终效果图

防治措施：

遇梁柱节点等钢筋密集时，可选用适当粒径的粗骨料并配备小直径振捣棒深入振捣；严格对进场混凝土验收，出现离析的严禁使用；严格按照要求进行分层分块浇筑并按要求进行混凝土振捣（图7-83、图7-84）。

 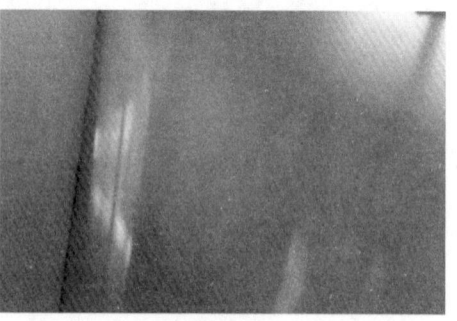

图7-83　混凝土表面存在露筋现象　　　　图7-84　整改后最终效果图

防治措施：

混凝土浇筑前，认真仔细检查，保证钢筋位置及保护层厚度；遇梁柱节点等钢筋密集时，可选用适当粒径的粗骨料；在浇筑过程中，严禁肆意振捣钢筋（图7-85、图7-86）。

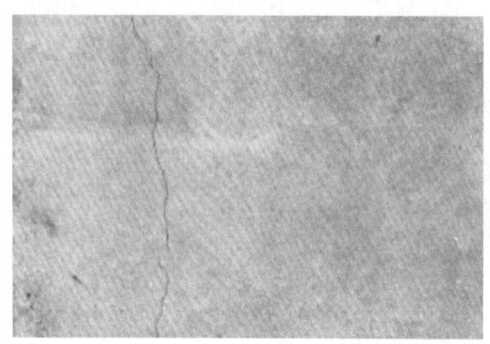 

图7-85　混凝土表面有裂纹、裂缝现象　　　图7-86　整改后最终效果图

防治措施：

混凝土浇筑结束后，模板不宜拆除过早，合理选择模板拆除时间；安排专人加强混凝土的早期养护；合理设置混凝土浇筑分层厚度，并保证混凝土的连续供应，以免生成冷缝；周边严禁出现振动荷载；对进场混凝土严格把关；合理选择混凝土的浇筑时段。

7.4　主体结构施工

综合接地体（接地装置）施工控制要点：

（1）接地引出线连接：在基坑上测放出接地网水平接地体的位置，人工开挖网沟，沟深满足设计要求，接地网的连接必须效果良好，接地网参数必须满足设计及规范要求。接地引出线不可埋于结构底板或侧墙内，必须按设计要求引出（图7-87～图7-94）。

7 结构回筑工序质量

图 7-87 底板钢筋安装

图 7-88 底板混凝土浇筑

图 7-89 底板覆膜养护

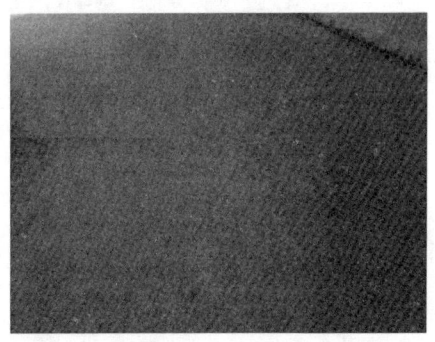

图 7-90 底板成型

图 7-91 接地线焊接

图 7-92 接地线保护

图 7-93 接地线检测

图 7-94 接地引出线固定

（2）接地线保护与检测：在结构施工过程中注意保护接地线不受损坏，结构完成后对其加以保护与标记，完工后及时测量接地电阻、接触电位差及跨步电位差等技术参数是否满足要求，如不满足要求，视情况进行处理（图7-95~图7-100）。

图7-95 中板钢筋安装

图7-96 中板混凝土浇筑

图7-97 中板覆膜养护

图7-98 中板成型

图7-99 顶板钢筋安装

图7-100 顶板混凝土浇筑

板施工控制要点：

1. 板钢筋安装

（1）清理模板或防水板湿混凝土保护层上面的杂物，用粉笔在模板上或防水板混凝土保护层画好主筋、分布筋间距。

（2）按画好的间距，先摆放受力主筋、后放分布筋。预埋件、电线管、预留孔等及时配合安装，中板预埋件与预埋孔洞多。

（3）在现浇板中有板带梁时，应先绑板带梁钢筋，再摆放板钢筋。

（4）为保证混凝土保护层厚度，应在钢筋与模板之间采用垫块支垫。垫块应相互错开，分散布置，不得横贯保护层的全部截面；垫块数量不得少于4个，绑扎垫块和钢筋的铁丝头不得伸入保护层内。保护层垫块的尺寸应保证钢筋混凝土保护层厚度的准确性，其形状（宜为工字形或锥形）应有利于钢筋的定位。垫块的耐久性和抗压强度不低于构件本体混凝土，且细石混凝土水胶比不大于0.4。

（5）焊接骨架的所有钢筋相交点必须焊接。当焊接网片只有一个方向受力时，受力主筋与两端边缘两根锚固横向钢筋的全部附交点必须焊接；当焊接网两个方向受力时，则四周边缘的两根钢筋的全部相交点均应焊接；其余相交点可间隔焊接。

（6）绑钢筋骨架在运输、安装、混凝土浇筑过程中不得有变形、开焊或松脱现象并符合下列规定：在钢筋交叉点，应用直径0.7~2mm的铁丝，按逐点改变绕丝方向（8字形）的方式交错扎结，或按双对角线（十字形）方式扎结。根据安装需要配以必要数量的架立钢筋或钢架。

（7）钢筋安装允许偏差：受力钢筋全长±10mm，弯起筋弯折位置3cm，箍筋内净尺寸±3mm，受力钢筋排距±5mm，同一排中受力钢筋间距±2cm，分布钢筋间距±2cm，箍筋间距±1cm，钢筋保护层厚度0~+1cm。

2. 底板掖角模板及底板端头模板安装

（1）底板掖角模板采用定型模板，通过预埋在主体结构钢筋上的地锚进行固定。施工缝处端头模板采用50mm方木条，锯齿加工齿距按设计受力主筋间距制作，木条背后采用钢筋与结构主筋焊接加固支撑。木条固定时必需保证施工缝平直，且与止水带连接紧密避免漏浆。

（2）通过测量放线，将模板的边线和标高线标识在钢筋及垫层上，通过槌球检验模板垂直度。

（3）模板安装必须牢固，模板接缝严密不得漏浆，可在拼缝处安装海绵条。模板与混凝土的接触面必须清理干净并涂刷脱模剂。

3. 模板打磨、涂刷脱模剂

（1）模板拆除后及时用磨光机打磨，去除钢模板表面的混凝土浮浆及模板上剩余脱模剂。

（2）如模板表面的机油、色拉油或其他油渍使用磨光机无法完全清除，应采用洗洁精清洗干净。

（3）模板打磨完成后应测量其表面平整度，平整度允许偏差为5mm。

4. 模板安装

（1）顶板支架采用满堂红脚手架，模板采用竹胶板，模板底标高应考虑支架、搭板沉降及施工误差。对于跨度不小于4m的梁、板，其模板应按设计要求起拱，当设计无具体要求时，起拱高度为跨度的1/1000~3/1000，浇筑混凝土前必须做好标高控制。可调底座及底板钢板厚度不小于6mm，顶托钢板厚度不小于5mm，可调顶托及底托与调节螺母咬合长度不得少于 6 扣,插入立杆内长度不得小于 150mm,外露部分长度不得大于 250mm(注:国家标准规定为 300mm,省标为 250mm)。碗扣式支架立杆连接处外套管与立杆间隙应小于或等于 2mm,外套管长度不得小于 160mm,外伸长度不得小于 110mm。扣件式支架,扣件螺栓拧紧扭力矩达 65N·m 时,不得发生破坏。

(2)满堂红脚手架支架横距、纵距、步距、剪刀撑、扫地杆设置符合方案要求。

5. 模板拆除

(1)混凝土拆模时的强度应符合设计要求。当设计未提出要求时,应符合下列规定:①侧模应在其表面积棱角不因拆模而受损时,方可拆除。②底模应在混凝土强度符合表 7-1 的规定后,方可拆除。

表 7-1 底模拆除时混凝土强度控制值

构建类别	构件净跨(m)	设计强度达到百分比(%)	备注
板	≤2	≥50	减小振动,下同
	>2,≤8	≥75	
	>8	≥100	
梁、拱、壳	≤8	≥75	
	>8	≥100	
悬臂构件	所有跨度	≥100	

(2)拆模时间不应小于 3d;拆模后宜采用涂刷养护剂的方法养护。涂刷养护剂时,必须边拆模边涂刷,不得延误涂刷时间和漏刷。

(3)混凝土的拆模时间除需考虑拆模时的混凝土强度外,还应考虑拆模时的混凝土温度不能过高,以免混凝土接触空气时降温过快而开裂,更不能在此时浇洒凉水养护。混凝土内部开始降温以前及混凝土内部温度最高时不得拆模。

(4)一般情况下,结构或构件混凝土的里表温差大于 25℃、混凝土表面与大气温差大于 20℃时不宜拆模。大风或气温急剧变化时不宜拆模。在炎热和大风干燥季节,应采取逐段拆模、边拆边盖的拆模工艺。

(5)拆模顺序应按立模顺序逆向进行。当模板与混凝土脱离后,方可拆卸、吊运模板。严禁采用猛烈敲打然后强扭等方法拆除模板、支架,严禁抛扔模板。拆除模板、支架时不得损伤混凝土(图 7-101 ~ 图 7-104)。

图 7-101 侧墙钢筋安装

图 7-102 侧墙模板安装

7 结构回筑工序质量

图 7-103 侧墙养护

图 7-104 侧墙

侧堵施工控制要点：

1. 钢模进场验收

（1）进场组合钢模及其配件制作质量应符合国家标准《组合钢模板技术规范》（GB/T 50214—2013）的规定。

（2）组合钢模应按照经过审批的专项方案的规格进场，对钢板形式、尺寸、钢板厚度进行现场检查验收。钢模板焊缝饱满，焊药清除干净，不得有未焊透、夹砂、咬肉、裂纹等缺陷。出厂文件应有使用材料的质量说明、证明书及产品合格证。

2. 侧墙模板施工前，预先在底板或楼板埋设地脚螺栓，螺栓采用钢筋制成。侧墙施工时将模板与三角架用模板扣件连接牢固，人工配合吊机安装，并利用地脚螺栓将三角架固定牢固。

3. 侧墙钢筋安装

在底板混凝土上弹出侧墙钢筋位置线、模板控制线、墙身位置线，校核甩槎立筋。底板混凝土浇筑后，侧墙接长采取立 4 根竖筋，将接长竖筋与下层伸出甩槎立筋连接牢固，在竖筋上画好水平筋分档标志，在下部及齐胸处绑 4 根横筋定位，并在横筋上画好竖筋分档标志，接着绑其余竖筋，最后绑其余横筋。侧墙如有暗柱钢筋，先绑扎暗柱钢筋。墙身钢筋先绑迎水面钢筋后绑扎背水面钢筋，自下而上绑扎。

4. 钢筋绑扎连接

（1）钢筋绑扎连接应采用 0.7~2mm 铁丝（火烧丝）或镀锌铁丝（铅丝）绑扎钢筋。

（2）光圆钢筋末端应做成彼此相对的 180°弯钩，带肋钢筋应做成彼此相对的 90°弯钩。在钢筋搭接部位的中心及两端共三处，应采用铁丝绑扎结实。

（3）钢筋接头应设置在承受应力较小处，并应分散布置。设计无要求时，绑扎接头在受拉区不得大于 25%，受压区不得大于 50%。"同一连接区段"内同一根钢筋上不得超过一个接头，"同一连接区段"长度：绑扎接头为 1.3 倍搭接长度且不小于 50cm（图 7-105~图 7-113）。

图 7-105　立柱钢筋安装

图 7-106　立柱平台搭设

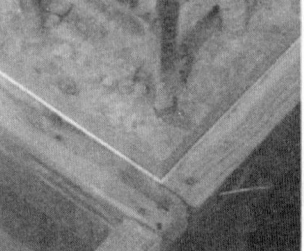

图 7-107　立柱模板安装

图 7-108　立柱养护

图 7-109　梁钢筋安装

图 7-110　梁模板安装

图 7-111　梁混凝土浇筑

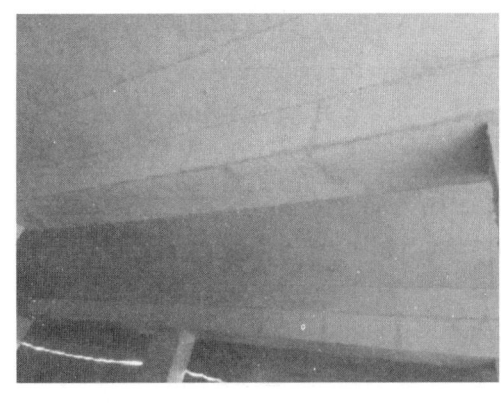 

图 7-112 梁　　　　　　　　　图 7-113 梁、柱及斜撑

控制要点：

1. 梁钢筋安装

（1）在梁模板上用粉笔按设计要求画出箍筋及加密箍的间距线，在主次梁模板上口铺横杆数根临时将箍筋固定。进而先穿主梁的下部纵向受力钢筋及弯起钢筋，将箍筋按已画好的间距逐个分开，穿次梁的下部向受力钢筋及弯起钢筋，并套好箍筋；放主次梁架立筋；隔一定间距将架立筋与箍筋绑扎牢固；调整箍筋间距使间距符合设计要求。先绑架立筋再绑主筋，主次梁同时配合进行。

（2）梁、柱等结构中的钢筋骨架的箍筋应与主筋垂直围紧；箍筋与主筋交叉点处应以铁丝绑扎；梁柱等构件拐角处的交叉点应全部绑扎；中间平直部分的交叉点可交错扎结。

2. 柱钢筋安装

（1）根据设计图纸，计算好每段柱子箍筋数量，先将箍筋套在下层伸出的搭接筋上，然后立柱子钢筋，柱子主筋通过自制矩形定位框，控制钢筋间距及断面尺寸。柱子主筋采用机械连接接头。在立好的柱子竖向钢筋上，按要求用粉笔画出箍筋间距线。箍筋按已画好的箍筋位置线，将已套好的箍筋往上移动，由上往下绑扎。箍筋的弯钩闭合处应沿柱子竖筋交错布置，并绑扎牢固。

（2）梁、柱等结构中的箍筋应与主筋垂直围紧；箍筋与主筋交叉点处应以铁丝绑扎；梁柱等构件拐角处的交叉点应全部焊绑；中间平直部分的交叉点可交错扎结；当梁、柱混凝土等级差别大于或等于 2 级时，节点处应设置束口网，以便于梁板不同等级混凝土的浇筑。

3. 梁柱模板安装

（1）先在基础、板面上通过测量定位弹出梁、柱的中心线四周边线，沿边线竖立立板。柱模板采用组合钢模，正确固定柱脚，用斜撑将柱模板临时固定，再由柱顶用线垂吊直找正，然后正式固定。两模板采用脚手板，使用对拉螺栓、方木及钢管支撑，对拉螺栓使用双垫片、双螺母。

（2）为保证柱根部不出现漏浆、烂根，在柱模板下皮放置海绵条，海绵条内层平柱模板内侧（内侧压在弹出的线上，用胶粘在板上），海绵条严禁伸入柱内（图 7-114）。

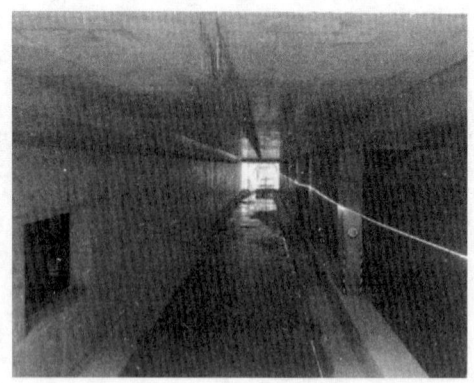

图 7-114　轨顶风道预埋插筋

施工控制要点：
中板施工前按照图纸要求进行插筋预埋（图 7-115）。

图 7-115　站内楼梯

施工控制要点：
楼梯按照自下而上顺序进行浇筑，注意混凝土坍落度控制在 120～160mm（图 7-116、图 7-117）。

图 7-116　站台板模板　　　　图 7-117　站台板钢筋安装

施工控制要点：
站台板底保持平整，侧模位置准确，误差小于 2mm（图 7-118、图 7-119）。

7 结构回筑工序质量

图 7-118 站台板混凝土浇筑　　　　图 7-119 站台板混凝土浇筑结束

施工控制要点：
（1）站台板混凝土浇筑前检查孔洞及预埋件位置准确，可采用地泵进行浇筑。
（2）浇筑混凝土平整度要求不大于 3mm。

8 防水工程质量管理

8.1 垫层浇筑及基面处理

垫层浇筑施工控制要点：

（1）混凝土铺设

大面积地面垫层应分区段进行浇筑。分区段应结合变形缝位置、不同材料的地面面层的连接处和设备基础位置等进行划分。

（2）混凝土振捣

厚度超过20cm时应采用插入式振捣器，其移动距离不大于作用半径的1.5倍，做到不漏振，确保混凝土密实。

（3）找平

混凝土振捣密实后，以标高带为准检查平整度，表面用木抹子搓平。

结构防水施工控制要点：

1. 基面处理（底板及侧墙基面处理）

（1）防水基面需保证其整体刚度、平整度，以及表面完善程度（无起砂、起皮及裂缝）等。

（2）地连墙出现侵限或鼓包时，人工将侵限部分或鼓包凿除，采用水泥砂浆找平，基面找平时控制好胶砂比。

（3）若地连墙有局部渗漏水现象时，必须进行堵漏止水或排管导水处理，堵漏完成后修整基面达到铺设要求（图8-1、图8-2）。

图8-1 基底平整　　　　　　　　图8-2 底板防水基面清理

2. 顶板基面处理

（1）顶板结构混凝土浇筑完毕后，应反复收水压实，使基层表面平整、坚实，无明水、起皮、掉砂、油污等部位存在。

（2）对基层表面的凸凹不平、蜂窝、缝隙、起砂等进行修补处理，基面必须干净、无浮浆、无水珠、不渗水；当基层出现大于 0.3mm 的裂缝时，应骑缝各 10cm 先涂刷 1mm 后的聚氨酯涂膜防水加强层，然后立即粘贴聚酯布增强层，最后涂刷防水层。

3. 卷材铺设

（1）卷材搭接时，搭接缝应黏结牢固，密封严实，不得有皱折、翘边和鼓泡等缺陷。

（2）在平面和立面的转角处，外防水层的接缝留在平面上，距立面不小于 1000mm。

（3）相邻两幅卷材的有效搭接宽度为 10cm（不包括钉孔）。将钉孔部位覆盖住，要求上幅压下幅进行搭接。搭接时，搭接范围内的隔离膜必须撕掉，搭接必须采用与卷材相配套的专用黏胶。

（4）卷材短边接头应错开，错开距离不小于 30cm。

4. 防水涂层施工

（1）基层处理完毕并经过验收合格后，在阴阳角和施工缝等特殊部位涂刷防水涂膜加强层，加强层厚度为 2mm，涂刷完防水涂膜加强层后，立即在加强层涂膜表面粘贴增强层，最后涂刷大面防水层。严禁涂膜防水加强层表面干燥后再粘贴增强层。

（2）涂刷大面的防水层，防水层采用多道（一般 3~5 道）涂刷，上下两道涂层涂刷方向应互相垂直，涂品应均匀一致，不得过厚或过薄，应用单位面积涂布量和测厚仪两种手段控制涂膜厚度；每道涂层实干后，才可进行下道涂膜施工。

（3）聚氨酯涂膜防水层施工完毕并经过验收合格后，应及时施作防水层的保护层，平面保护层采用 8cm 厚的细石混凝土，在浇筑细石混凝土前，需在防水层上覆盖一层隔离层。立面防水层（如反梁的立面）采用厚度不小于 6mm 的聚乙烯泡沫塑料进行保护（发泡倍率不大于 25 倍）。

8.2 防水施工要点

结构防水施工控制要点：

（1）防水基面处理施工时，表面应清理干净，平整度满足 $D/L \leqslant 1/20$，并要求凹凸起伏部位应圆滑平整。基面应洁净、平整、坚实，不得有疏松、起砂、起皮现象。

（2）防水材料使用 1.5mm 厚高分子自粘膜防水卷材（P 类），防水层采用机械固定法固定于垫层表面，固定点距卷材边缘 2cm 处，钉距大于 50cm，且机械固定配合垫片将防水层牢固地固定在基层表面（图 8-3、图 8-4）。

图 8-3　防水基面处理　　　　　图 8-4　防水材料铺设

结构防水施工控制要点：

（1）中埋式钢边橡胶止水带：设在结构中线位置，牢固可靠，避免浇筑和振捣混凝土时固定点脱落导致止水带倒伏、扭曲；止水带部位的模板应安装定位准确、牢固，避免跑模、胀模等影响止水带定位的准确性。

（2）外贴橡胶止水带：应整根悬吊安装，现场不出现接头；纵向中心线应与接缝对齐，安装完毕后，不得出现翘边、过大的空鼓等部位，转角部位应采用转角预制件或采取其他防止齿条倒伏的措施。

（3）镀锌钢板止水带：止水带可焊接于主体钢筋上，固定牢靠；钢板止水带搭接与交叉连接均应满焊，其搭接长度应满足设计要求，交叉连接贴合四边满焊。镀锌钢板止水带施工过程中应将开口方向朝迎水面（图8-5、图8-6）。

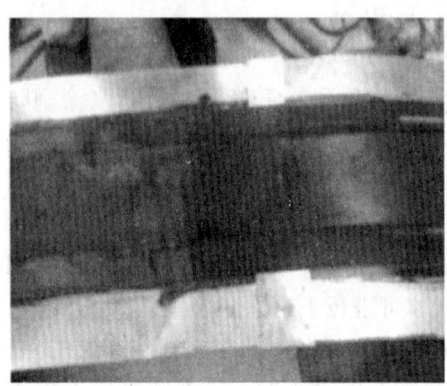 

图8-5 中埋式止水带连接　　　　图8-6 镀锌止水钢板安装

结构防水施工控制要点：

采用水泥基渗透结晶型防水涂料+改性沥青防水涂料+卷材的复合防水做法：

（1）用高压水枪冲洗暴露的节点处的泥土、浮浆、松动的碎石等；

（2）水泥基渗透结晶型防水材料涂刷降水井及桩头表面、暴露的桩身及周围250mm范围（图8-7、图8-8）。

 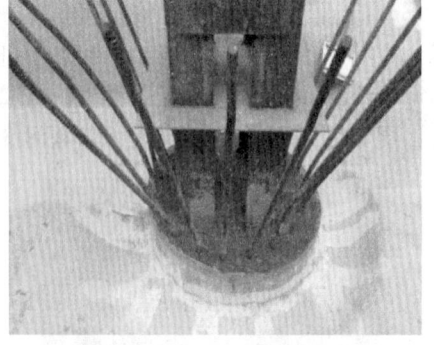

图8-7 降水井节点防水　　　　图8-8 格构柱（桩头）节点防水

结构防水施工控制要点：

（1）基层处理完毕并经过验收合格后，在阴阳角和施工缝等特殊部位涂刷防水涂膜加强层，加强层厚度为2mm，涂刷完防水涂膜加强层后，立即在加强层涂膜表面粘贴增强层，最后涂刷大面防水层。严禁涂膜防水加强层表面干燥后再粘贴增强层。

（2）涂刷大面的防水层，防水层采用多道（一般3~5道）涂刷，上下两道涂层涂刷方向应互相垂直，涂刷应均匀一致，不得过厚或过薄，应用单位面积涂布量和测厚仪两种手段控制涂膜厚度；每道涂层实干后，才可进行下道涂膜施工。

（3）立面防水层（如反梁的立面）采用厚度不小于6mm的聚乙烯泡沫塑料进行保护（发泡倍率不大于25倍）（图8-9、图8-10）。

图8-9 顶板耐根系穿刺层施工

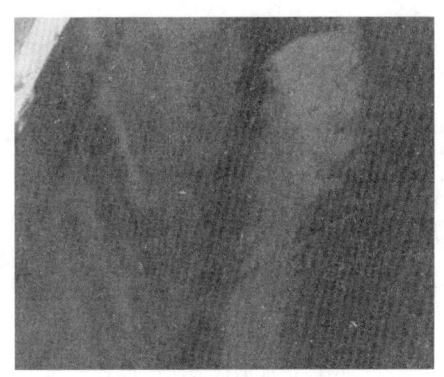

图8-10 顶板防水涂层施工

结构防水施工控制要点：

（1）聚氨酯涂膜防水层施工完毕并经过验收合格后，应及时施作防水层的保护层，平面保护层采用8cm厚的细石混凝土，在浇筑细石混凝土前，需在防水层上覆盖一层隔离层。

（2）在阴部位采用1:2.5的水泥砂浆做成50mm×50mm的钝角，阳角做成$R \geqslant 10mm$的圆角。

（3）在阴阳角位置应设置卷材加强层，加强层宽度按设计要求设置。

防治措施：

止水钢板必须设置于1/2板厚位置，可采用辅助钢筋按间距2m加以固定，并确保加固质量，防止混凝土浇筑过程中出现位移、变形现象（图8-11、图8-12）。

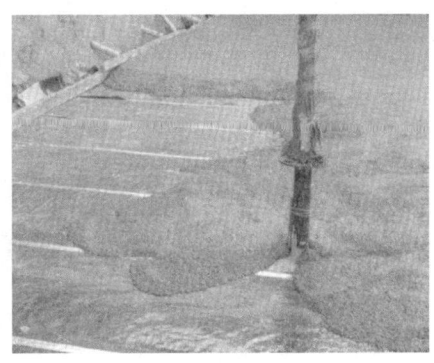

图8-11 浇筑混凝土保护层

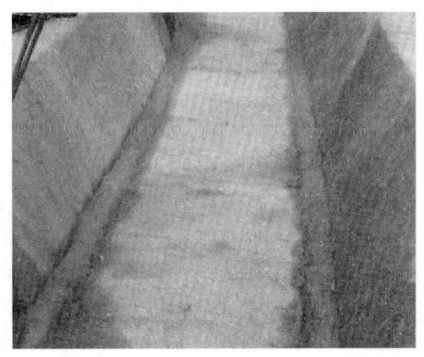

图8-12 阴阳角倒角设置

8.3 质量通病及防治

防治措施:

橡胶止水带须设置在 1/2 板墙厚度位置,并严格按照设计图纸进行构造筋安装,确保止水带固定牢靠;在筏板部位,须将止水带边缘部分向上设置为向上弯曲状,保证止水带下方混凝土能够在振捣过程中气泡全部排出(图 8-13~图 8-18)。

图 8-13 水平施工缝及分段施工缝处预埋止水钢板未居中设置

图 8-14 整改后最终效果图

图 8-15 环向施工缝处橡胶止水带未齐缝均匀设置

图 8-16 整改后最终效果图

图 8-17 水平施工缝处止水钢板焊接质量不合格

图 8-18 整改后最终效果图

防治措施：

止水钢板在平直段焊接时须搭接5cm，并进行双面焊接，止水钢板可全部调整为平焊，焊接结束后再将止水钢板进行竖立安装；遇拐角等特殊部位，由于目前止水钢板均为凹面状，须对止水钢板进行切角处理，保证止水钢板宽度范围内均能有效焊接（图8-19、图8-20）。

图8-19 施工缝处垃圾杂物未清理干净　　图8-20 整改后最终效果图

防治措施：

在下道工序施工前，必须确保施工缝位置垃圾杂物清理干净，在当前工序验收过程中作重点检查验收（图8-21、图8-22）。

图8-21 格构柱、降水井井管防水质量不合格　　图8-22 整改后最终效果图

防治措施：

止水钢板伸出构件四周不少于15cm，并保证焊接质量，格构柱内侧也需进行止水钢板焊接，止水钢板大小与格构柱内尺寸相符，并在内侧止水钢板中央位置开设直径为5cm的孔洞，以便在混凝土浇筑过程中，气泡能够顺利排尽（图8-23、图8-24）。

图8-23 桩头防水不质量不合格　　图8-24 整改后最终效果图

防治措施：

首先须确保桩头四周及桩身混凝土渣清除干净，再将防水卷材铺设至桩头位置并做收口处理，然后在桩头四周涂抹遇水膨胀止水胶，并保证止水胶涂抹位置与卷材和桩身完全贴合；其次在桩头表面涂刷水泥基；最后将桩头钢筋设置为喇叭口桩并不得伸出底板（图8-25、图8-26）。

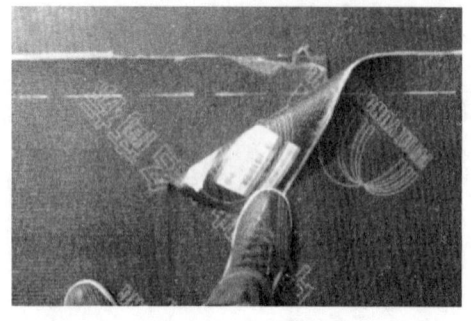

图8-25 防水卷材长短边搭接质量不合格

图8-26 整改后最终效果图

防治措施：

防水卷材搭接应至少保证10cm，不包含钉孔位置；卷材边缘黏结带位置隔离膜撕掉后应立即进行卷材搭接，防止黏结带失效，影响防水质量（图8-27、图8-28）。

图8-27 水平施工缝位置混凝土顶标高控制差

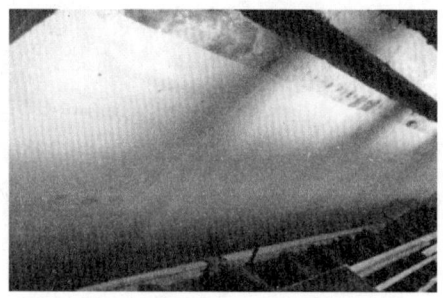

图8-28 整改后最终效果图

防治措施：

侧墙防水卷材在铺设过程中需结合钢支撑位置，四周留设不小于1m范围不铺设防水卷材，以防止钢支撑拆除发生防水卷材破坏（图8-29、图8-30）。

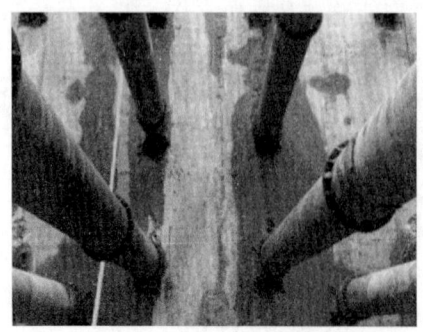

图8-29 地连墙基面存在渗漏水现象

图8-30 整改后最终效果图

防治措施：

地连墙施工阶段需对接头刷壁质量及混凝土浇筑质量严格把关，并制定详细的作业指导书等文件；开挖阶段，地连墙基面渗漏水应随分层开挖进行分层治理，确保在开挖阶段所有渗漏点均得到有效治理，如在结构施工过程中，地连墙基面存在复漏的应先进行治理再进行卷材铺设（图8-31、图8-32）。

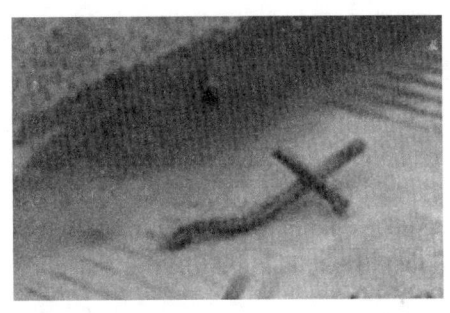

图8-31 顶板防水施工中尖锐物未处理　　图8-32 整改后最终效果图

防治措施：

顶板防水施工前，需保证防水基面满足设计要求；如有错台、钢筋头等尖锐物需及时进行凿除、切割处理并采用砂浆进行过渡处理，保证基面满足设计要求（图8-33、图8-34）。

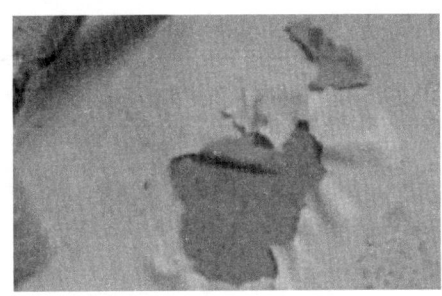 

图8-33 顶板防水涂料层被破坏　　图8-34 整改后最终效果图

防治措施：

顶板防水施工过程中应安排专人进行防护隔离，严禁其他等无关人员靠近，以免破坏防水涂料层（表8-1、表8-2）。

表8-1　1.5mm厚高分子自粘胶膜防水卷材（P类）物理力学性能指标

序号	检测项目		指标
1	拉伸性能	拉力（N/50mm）	≥500
		断裂伸长率（%）	≥400
2	钉杆撕裂强度（N）		≥400
3	冲击性能		直径（10±0.1）mm，无渗漏
4	静态荷载		20kg，无渗漏

续表

序号	检测项目		指标
5	耐热性		70℃，2h，无位移、流淌、滴落
6	低温弯折性		-25℃，无裂纹
7	防窜水性		0.6MPa，不窜水
8	与后浇混凝土剥离强度（N/mm）	无处理	≥2.0
		水泥粉污染表面	≥1.5
		泥沙污染表面	≥1.5
		紫外线老化	≥1.5
		热老化	≥1.5
9	与后浇混凝土浸水后剥离强度（N/mm）		≥1.5
10	热老化（70℃，168h）	拉力保持率（%）	≥90
		伸长率保持率（%）	≥80
		低温弯折性	-20℃，无裂纹
11	热稳定性	外观	无起皱、滑动、流淌
		尺寸变化（%）	≤2.0

注：1. 高分子主体材料宜采用 EVA、ECB、PVC、HDPE 或 PDM 等。
2. 预测卷材的整体厚度1.5mm，其中主体高分子片材的厚度1.0mm，胶粘层的厚度为0.5mm。
3. 检测方法见《预铺防水卷材》（GB/T 23457—2017）标准中的 P 类。

表8-2　单组分聚氨酯防水涂料性能指标

序号	项目		指标
1	固体含量（%）		≥85
2	潮湿基面黏结强度（MPa）		≥1.0
3	断裂伸长率（%）		≥500
4	拉伸强度（MPa）		≥2.00
5	撕裂强度（MPa）		≥15
6	不透水性（0.3MPa/120min）		不透水
7	低温弯折性（℃）		-35℃，无裂纹
8	定伸时老化（加热老化）		无裂纹及变形
9	加热伸缩率（%）	延伸	≤1.0
		收缩	≥-4.0
10	热处理（80℃，168h）	拉伸强度保持率（%）	80~150
		断裂伸长率（%）	≥450
		低温弯折性（℃）	-30℃，无裂纹
11	碱处理[0.1% NaOH+饱和 Ca(OH)$_2$ 溶液，168h]	拉伸强度保持率（%）	80~150
		断裂伸长率（%）	≥450
		低温弯折性（℃）	-30℃，无裂纹

续表

序号	项目		指标
12	酸处理 (2% H_2SO_4 溶液,168h)	拉伸强度保持率(%)	80~150
		断裂伸长率(%)	≥450
		低温弯折性	-30℃,无裂纹
13	涂膜表干时间(h)		≤12
14	涂膜实干时间(h)		≤24
15	苯,甲苯,二甲苯		0

第 3 篇 盾构隧道工程质量管理

9 双圆盾构质量控制

9.1 工程背景

1. 周边环境（图 9-1）

兴宁桥西站—兴宁桥东站区间从兴宁桥西站出发过鄞奉路后，线路略偏南转至东恩中学下穿越，以避开兴宁桥，过奉化江后，线路再次转至兴宁路下穿行，过南演武街后接至兴宁桥东站。区间隧道主要下穿兴宁雨污合流泵站（沉井）、奉化江及驳岸重力式挡墙、条形基础临时房，侧穿甬安宾馆、东恩中学、兴宁桥、五洞污水泵站沉井、宁江大队综合楼、灵桥路沿街房等。

图 9-1 兴宁桥西站—兴宁桥东站区间周边环境示意

2. 工程地质

兴宁桥西站—兴宁桥东站区间自上而下主要穿越土层为①1a 杂填土、①3b 粉质黏土、②1 黏土、②2b 淤泥质黏土、③2 粉质黏土、⑤1b 粉质黏土。隧道主要穿越土层为②2b 淤泥质黏土、③2 粉质黏土、⑤1b 粉质黏土、⑤1T 黏质粉土。

3. 水文地质

（1）地表水

本区间涉及的河流为奉化江，河宽约 161m，河深 0.5~7.3m，淤泥厚 0.8~2.1m，河水位一般低于地面0.5~2.0m。

(2) 地下水

① 孔隙潜水

孔隙潜水主要赋存于填土和浅部黏土、淤泥质土层中,水位埋深在0.50~1.50m。水位受气候条件等影响,季节性变化明显。

② 孔隙承压水

孔隙承压水分第Ⅰ、Ⅱ含水层,其中第Ⅰ含水层组又分为I_1和I_2承压水。

a. I_1层孔隙承压水

第I_1层孔隙承压水主要赋存于⑤1T层黏质粉土、⑤4b层黏质粉土中,⑤1T层涌水量小,单井涌水量≤50m³/d,水位埋深在2.45~2.92m,⑤4b层涌水量小,单井涌水量≤50m³/d,水位埋深在4.19~4.75m,水质为咸水。

b. I_2层孔隙承压水

第I_2层孔隙承压水赋存于⑧层砂土中,中等透水层,水量丰富,单井涌水量1500~1800m³/d,水温为19.5~20.0℃,水质为微咸水。静止水位标高为-1.83~-1.53m。

c. Ⅱ层孔隙承压水

第Ⅱ层孔隙承压水赋存于⑨1T层粉砂、⑨2b层砾砂中,透水性较好,水量较大,单井开采量一般为1000~1500m³/d,水温为20.5~21.0℃,原始水位略高于第Ⅰ含水层。

4. 区间结构设计

隧道衬砌采用预制装配式钢筋混凝土管片单层衬砌,管片混凝土强度采用C50,抗渗等级为P10。衬砌管片内径为5500mm,外径为6200mm;管片拼装采用楔形环错缝拼装;管片为通用型,厚度为350mm,管片环宽为1.2m;每环管片分为6块[1块封顶块(F)×,2块邻接块(L1)×、(L2)×,3块标准块(B1)×、(B2)×、(B3)×]。

兴宁桥西站—兴宁桥东站区间线路设计详见表9-1。上行线隧道起点里程隧道起讫里程SK20+879.506~SK21+581.937,短链1.397,设计长度701.034m;区间下行线隧道起讫里程XK20+879.506~XK21+581.937,长链5.875m,设计长度708.288m;上下行线线路最小平面曲线半径为349.851m。隧道最大纵坡为28‰,最大坡长为79.75m,线间距14~15.5m区间埋深11.5~19.4m,区间在上线里程SK21+360.000(相应下行线里程为XK21+365.156)处设置联络通道。

表9-1 兴宁桥西站—兴宁桥东站区间隧道线路

区间名称	上线长 (右线 m)	隧道起讫里程	最大纵坡 (‰)	最小半径 (m)	区间线间距 (m)	区间埋深 (m)	备注
上线长 (右线 m)	701.034	SK20+879.506~ SK21+581.937	28.0	349.851	14~15.5	11.5~19.4	
下线长 (左线 m)	708.306	XK20+879.506~ XK21+581.937	28.0	349.851	14~15.5	11.5~19.4	

5. 工程施工条件

兴宁桥西站—兴宁桥东站区间从兴宁桥西站出发过鄞奉路后,线路略偏南转至东

9 双圆盾构质量控制

恩中学下穿越,以避开兴宁桥,过奉化江后,线路再次转至兴宁路下穿行,过南演武街后接至兴宁桥东站。区间隧道主要下穿兴宁雨污合流泵站(沉井)、奉化江及驳岸重力式挡墙、条形基础临时房,侧穿甬安宾馆、东恩中学、兴宁桥、五洞污水泵站沉井、宁江大队综合楼、灵桥路沿街房等。

沿线控制性建筑物调查见表9-2,管线调查详见表9-3。

表9-2 兴宁桥西站—兴宁桥东站区间沿线控制性建筑物调查一览表

序号	建筑屋名称	建筑物桩基情况	与隧道的位置关系
1	甬安宾馆	砖混2层,浅形基础,基础底埋深1.5m	垂直下穿,与隧道最小竖向净距15.5m
2	教育局房屋	条形基础,基础底埋深1.5m	垂直下穿,与隧道最小竖向净距15.5m
3	东恩中学	混4层,满堂基础,基础底埋深2.5m	垂直下穿,与隧道最小水平净距3.6m
4	兴宁雨污合流泵站	混2层,污水沉井:$\phi 16600$沉井,基础底标高-9.5m	垂直下穿,最小竖向净距8.0m
5	奉化江驳岸	重力式挡墙结构,下部采用$\phi 150$松木桩加固,长6.0m,桩底标高-7.9m	垂直下穿,最小竖向距离为8.3m
6	粮油商业网点	混4层,$\phi 377$沉管灌注桩,桩长为19.0m,桩底标高-17.5m	桩基进入隧道,已拆除,无法确定桩基全部拆除,存在风险
7	肉禽蛋综合市场	$\phi 377$沉管灌注桩,桩长为18.0m,桩底标高-16.4m	桩基进入隧道,已拆除,无法确定桩基全部拆除,存在风险

表9-3 兴宁桥西站—兴宁桥东站区间沿线管线调查一览表

序号	类别	型号	穿越方式	埋深(m)	里程	所属产权单位	备注
1	污水管	DN800混凝土	与线路平行(左线)	管内底标高-10.4m 埋深约12m	XK21+125~XK21+320	宁波市城市排水公司	最小竖向净距约6.6m
2	雨水管	DN1600混凝土	与线路垂直	管内底标高-0.32m 埋深约2m	SK20+896	宁波市城市排水公司	最小竖向净距12.3m
3	给水管	DN600	与线路平行(右线)	管内底标高1.85m 埋深约1m	XK21+430~XK21+490	宁波市城市自来水公司	最小竖向净距约12.6m
4	污水管	DN1000混凝土	与线路平行(左线)	管内底标高-5.66m 埋深约6.8m	SK21+319.8~SK21+339.7	宁波市城市排水公司	最小竖向净距约10.3m
5	污水管	DN800混凝土	与线路垂直	管内底标高-3.1m 埋深约4.3m	SK21+329.7	宁波市城市排水公司	最小竖向净距约13.1m
6	雨水管	DN800混凝土	与线路垂直	管内底标高-0.8m 埋深约3.18m	SK21+532.0	宁波市城市排水公司	最小竖向净距约9.0m

9.2 工程关键工序质量控制

9.2.1 盾构始发、到达安全

本区间地层主要以淤泥质黏土、淤泥质粉质黏土、黏土、粉质黏土为主，端头地层稳定性较差；局部端头难以按照常规设计加固长度实施；洞门破除后端头地层失稳易发生涌水、涌泥、地表塌陷等事故；盾构始发、到达安全是区间工程的重点，也是难点。

1. 常规措施

（1）本区间始发及接收端头加固采用 $\phi 850@600$ 三轴搅拌桩 + $\phi 800@500$ 旋喷桩 + MJS 工法桩 $\phi 2400@1700$ 加固。

（2）加强端头地层加固施工质量控制，并在加固完后采取取芯方式进行加固效果检查（加固区垂直取芯 + 洞门水平探孔）。

（3）做好盾构始发、到达洞门密封工作，确保临时密封装置起到良好的止水效果。在帘布橡胶板上涂抹黄油等润滑剂，以免刀盘刮坏帘布橡胶，影响洞门密封效果。

（4）做好盾构始发与到达时的姿态控制，保证盾构以良好的姿态始发与到达接收。

（5）仔细研究制定盾构始发、到达施工方案，做好施工准备，确保凿除围护结构后盾构机刀盘快速抵拢洞门掌子面，避免因地层暴露时间过长发生坍塌。

（6）加强盾构始发与到达施工过程控制，确保盾构始发与到达施工安全、连续、快速进行。

2. 特殊措施

针对兴宁桥东站东端头 3 个均有管线位于加固区（无条件搬迁出加固区），无法按照常规加固长度实施的情况，经过调研及安全评估（邀请专家对专项方案进行安全评估），采用了短加固（4m） + 钢套筒工艺的盾构始发接收方式。

9.2.2 盾构穿越区域地表沉降变形

（1）重难点分析

宁波地区地质多变，③2 层灰色粉质黏土、④2 层灰色黏土属宁波典型的软土，具天然含水量高、压缩性高、灵敏度高、触变性高、流变性高、强度低、透水性低等特点，该类土在区间线路断面上均有分布，盾构在此软土掘进中，易发生扰动，造成地表沉降。线路两侧有多栋建筑物及其他控制性构筑物，盾构机在掘进穿越这些建（构）筑物时，如果在掘进过程中引起地层沉降，会导致上覆建（构）筑物塌陷、倾斜等灾难性后果，因此盾构掘进中控制地表沉降是盾构施工过程的重中之重。

（2）主要对策及措施

① 根据各风险建（构）筑物、管线结构特点，以及其所处段地质、水文条件，设计要求的变形要求，合理计算土压力及盾构掘进参数和姿态设定。并编制了建（构）筑物保护施工方案，针对性提出施工保护措施。

② 根据日常监测及地面巡视情况，及时调整土压力、掘进参数，减小对地面环境及建（构）筑物的影响。

③ 对重要的、沉降敏感的管线、建筑物，项目部内部组织风险分析、评估，制定专项方案，组织落实各项措施并及时根据监测及量测结果调整施工参数。

④ 盾构下穿河流段及其他特殊建（构）筑物，按照设计要求采用增加有预留注浆孔的管片，以丰富注浆位置，方便多点注浆，及早稳定地层及隧道变形。

9.2.3 盾构下穿污水泵站

（1）重难点分析

兴宁雨污合流泵站为 $\phi16600$ 沉井，钢筋混凝土结构，基础底标高 $-9.5m$，最小竖向近距约 $7.9m$，隧道左线于 XK21+101.272～XK21+120.504（184 环～200 环）侧下穿污水沉井。污水沉井纵断面图如图 9-2 所示，污水沉井现场图如图 9-3 所示。

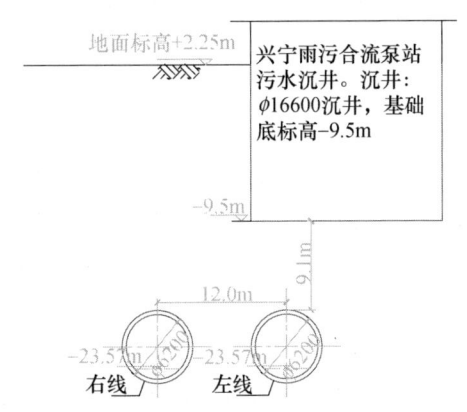

图 9-2 污水沉井纵断面图

图 9-3 污水沉井现场图

（2）主要风险分析

① 兴宁雨污合流泵站为主要的污水处理系统，且 DN800 管道位于奉化江下，为城市排污主管网，附近无可选择强排管路，若施工出现泵站或管道开裂，影响整个污水排放、处理，造成严重的损失及社会不良影响。

② 污水泵站及管道施工年代久远，无详细的施工资料，且管道为沉管施工，具体管底标高不明，给盾构施工带来一定的困难。

（3）主要对策

掘进前进行施工参数的总结，对施工人员进行培训交底，使每个人都非常清楚施工中存在的风险，严控施工参数，做好日常监测及地面巡视。

根据实际工况拟采取以下施工及技术措施：

（1）前期准备

① 地质报告

工程施工前认真分析隧道洞身的地质资料，准确详细地掌握隧道的地层特征和岩土的各项参数，为盾构机的掘进和选择合适的施工参数提供准确的依据。

② 设备检修及密封检查

A. 设备检修

检查主要设备，包括推进系统、保压系统、运输系统、泡沫系统、同步注浆系统、二次注浆设备等，对使用状态进行评估，需要维修的设备应在实施前完成维修。

B. 密封检查

下穿珠江前，主要针对铰接密封、盾尾密封、螺旋机密封进行全面检查，确保设备正常运转。

a. 对铰接密封进行检查，主要包括观察是否有密封不严、渗漏水的情况。

b. 对盾尾密封进行了全面检查。

c. 对螺旋机密封进行检查。包括螺旋机闸门关闭情况。

（2）穿越措施

① 技术准备

施工前与产权单位、业主等相关部门积极联系、沟通，做好穿越泵站期间应急预案及应急物资准备，结合产权单位的建议和经过技术论证，制定可靠的保护方案。

建立完善的预警机制，实行三级预警管理制度。

② 人员保证

在穿越前，指定专人和监测人员24h在泵站进行值班，做好现场地面巡视，在洞内配备值班工程师，现场与洞内监测人员通过电话进行联络，及时将监测信息及巡视情况传达给洞内值班工程师及主司机，指导盾构施工；班前对施工人员进行宣贯讲解，使每个参加施工的工作人员清楚盾构机每班掘进期间与泵站的相对位置以及采取的技术措施。

（3）确保机械设备状态良好

盾构在刀盘到达泵站前50m时，对盾构机、门吊、轨道运输车等机械设备和注浆管路进行一次全面检查和维护，对于存在故障和故障隐患的机械设备一律进行维修，并对注浆管路进行一次彻底的清洗，确保盾构机及配套设备在穿越桥梁的过程中处于良好的工作状态。同时配足备用配件。

（4）施工技术参数优化

以盾构穿越泵站前50环作为模拟段，及时总结出盾构机穿越该类土层的最佳参数，掌握控制地表沉降的措施，并通过以往施工实践经验与地表沉降结果不断优化盾构推进参数，控制泵站结构及地表变形，紧密依靠泵站地面巡视及地表变形监测数据，及时调整盾构掘进参数，不断完善施工工艺，为盾构顺利穿越泵站提供依据。

（5）各施工阶段掘进主要控制参数

按照盾构穿越顺序，对地表沉降的控制主要可分为以下四个阶段，各阶段主要控制参数见表9-4。

表9-4 盾构穿越桥梁各阶段重点控制参数

阶段	盾构与管片相对位置	盾构推进重点控制参数
一	切口距泵站10环至切口进入泵站下	土压力、出土量
二	切口进入泵站至盾尾脱离泵站	推进速度、土压力、出土量、同步注浆量、刀盘转速
三	盾尾泵站下至盾尾脱离泵站10环	同步注浆量、二次注浆
四	盾尾脱离泵站10环后	二次注浆

(6)严格控制盾构正面土压力

穿越时土仓中心土压力值根据埋深及土层情况设定,压力波动控制在 0~20kPa。盾构穿越过程中须派专人进行巡查。

(7)推进速度控制

推进速度控制在 2~3cm/min,并在推进过程中保持稳定,保持推进速度、出土速度和注浆速度相匹配。

(8)出土量控制

盾构机的开挖断面为 $31.56m^2$,管片长 1.2m,每环的理论出土量为 $31.56 \times 1.2 = 37.87m^3$,在盾构机穿越泵站时,已出土量控制在理论出值的 98%,即 $37.87 \times 98\% = 37.1m^3$ 左右,保证盾构切口上方土体能有微量的隆起(不超过 1mm),以便抵消一部分土体的后期沉降量,从而使泵站沉降量控制在最小范围内,确保安全。

(9)同步注浆

施工过程中严格控制同步注浆量和浆液质量,严格控制浆液配比,使浆液和易性好,泌水性小。同步注浆浆液配比见表 9-5。

表 9-5 同步注浆浆液配比

材料名称	石灰粉	砂	粉煤灰	水	膨润土	外加剂
规格		细砂	Ⅱ级	自来水	钠基	
配合比	100	800	400	340	50	按需填入

注浆压力控制在 0.3~0.35MPa,注浆点在上部 1、4 点钟位。

每推进一环理论建筑空隙为 $3.14 \times (6.34 - 6.2) \div 4 \times 1.2 = 1.65m^3$,每环同步注浆量按 200% 设定,实际注入量为 $3.3m^3$/环。

(10)严格控制盾构纠偏量

在盾构穿越的过程中匀速推进,推进速度控制在 2~3cm/min,确保盾构机均衡、匀速地穿越泵站,减小盾构推进对前方土体的扰动。

(11)管片拼装

在盾构推进结束后不要立即拼装,等待几分钟,到周围土体与盾构机固结在一起后再进行千斤顶的回缩,回缩的千斤顶数量尽可能少,满足管片拼装要求即可。在管片拼装过程中,安排最熟练的拼装工进行拼装,减少拼装的时间,缩短盾构停顿的时间。

(12)土体改良

穿越泵站的过程中,利用刀盘上的加泥孔向前方土体加泡沫剂来改良土体,增加土体的流塑性。

(13)盾构穿越后措施(二次注浆)

根据实际情况(监测结果)需要,在管片脱出盾尾 5 环后,采取对管片后的建筑空隙进行二次注浆的方法来填充,浆液为水泥净浆,注入量为同步注浆量的 1/2 即约 $1.5m^3$。

实际施工中,未出现偏离施工方案的情况。

9.2.4 盾构在小曲线半径段推进

区间内平面曲线半径最小为 350m。如何控制管片错台、破裂以及轴线满足线路要求是本工程的一个重点。

（1）曲线半径掘进施工流程

小曲线半径施工流程如图 9-4 所示。

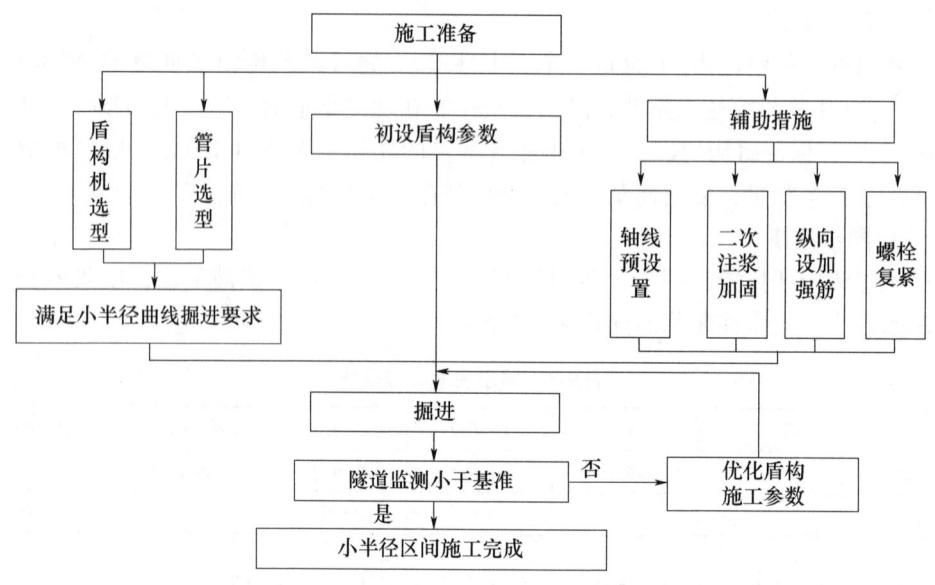

图 9-4 小曲线半径施工流程图

（2）设备的适用性

① 采用铰接式盾构进行施工。由于盾构增加了铰接部分，使盾构切口至支撑环，支撑环至盾尾都形成活体，增加了盾构的灵敏度，对隧道的轴线控制更加方便以及管片外弧碎裂和管片渗水等情况得以大大改善。

② 盾构大刀盘上安装有超挖刀，具有一定的超挖范围。在曲线施工时可根据推进轴线情况进行部分超挖，超挖量越大，曲线施工越容易。但超挖会使同步注浆浆液因土体的松动绕入开挖面，加上曲线推进时反力下降的因素，会产生隧道变形增大的问题。因此，超挖量最好控制在超挖范围的最小限度内。

（3）隧道辅助措施

① 隧道管片壁后注浆加固

隧道每掘进完成 2 环，及时通过管片的预埋注浆孔对土体进行复合早凝浆液二次压注加固，范围为管片壁后 2m。

② 隧道内设纵向加强肋

针对小半径曲线上隧道纵向位移较大，在隧道靠近开挖面后 50～60m 范围管片设置加强肋以增强隧道纵向刚度，控制其纵向位移。加强肋采用双拼 [22a 槽钢用钢板焊接成型，用螺栓将其与管片的预留注浆孔进行连接，从而将隧道纵向连接起来，以加强隧道纵向刚度。加劲肋部位及构造详见加强肋构造图。

③ 加强螺栓复紧

每环推进结束后，须拧紧当前环管片的连接螺栓，并在下环推进时进行复紧，克服作用于管片推力产生的垂直分力，减少成环隧道浮动。每掘进完成3环，对10环以内的管片连接螺栓复拧一次。

(4) 推进轴线预偏设置

在盾构掘进过程中，要加强对推进轴线的控制。曲线推进时盾构实际上应处于曲线的切线上，因此推进的关键是确保对盾构机姿态的控制。

由于盾构掘进过程的同步注浆及跟踪补注的双液浆效果不能根本上保证管片后土体的承载强度，管片在承受侧向压力后，已向弧线外侧偏移。为了确保隧道轴线最终偏差控制在规范允许的范围内，盾构掘进时给隧道预留一定的偏移量。根据理论计算和上海相关施工实践经验的综合分析，同时需考虑掘进区域所处的地层情况，在小半经曲线隧道掘进过程中，已设置预偏量20~40mm。施工中通过对小半径段隧道偏移监测，适当调整预偏量。小半径曲线预偏设置如图9-5所示。

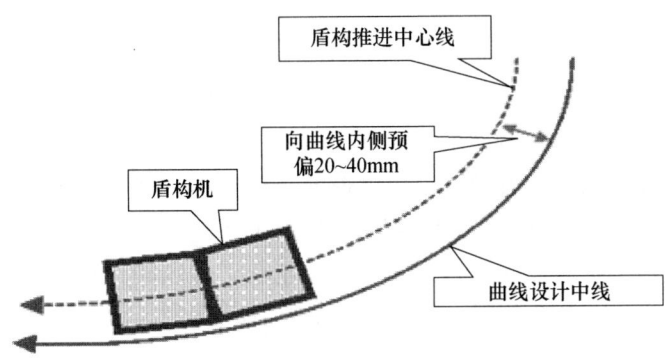

图9-5 小半径曲线预偏设置

(5) 盾构施工参数选择

① 严格控制盾构的推进速度

推进时速度应控制在1~2cm/min。既避免因推力过大而引起的侧向压力的增大，又减小盾构推进过程中对周围土体的扰动。

② 严格控制盾构正面平衡压力

盾构在穿越过程中须严格控制切口平衡气仓压力，使得盾构切口处的地层有微小的隆起量（0.5~1mm）来平衡盾构背土时的地层沉降量。同时也必须严格控制与切口平衡压力有关的施工参数，如出土量、推进速度、总推力、实际气仓压力围绕设定土压力波动的差值等。防止过量超挖、欠挖，尽量减少平衡压力的波动。其波动值控制在0.02MPa以内。

③ 严格控制同步注浆量和浆液质量

由于曲线段推进增加了曲线推进引起的地层损失量及纠偏次数的增加导致了对土体的扰动的增加，因此在曲线段推进时应严格控制同步注浆量和浆液质量，在施工过程中采用推进和注浆联动的方式，确保每环注浆总量到位，确保盾构推进每一箱土的过程中，浆液均匀合理地压注，确保浆液的配合比符合质量标准。通过同步注浆及时充填建筑空隙，减少施工过程中的土体变形。注浆未达到要求时盾构暂停推进，以防止土体变形。

每环的压浆量一般为建筑空隙的 200% ~ 250%，为 3.3 ~ 4.1 m^3/环，采用可硬性浆液，浆液稠度 9 ~ 11cm，泵送出口处的压力不大于 0.5MPa 左右。具体压浆量和压浆点视压浆时的压力值和地层变形监测数据选定。根据施工中的变形监测情况，随时调整注浆参数，从而有效地控制轴线。

（6）土体损失及二次注浆

由于设计轴线为小半径的圆滑曲线，而盾构是一条直线，因此在实际推进过程中，实际掘进轴线必然为一段曲线，且曲线外侧出土量又大。这样必然造成曲线外侧土体的损失，并存在施工空隙。因此，在曲线段推进过程中进行同步注浆时须加强对曲线段外侧的压浆量，以填补施工空隙。每拼装两环即对后面两环管片进行复合早凝浆液二次压注，以加固隧道外侧土体，保证盾构顺利沿设计轴线推进。浆液配合比采用：水泥∶氯化钙∶水玻璃 = 30∶1∶1，水灰比为 0.6。二次注浆压力控制在 0.3MPa 以下；注浆流量控制在 10 ~ 15L/min，注浆量约 0.5m^3/环。

（7）严格控制盾构纠偏量

盾构的曲线推进实际上是处于曲线的切线上，推进的关键是确保对盾构的头部的控制，由于曲线推进盾构环环都在纠偏，须做到勤测勤纠，而每次的纠偏量应尽量小，确保楔形块的环面始终处于曲率半径的径向竖直面内。除了采用楔型管片，为控制管片的位移量，管片纠偏在适当时候采用楔形低压棉胶板，从而达到有效地控制轴线和地层变形的目的。盾构推进的纠偏量控制在 2 ~ 3mm/m。

针对每环的纠偏量，通过计算得出盾构机左右千斤顶的行程差，通过利用盾构机千斤顶的行程差来控制其纠偏量。同时，分析管片的选型，针对不同的管片需有不同的千斤顶行程差。

（8）盾尾与管片间的间隙控制

小曲率半径段内的管片拼装至关重要，而影响管片拼装质量的一个关键问题是管片与盾尾间的间隙。合理的周边间隙可以便于管片拼装，也便于盾构进行纠偏。

① 施工中随时关注盾尾与管片间的间隙，一旦发现单边间隙偏小时，及时通过盾构推进方向进行调整，使得四周间隙基本相同。

② 在管片拼装时，应根据盾尾与管片间的间隙进行合理调整，使管片与盾尾间隙得以调整，便于下环管片的拼装，也便于在下环管片推进过程中盾构能够有足够的间隙进行纠偏。

③ 根据盾尾与管片间的间隙，合理选择楔型管片。小曲率半径段时，盾构机的盾尾与管片间间隙的变化主要体现在水平轴线两侧，管片转弯正常跟随盾构机，当盾构机转弯过快时，隧道外侧盾尾间隙就相对较小；当管片因楔子量等原因超前于盾构机转弯时，隧道内侧盾尾间隙就相对较小。因此，当无法通过盾构推进和管片拼装来调整盾尾间隙时，可考虑采用楔型管片和直线型管片互换的方式来调整盾尾间隙（可结合管片选型软件指导）。

（9）盾构纠偏及测量姿态调整

盾构及管片纠偏：盾构掘进中，由下述方法保证盾构推进轨迹和隧道设计中心线的偏差在设计允许范围内。

① 采用调整盾构千斤顶的组合来实现纠偏

盾构千斤顶按上、下、左、右4个扇形分布，推进千斤顶的油泵为变量泵，当盾构需要调整方向时，可通过比例阀调整4个区域的油压，来调节千斤顶的顶力。

如盾构偏离设计轴线，而需纠偏时，可在偏离方向相反处，调低该区域千斤顶工作压力，造成两千斤顶的行程差，也可采用停开部分千斤顶获得行程差。但这样易造成衬砌部分区域受力不匀，使管片损坏。

盾构纠偏时要使千斤顶各区域压力分布呈线性状态，如盾构要向右纠偏，除左区要较右区有一个较大的压力差外，上、下区域的压力也要适当，一般可取左、右区域压力的平均值。同理，如需上、下纠偏时，可造成上、下区域千斤顶的压力差。

② 在小曲线半径掘进时合理管片选型达到拟合曲线的目的。

（10）盾构测量与姿态控制

盾构机的测量是确保隧道轴线的根本，在小曲率半径段盾构机的测量极为重要。

① 在小曲率段推进时，应适当增加隧道测量的频率，通过多次测量来确保盾构测量数据的准确性。同时，可以通过测量数据来反馈盾构机的推进和纠偏。在施工时，如有必要可以实施跟踪测量，促使盾构机形成良好的姿态。

② 由于隧道转弯曲率半径小，隧道内的通视条件相对较差，因此必须多次设置新的测量点和后视点。在设置新的测量点后，应严格加以复测，确保测量点的准确性，防止造成误测。同时，由于盾构机转弯的侧向分力较大，可能造成成环隧道的水平位移，所以必须定期复测后视点，保证其准确性。拟采取的施工措施如下：

a. 投入区间施工的4台土压平衡盾构均设铰接连接，使盾构在掘进时能灵活地进行姿态调整，顺利通过小半径转弯。

b. 加密加勤VMT移站测量，避免由此产生的轴线误差。合理管片选型，实时对盾尾间隙进行测量来确定K块的位置。从而有效保证使盾构姿态尽量与设计轴线吻合。

c. 控制油缸推力，尽量不要太大，以减少、控制管片破裂。

d. 掘进时，加强螺栓复紧。

e. 对管片拼装手定期培训，提高其操作水平。

f. 合理掘进速度及注浆参数，减少地层扰动。尤其需加强同步注浆与二次注浆相结合的手段以尽快稳定地层，减少地面沉降。

g. 小半径曲线上，需加强地面建（构）筑物监测频率，及时反馈信息以指导施工。

（11）实施效果

盾构过小半径施工时，通过勤测量，控制油缸行程（油缸行程差不超过5cm），掘进速度（控制到4cm/min内），推力不大于11000kN，精细化管片选型、拼装工艺，隧道成型质量良好，轴线未发生偏移，管片完好率达到业主要求的95%以上的指标。

实际施工中，未出现偏离施工方案的情况发生。

9.2.5 钢套筒始发、到达接收

（1）重难点分析

兴宁桥东站东端头右线钢套筒接收，左线为钢套筒始发，端头上方为 $\phi1000$ 污水

主管道，本次钢套筒始发、接收为宁波首例，无可借鉴经验，如何保证盾构安全始发、到达接收是重点，也是难点。

（2）主要对策及措施

① 钢套筒始发

a. 钢套筒安装时在块与块间连接法兰盘螺栓对接接缝安装1cm厚橡胶垫，确保钢套筒的密闭性；检查螺栓是否拧紧，避免掘进建压时发生喷涌，造成地下水土流失；整体连接好后根据洞门钢环位置，将钢套筒与钢环调整至同心圆。

b. 钢套筒下半环定位好以后对内部接缝涂玻璃胶密封；钢套筒内导轨放置两根，位置在底部60°，然后确定始发导轨高度，在导轨下部采用钢板调节。

c. 导轨安装好后进行第一次填砂，填砂范围为底部两导轨间，填充盾构机外径与钢套筒内轨间间隙，同时用沙袋在钢套筒内做三道环箍，防止盾构推进过程注浆浆液流至刀盘，盾构机下井安装好后进行第二次填砂，填至180°后封盖上半部钢套筒，螺栓全部拧紧后将钢套筒内空隙全部填实。

d. 根据钢套筒定位，准确安放反力架，确保反力架中线与钢套筒中线重合，因钢套筒连接环分内外环，外环起密封作用，内环提供盾构始发反力，内外环接缝采用止水条密封，受力时允许一定的位移及变形，但仍能保持密闭性；反力架面必须密贴钢套筒连接环内环，使力能更好地通过反力架传递给车站结构。

e. 第1环负环脱出盾尾顶至钢套筒内环后，为防止负环下沉及时注浆，填充脱出盾尾负环与钢套筒内环间隙。注浆为掺加水泥的同步注浆浆液，每立方米同步注浆浆液掺加量为50kg。

f. 在隧道内正环管片拼装至+5环时，压住双液浆封闭盾尾后3环管片空隙，完成对管片与地连墙、加固区之间的接缝封堵。

② 钢套筒接收

a. 做好洞门钢环与钢套筒过渡环间的焊接，确保内外两道焊缝密实，以确保整体的密闭性。

b. 洞门凿除完成后及时将钢套筒内回填密实，以防盾构到达涌水、涌砂。

c. 根据计算安装后端支座反力，保证在盾构推进推力作用下钢套筒稳定。

d. 钢环定位同始发；接收端门盖板螺栓全部进行拧紧检查，仓门及盖板封闭前全部均匀涂抹防水胶水封闭。

e. 接收期间分两个阶段注入双液浆。一是盾构机盾尾进入加固区时，第一次注入双液浆封闭盾尾与加固区的缝隙空间；二是在盾尾内到达环管片脱出盾尾两道尾刷后停机注入双液浆，封闭洞门环与地连墙、加固区间缝隙空间。

f. 盾构主机与设备桥及车架脱开前，检查双液浆注浆效果，打开上部、下部球阀进行检查，无水流出方可实施脱开作业。

实际施工中，未出现偏离施工方案的情况发生。

9.2.6 盾构下穿奉化江施工方案

兴宁桥西站—兴宁桥东站区间涉及的河流为奉化江，河宽约161m，河深0.5~7.3m，淤泥厚0.8~2.1m，河水位一般低于地面0.5~2.0m。总结宁波3号线长距离下穿钱塘河（河宽约35m、深3.5m、下穿长度约730m）的经验，制定措施如下，奉化江与隧道关系如图9-6所示。

 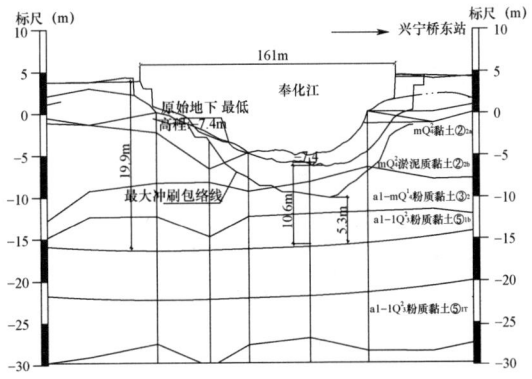

图9-6 奉化江与隧道关系

（1）盾构穿越前的施工技术措施

① 针对过江段浅覆土、高水压以及淤泥质黏土地质特性，已盾构选型作为前期重点进行评估，确保进场盾构的适应性。

② 收集类似地质环境推进参数，如武汉过江、重庆过江、台山核电站过江等项目，将其指标作为控制指标在施工中运用、优化。

③ 在盾构机穿越前，对驳岸的结构、桩基形式和其与隧道的关系进行详细的调研，并对施工人员进行交底。

④ 在盾构机穿越前办理相关监护手续。在进入奉化江前对江底地形进行扫描，对江底标高进行复核，对隧道的覆土厚度进行精确的计算。

⑤ 试验段掘进。在盾构推进至河道前50环开始模拟试穿，综合地面监测、管片上浮量测数据，总结出最佳掘进参数。

⑥ 详尽调查、核实驳岸及过江段地质探孔情况，确保所有探孔均有效封闭。

⑦ 穿越前全面检修盾构设备及地面配套设备，确保设备的完好性。

⑧ 详尽调查汛期规律，尽量避开奉化江汛期进行穿越施工。

⑨ 针对驳岸结构、奉化江地质及水文制定可行性施工应急预案。

（2）盾构穿越过程中的施工技术措施

① 在盾构过驳岸前后，及时调整设定土压力，控制掘进速度及出土量，减少对土体的扰动，保护好驳岸安全。

② 盾构进入江边后，土压力设定需综合考虑覆土厚度变化、水位以及管片上浮因素，合理确定盾构切口处平衡压力，确保开挖面的稳定。同时，加强管片防水质量管理。

③ 根据螺旋输送机出土情况及时启用泡沫、膨润土系统，通过碴土改良，在满足出土需求的同时，使碴土具有良好的密水、保压性能，稳定开挖面。

④ 利用盾构备用注浆孔、超前注浆孔，及时充填快凝快硬浆液以稳定地层，消除地质探孔被击穿的隐患。

⑤ 同步注浆材料采用商品砂浆（每环注入量按2.0~2.5倍充盈系数考虑，即每环

浆量3.3~4.0m³)，及时填充隧道外周围形成的空隙，减少隧道周围土体的水平位移。同时控制好同步注浆压力（0.2~0.25MPa），防止江底冒浆。

⑥采用注浆环管片，每5环在管片背部均匀注入双液浆做一道环箍，以封闭管片背后水路。

⑦严格控制每环出土量。每环出土量不超过设计值的98%即37.1m³，以确保地层水土保持，达到控制驳岸、江底变形沉降的目的。

⑧保持匀速推进，速度保持在20~25mm/min，控制好盾尾间隙，保持盾尾油脂压力，防止盾尾漏浆。

⑨将管片拼装区的清理作为日常重点来抓，防止尾刷因非正常磨损造成盾尾漏浆。

⑩过江段建立盾构姿态报警制度，设定水平及高程变化值±20mm为预警标准，变化不可过大、过频。推进时纠偏原则为勤纠、慢纠。

（3）驳岸监测

在驳岸处交叉布置地面监测点，有条件的布置深层沉降点，对驳岸结构的沉降和水平位移进行监测，观测江边及近临道路的变形情况。施工时监测频率为8h/次，驳岸变形控制标准为沉降≤20mm，隆起≤10mm。

（4）盾构穿越后的处理措施

盾构穿越后，应继续加强河床和驳岸的监测，直至稳定。

根据后期沉降监测结果，及时进行二次及多次补压浆，注浆以水泥净浆为主，少量多次的注入原则，以便能有效控制后期沉降，确保奉化江及南北驳岸结构稳定。

实际施工中，未出现偏离施工方案的情况发生。

9.2.7 盾构下穿甬安宾馆等建筑

（1）建（构）筑物情况

根据区间平纵断面土质及现场实际探勘了解，对侧穿主要建筑情况详见表9-6~表9-8。

表9-6 周边建（构）筑物——甬安宾馆

名称	甬安宾馆		
结构类型	砖混	基础类型	浅形基础，基础底埋深1.5m
建筑年代	—	与区间距离	垂直下穿，与隧道最小竖向净距15.5m
实景相片			

9 双圆盾构质量控制

续表

名称	甬安宾馆
平剖面示意图	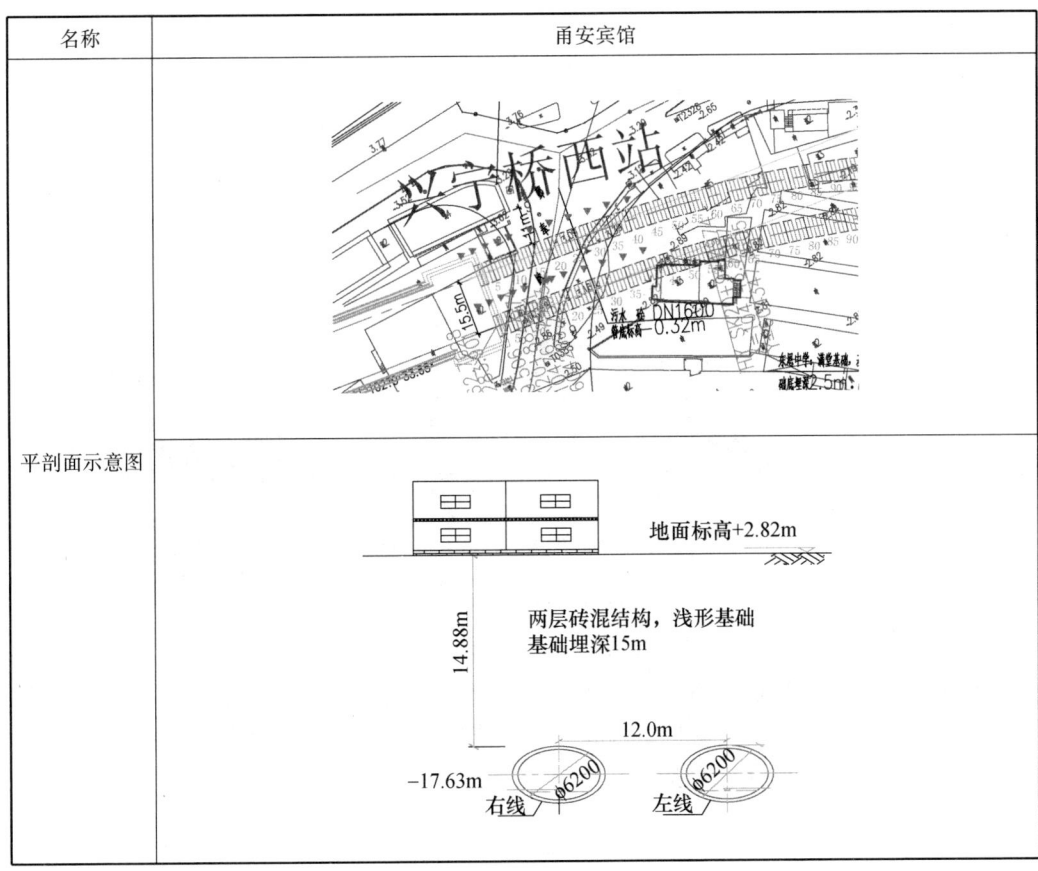

表 9-7 周边建（构）筑物——东恩中学

名称	东恩中学（混凝土4）		
结构类型	混凝土框架	基础类型	满堂基础
建筑年代	—	与区间距离	基础底埋深2.5m，水平最小间距2.8m
平面位置及实景			

表 9-8 周边建（构）筑物——东恩中学

名称	东恩中学（混凝土3）		
结构类型	混凝土框架	基础类型	筏板基础
建筑年代	—	与区间距离	地基采用松木桩处理，桩底标高 −7m，与隧道最小竖向净距9.4m
平面位置及实景			

（2）盾构穿越建（构）筑物的施工技术措施

根据盾构法施工特点，施工过程中主要从盾构操作方面入手来减少地表隆起与沉降，并配以其他辅助措施，确保盾构施工影响范围内建（构）筑物安全。

盾构施工为流水作业，每掘进、拼装一环管片作为一个作业循环。详细施工工序流程如图9-7所示。

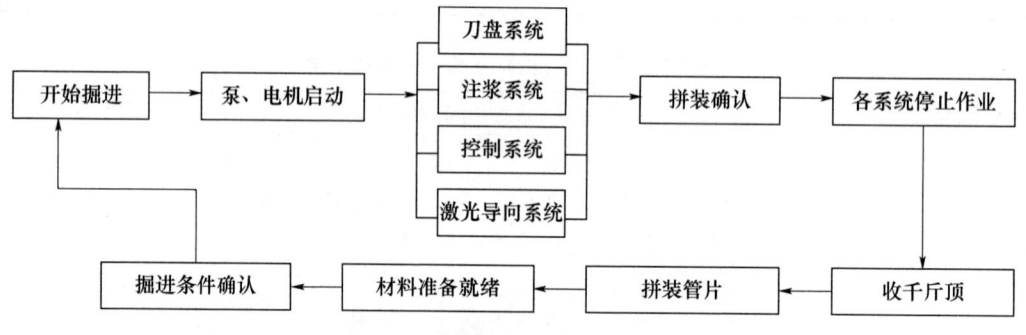

图 9-7 盾构掘进施工工序流程图

（3）施工前准备

施工前对盾构穿越的建（构）筑物进行全面调查，收集相关资料，建筑物所处里程、地面位置、类型、结构等参数，并根据施工设计图要求进行建（构）筑物保护预处理施工，提高其抗风险能力。

施工前委托专业单位对甬安宾馆进行房屋对比鉴定，盾构穿越前，根据现场环境、条件及外部等综合因素，必要时考虑对甬安宾馆人员进行撤离，东恩中学休假调整。确保穿越顺利安全通过。

① 技术准备

盾构下穿建（构）筑物前需对施工班组进行相关技术交底，交底内容必须包含各项详细数据、覆土深度、开挖仓土压控制范围、同步注浆量、补注浆量、刀盘进入（离开）建筑物里程。

下穿期间，根据实时监测数据、掘进统计参数（开挖仓压力、出土量、推力和扭矩、注浆量），对盾构掘进实施参数化动态管理，确保楼体沉降和倾斜量在规范要求范围内，一旦发生紧急情况，立即启用应急预案。

② 设备准备

盾构机进入沿线建（构）筑物 10 环前对盾构机、后配套设备、地面常规设备进行全面、细致检修，对易磨损配件提前储备，确保盾构穿越建（构）筑物施工期间设备正常运转，降低设备引起的施工风险。设备准备需注意以下几点：

a. 重点对盾构机的注浆系统、控制电路及液压系统、龙门吊刹车系统、行走系统、电瓶车刹车及电路进行检修，对于损坏的部件立即更换，对存在故障隐患的部位及时排除，各润滑部位及时加注润滑脂或润滑油。

b. 对同步注浆管路进行清洗疏通，避免注浆管在盾构下穿建筑物时堵塞，导致浆液不能注入，从而造成盾构机停机。

c. 对盾尾密封系统进行检测，确保下穿建筑物时不发生漏浆现象，从而保证注浆量。

d. 提前准备二次注浆设备（含配套设施）并进行检查，确保设备运转正常。

e. 检修前制定详细的设备检修工作质量计划，并落实到个人，确保盾构穿越建筑物前所有设备均处在最佳的工作状态。

③ 物资准备

盾构施工主要物资为钢筋混凝土衬砌管片、防水材料、商品砂浆，施工人员及材料员应在盾构穿越建筑物前进行检查，确保穿越建筑物过程中材料储存充足与供应及时，避免应急材料不到位而导致施工风险。为确保材料储存及时，材料准备应注意以下几点：

a. 提前与管片、商品砂浆供应单位联系、沟通，根据盾构穿越建筑物期间的线路，合理确定相应管片的数量，盾构通过建筑物前储存充足管片及其他材料，并运送至施工现场存放。

b. 盾构进入穿越影响范围前对各种原材料库存数量进行统计（包含轨道、轨枕、夹板、水管等），保证数量充足，并在盾构穿越铁路期间对各原材料库存量进行严密监控，每天统计仓库内物资存量，数量低于 5d 施工需要时立即补充，并严格控制原材料质量，坚决杜绝不合格材料进场。

c. 各种型号管片的防水材料应保证足够的库存数量。

d. 施工期间考虑天气条件对材料供应的影响，应关注未来两天的天气情况，对受天气影响的原材料要提前进行储备。

（4）施工过程控制

① 严格控制盾构土压力

a. 土仓中心土压力值根据埋深及土层情况设定，压力波动控制在 ±0.02MPa，在施工过程中根据地表监测结果，结合钱仇盾构区间左线穿越世纪汽车城 2 号厂房掘进施工时总结的最佳参数来确定盾构穿越建筑的土压值。

b. 安装在土仓内的土压传感器可以适时将刀盘前部的土压值显示在控制室屏幕上，值班工程师应根据地面监测信息的反馈及时更改、设定土压力。

c. 施工中土压力与出土量紧密联系，相关技术人员及时总结最合理的土压力及出土量，减小对土体的扰动，使土体位移量最小。

② 掘进速度控制

盾构推进通过对土压传感器的数据来控制千斤顶的推进速度，推进速度控制在 20~40mm/min，并保持推进速度、刀盘转速、出土速度和注浆速度相匹配；在推进过程中保持稳定，每日推进 8 环左右。

③ 出土量的控制

出土量与土压力值一样，也是影响地面沉降的重要因素。盾构机的开挖断面为 31.55m^2，每环的理论出土量为 $31.55 \times 1.2 = 37.86m^3$，在盾构机穿越建（构）筑物时，已出土量控制在理论出值的 98%，即 $37.86 \times 98\% = 37.1m^3$，保证盾构切口上方土体能有微量的隆起（不超过 1mm），以便抵消一部分土体的后期沉降量，从而使沉降量控制在最小范围内。

④ 同步注浆控制

盾构施工引起的地层损失和盾构隧道周围受扰动或受剪切破坏的重塑土的再固结以及地下水的渗透，是导致地表、建筑物沉降的重要原因。为了减少和防止沉降，在盾构掘进过程中，要尽快在脱出盾尾的衬砌管片背后同步注入足量的浆液材料充填盾尾环形建筑空隙。

根据本区间的地质及线路情况，注浆量一般为理论注浆量的 2.0~2.5 倍，并应通过地面变形观测来调节。

注浆量按下式进行计算：

$$Q = V \cdot \lambda$$

式中 Q——注入量，m^3；

λ——注浆率（取 2.0~2.5）；

V——盾尾建筑空隙，m^3；$V = \pi(D^2 - d^2)L/4$

其中 D——盾构切削土体直径（即刀盘直径 6.34m）；

L——土体长度；

d——管片外径（6.2m）。

$$V = \pi[(6.34^2 - 6.20^2) \times 1.2] \div 4 = 1.65m^3$$

则 $Q = 3.3~4.1m^3/$环（充填系数一般取 2.0~2.50）

本工程同步注浆液采用商品砂浆，具有高重度、高剪切强度的厚浆，水泥砂浆基准配合比见表 9-9。该浆液通过试验确定浆液配合比，泌水率≤5%，坍落度为 12~14cm，浆液比重≥1.9。

表9-9 同步注浆浆液配合比

材料名称	石灰粉	砂	粉煤灰	水	膨润土	外加剂
规格		细砂	Ⅱ级	自来水	钠基	
配合比	40	1130	300	322	100	8.0

⑤ 管片拼装

a. 管片拼装过程中，安排熟练的拼装工进行拼装，减少拼装的时间，缩短盾构停顿的时间；

b. 拼装过程中发现前方土压力下降，可以采用螺旋机反转的手段，将螺旋机内的土体反填到盾构机的前方，起到维持土压力的作用。

c. 拼装结束后，尽可能快地恢复推进。

⑥ 盾构纠偏控制

盾构主司机在掘进过程中，严密关注盾构掘进姿态变化，通过对数据的判断，遵循勤纠慢纠的纠偏原则，及时进行过程中的姿态纠正，避免大幅度的纠偏发生。对于盾构机蛇形运动的修正，应以长距离慢慢修正为原则，一次纠偏量不宜超过5mm。

⑦ 二次注浆

根据地质情况及上方建筑物情况确定二次注浆，必要时二次注浆可采用水泥-水玻璃双液浆，注浆量按同步注浆量的50%控制。

双液浆的初步配比见表9-10，浆液性能指标见表9-11。

表9-10 双液浆浆液配比

浆液名称	水玻璃	水灰比	水泥浆：水玻璃	备注
双液浆	35°Bé	0.8:1.0	1:1	

表9-11 浆液性能指标

注浆方式	稠度（cm）	比重（g/cm³）	结石率（%）	凝胶时间（h）	1d 抗压（MPa）	28d 抗压（MPa）
二次注浆	12.5~13.0	1.43~1.55	>97	<4	>0.3	>4.5

⑧ 施工过程中加强监控量测工作。如发现沉降或收敛过大或异常，应立即停止掘进并及时注浆和补注浆，并根据监测结果调整施工参数。

（5）穿越后的施工措施

由于同步注浆施工时，浆液有可能会沿土层裂隙渗透而依旧存在一定间隙，且浆液的收缩变形也引起地面变形及土体侧向位移，受扰动土体重新固结产生地面沉降。

a. 盾构机穿越建筑物需要立即进行下穿期间资料汇总统计，并对开挖量、注浆量、空隙量进行计算，如发现欠浆现象则立即停止盾构机掘进进行二次壁后补浆；

b. 拍摄建筑物损坏区的照片；

c. 在沿裂缝位置标出裂缝开展日期、将裂缝进行编号、记录裂缝的大小及其发展；

d. 所有柱或墙上的水准点应与不受施工影响较远的基准点相联系，并及时绘出沉降和时间曲线。

（6）施工测量与监测

① 监测目的

盾构机掘进穿越建（构）筑物施工可能产生建（构）筑物、地下管线的变形及地面的坍塌，为确保周边环境安全，在掘进施工之前，应按照设计图纸要求在建筑、管线(地面)设置沉降、倾斜监测点,通过监测建(构)筑物及地面沉降情况,及时反馈信息,指导下一步盾构施工。

② 监测点布设

地面监测点布置均需要进行开孔处理,即在地面用水钻开取直径110mm的孔,将地面硬壳破除,再将钢筋植入原土层中,其顶部低于地面5cm,以防止过往车辆的碾压,并对监测点进行保护。详见图9-8、图9-9。

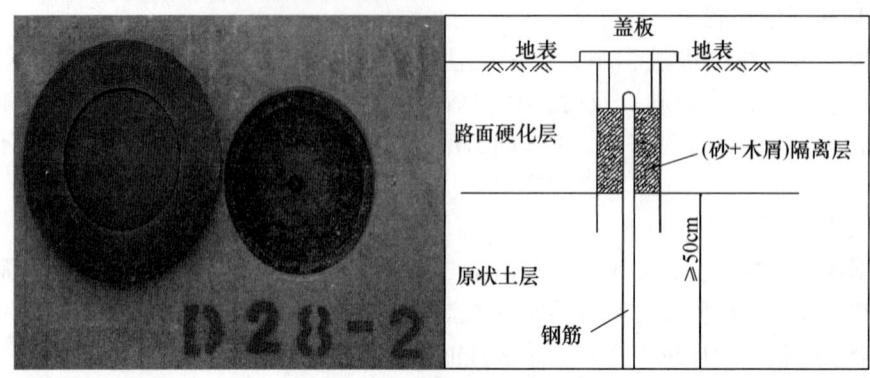

图9-8 地表及管线点埋设

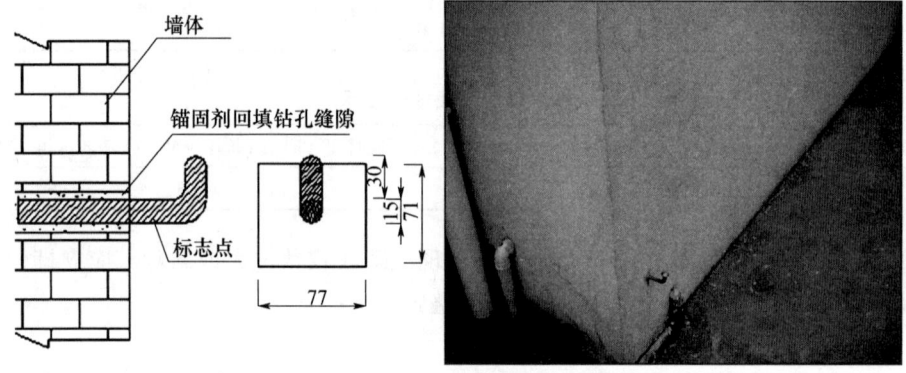

图9-9 建筑物变形测点埋设

③ 监测频率

盾构隧道监测项目的监测频率应综合考虑盾构埋深、周边环境、地质影响、不同施工阶段的变化而定。盾构工程地表环境监测频率和盾构隧道内监测频率详见表9-12、表9-13。

表9-12 盾构工程地表环境监测频率

内容监控等级	测试范围	现场测试频率
一级监控	盾构切口前方20环,盾尾后方100环范围内测点沉降	每天至少2次
二、三级监控	盾构切口前方20环,盾尾后方80环范围内测点沉降	变形速率大于5mm/d时,每天至少2次;变形速率1~5mm/d时,每天至少1次

表 9-13　盾构隧道内监测频率

施工状况	测试范围	现场测试频率
施工期间	车架后 20 环	1 次/d
	车架后 20~50 环	1 次/2d
	车架后 50 环以外	1 次/7d
后期稳定性监测	整条隧道	1 次/月

注：如遇监测值突变或异常，依据实际情况加密监测频率，直至满足施工要求。

④ 监测数据的处理与信息反馈

监测数据采集完成后，要及时进行整理并上传至监测监控系统，绘制位移随时间或空间的变化曲线图，发现预警情况应及时书面通知相关单位部门，同时按照轨道公司相关管理规定召开监测数据预警分析会议，并形成会议纪要；根据监测数据分析结果，确认、评价施工方法的合理性，指导下一步施工；具体反馈流程如图 9-10 所示。

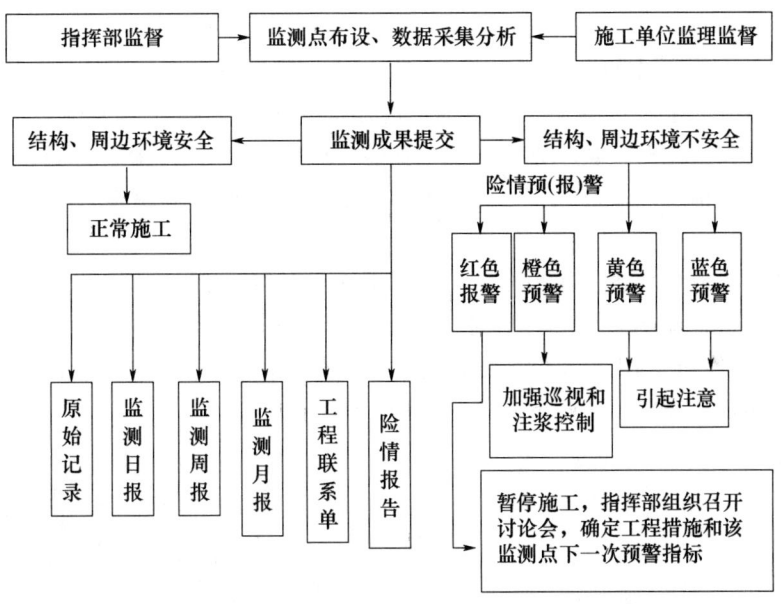

图 9-10　监测信息反馈流程

实际施工中，未出现偏离施工方案的情况。

9.2.8　盾构吊（组）装

质量控制要点：

（1）对吊装场地进行硬化处理，地坪混凝土强度等级不低于 C25。
（2）对吊装场地进行承载力验算。
（3）编制专项盾构吊装施工方案并经专家评审后实施。
（4）实施前组织分包单位负责人、安全管理负责人等参加的安全技术交底。现场吊装如图 9-11 所示，现场组装如图 9-12 所示。

图 9-11　现场吊装　　　　　　　图 9-12　现场组装

质量控制要点：

（1）轨道（包括中轨、边轨）铺设完毕、电瓶车准备到位。

（2）拖车下井：起吊顺序由后至前，起吊时可通过加减卸扣来调整钢丝绳长度；下井前若需要安装轮对，则应先在起吊后安装好再往井内吊运，在吊运过程中用绳索拉住拖车架以防止拖车摆动过大，考虑拖车架有变形，在轮对着落至边轨时可微调边轨轨距。

（3）螺旋输送机下井：在吊车大钩与小钩的配合下，倾斜着将前端头伸入主机内部，用手拉倒链将前端头吊在盾尾内壁预先焊接好的吊耳上，这样可以撤除前端头的吊钩，慢慢送进，直到用手拉倒链更换另一个吊机。前端头圆筒处的法兰与前体对接，并安装连接螺栓，螺旋输送机下井如图 9-13、图 9-14 所示。

图 9-13　螺旋输送机下井（一）　　　　　　图 9-14　螺旋输送机下井（二）

质量控制要点：

（1）施工准备：按照始发台拼装图进行始发台的拼装，按要求由测量组进行始发台的定位，标高位置按预埋钢环位置确定，确保盾构能顺利通过预埋钢环，并在始发台导轨上涂抹锂基黄油脂，以利于盾构的推进。始发台前端至洞门处安装始发延长导轨。

始发台后侧采用加工好的牛腿固定牢固为盾构前移提供足够的反作用力；两侧同样用加工好的牛腿固定牢固，防止始发台的偏移。

（2）前盾（图9-15）：前体的翻转及下井同中体。送到始发台上后进行与中体的对位，并在中前体连接面上涂抹玻璃胶以起到良好的密封作用，安装与中体的连接螺栓。若在连接过程中中前体出现微小的周向距离偏差，则在中体位置上焊接一支撑钢板，利用手动液压千斤顶来进行调整。

（3）中盾（图9-16）：中体在两台吊车的配合下由平放翻转至立放。然后撤除吊机的吊具，由主吊缓慢吊运到始发台上。中体在下井前将两根软绳系在其两侧，向下吊运时，由人工缓慢拖着，防止中体扭动。中体停放在始发台后，由测量组进行旋转角度的测量及调整。

图9-15　前盾

图9-16　中盾

质量控制要点：

（1）施工准备（图9-17、图9-18）：按照始发台拼装图进行始发台的拼装，按要求由测量组进行始发台的定位，标高位置按预埋钢环位置确定，确保盾构能顺利通过预埋钢环，并在始发台导轨上涂抹锂基黄油脂，以利于盾构的推进。始发台前端至洞门处安装始发延长导轨。

始发台后侧采用加工好的牛腿固定牢固为盾构前移提供足够的反作用力；两侧同样用加工好的牛腿固定牢固，防止始发台的偏移。

（2）刀盘（图9-19）：刀盘的翻转及下井同中体。送到始发台上后安装密封圈及连接螺栓。

（3）盾尾：用吊车将盾尾下井，并与中体对接。注意：唇形密封的安装与保护（安装前应将密封槽用煤油清洗干净，安装后涂抹锂基黄油脂）。

  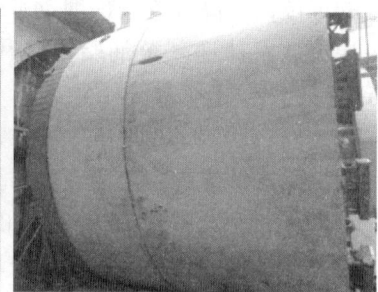

图 9-17　始发台前段　　　　图 9-18　始发台　　　　图 9-19　刀盘

质量控制要点：

（1）后配套连接：主机后移并将后配套前移，连接桥前端搭在安装机梁的端梁上，之后割除连接桥的支撑，后配套管线连接工作同时进行，接头处连接前必须注意清洁以及管线防护到位，必要时检查管路通畅情况，螺纹连接前必须清洁、润滑到位、紧固到规定扭矩。

（2）主机与后配套连接：利用吊车及倒链，将安装机、设备梁由盾尾方向向中体方向移动，并对接安装。下井前先把连接桥前端小车支架吊运到位并制动，连接桥前端用小车支撑并焊接固定、后端与 1 号拖车通过销子连接。然后完成皮带架及皮带安装。主机组装作业质量检查标准见表 9-14，后配套组装作业质量检查标准见表 9-15。

表 9-14　主机组装作业质量检查标准

受检单位：

序号	检查项目	判定依据	检查标准	是否符合标准		检查频次	备注
				是（√）	否（原因）		
1	施工准备	技术交底	起吊设备安全检查及运输通道维护应符合要求　始发台安装尺寸精度符合线路设定要求			每工序检查一次	
2	中体下井	技术交底	安放稳定，角度无偏转				
3	前体下井	技术交底	同中体				
4	刀盘下井	技术交底	密封槽清洗干净、密封黏合牢靠				
5	主机前移	技术交底	左右两端同时加推力，防止主机偏转				
6	盾尾下井	技术交底	唇形密封防护、润滑到位				
7	螺旋输送机安装	技术交底	前端头圆筒处的法兰与前体对接准确				

检查人签字：　　　　　　　　　　　　　　　　　　　　　　　　　　　受检方签字：

表 9-15 后配套组装作业质量检查标准

受检单位：

序号	检查项目	判定依据	检查标准	是否符合标准		检查频次	备注
				是（√）	否（原因）		
1	施工准备	技术交底	起吊设备安全检查及运输通道维护应符合要求			每道工序检查一次	
2	拖车起吊	技术交底	钢丝绳受力均匀				
3	轮对安装	技术交底	若需安装，则在拖车未下井之前在场地上进行安装				
4	拖车下井	技术交底	下井过程中无大幅度摆动				
5	皮带支架下井	技术交底	安放位置居中				
6	风管下井	技术交底	下井后固定可靠				
7	拖车后移	技术交底	后移前轨道两边障碍物清除完毕，拖车上设备安装完毕并验收合格				
8	连接桥下井	技术交底	与支撑小车定位稳固、焊接无裂纹				
9	后配套与主机连接	技术交底	连接桥与管片安装机梁之间销子连接无偏转错位				

检查人签字： 受检方签字：

9.2.9 盾构隧道

1. 端头加固（图 9-20）

（1）端头加固施工准备

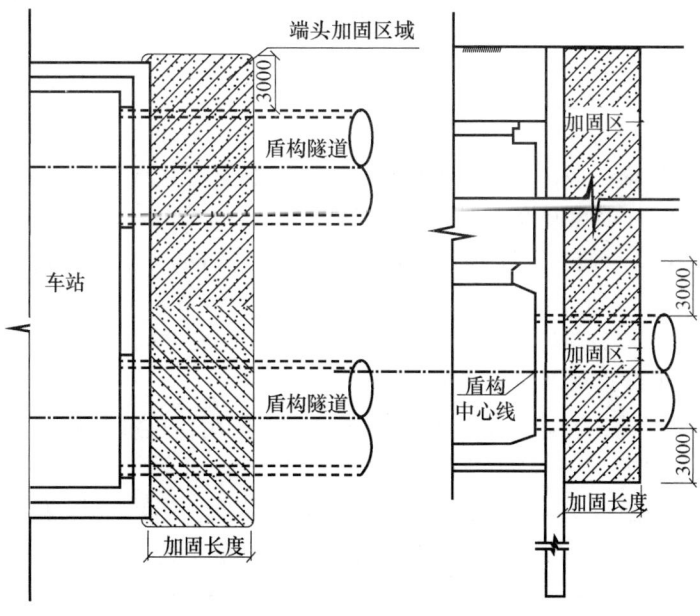

图 9-20 盾构端头加固示意图

质量控制要点:

① 调查清楚加固地范围地下各种障碍物的情况,管线进行必要的拆除和迁改,附近的建筑物和管线做好保护措施;

② 完成施工方案的编制审批,并进行交底;

③ 原材水泥的质量应符合设计及规范要求,进场必须见证并抽样做安定性、强度等试验,检验合格后方可进场使用。不合格或过期、受潮、硬化、变质的水泥拒绝进场使用;

④ 合理布置施工机械、输送管路、施工用水和电力线路位置,确保施工场地的"三通一平";

⑤ 根据基准点及施工要求给定轴线水准点和桩位布置点;

⑥ 排污和灰浆拌制系统的设计,符合无公害排放要求。

(2) 加固方式

① 高压旋喷桩(图 9-21)

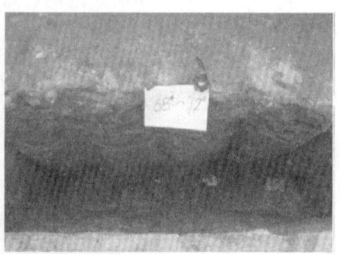

图 9-21　高压旋喷桩

质量控制要点:

a. 旋喷桩施工前,应进行工艺性能试桩,以确定各项施工参数:水灰比、提升速度、旋转速度、钻杆喷嘴速度、泵压、每米水泥用量;

b. 钻机必须按设计桩位准确定位,允许偏差为 100mm,尤其注意钻杆的垂直度控制在 1% 内;

c. 由于在桩身不同深处采用了不同的泵压、上升和下钻速度,操作人员应熟悉操作工艺,严格按深度采用不同的参数进行控制;

d. 浆液充分搅拌,搅拌时间少于 15min 的不得使用,超过初凝时间的浆液也不得使用;

e. 浆液经过两道过滤网的过滤,以防喷嘴发生堵塞;储浆桶内的浆液不间断搅拌;

f. 根据基准点及施工要求给定轴线水准点和桩位布置点;

g. 排污和灰浆拌制系统的设计,符合无公害排放要求;

h. 施工、地质条件较差时可采用近几年成熟的 MJS 旋喷工艺施工。

② 三轴搅拌桩（图 9-22）

图 9-22　三轴搅拌机械施工

质量控制要点：

a. 工艺性试桩，确定技术参数，如钻进深度、输浆量、水灰比、掺入量、搅拌轴转速和提升速度；

b. 施工地面要求比桩顶高 500mm，按图放样并编号；

c. 施工中搅拌机底盘水平和导向架保持竖直，井架正侧面挂垂球，防止桩机倾斜，垂直偏差不得超过 1%，桩位的偏差不得大于 50mm；

d. 水灰比按质量 0.45～0.55，水泥宜采用 42.5R 硅酸盐水泥，按设计或工艺试验确定拌制，保证满足设计要求；

e. 制备浆液应不停搅拌，若离析或停置时间过长，浆液加筛过滤；

f. 用流量泵控制输浆进度，浆口压力 0.4～0.6MPa，搅拌提升速度与输浆速度同步，及时检查钻头直径，磨损≤10mm；

g. 采用沿轴线纵向走机，桩间搭接时间不应超过 24h，如因故超时与第二根无法搭接，在设计认可后，采取中间补桩及注浆措施。

③ 冷冻法（图 9-23～图 9-25）

 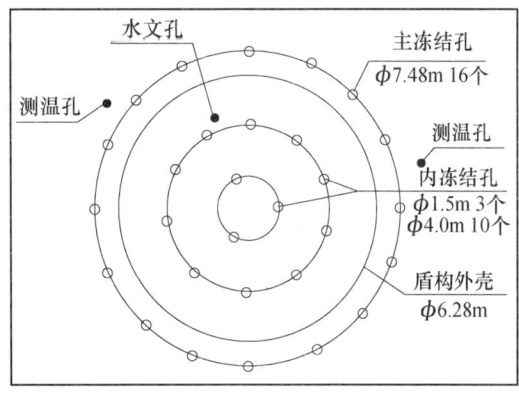

图 9-23　冷冻加固布孔图　　　　图 9-24　冷冻加固布孔图

质量控制要点：

a. 仪器精确定位孔间距误差±20mm，准确丈量钻杆尺寸，控制钻进深度，偏斜过大进行纠偏，偏差超出规定，进行补孔；

b. 冻结管安装完成进行水压试漏，初压力0.8MPa，经30min观察，降压≤0.05MPa为合格，冷冻站安装完成后按规范要求进行试漏和抽真空，确保质量符合设计要求；

c. 按1.5倍制冷系数选配制冷设备，安装备用制冷机组，确保冷冻机运转正常，并配备备用电源；

图9-25 冻结施工

d. 冻结运转过程定时检测盐水温度、盐水流量和冻土帷幕扩展情况，运转正常后进入积极冻结；

e. 积极冻结过程根据实测温度判断冻土帷幕是否交圈和达到设计厚度，测温判断冻土帷幕交圈并达到设计厚度后再进行探孔。

(3) 加固效果的检查（表9-16，图9-26~图9-30）

表9-16 加固效果检查表

序号	加固方式	检测方式	检测数量	检测说明
1	旋喷	强度检测 防水检测	不小于桩总数量的1%且不应少于3根 水平孔均布端墙面9个	待所加固土体等强之后对其钻孔取芯，通过试验手段进行桩身完整性检测、桩身强度检测，确定28d无侧限抗压强度是否可以达到设计强度（1.0MPa）。采取随机钻孔取芯，取芯位置应处于旋喷桩咬合部位，取芯检测后必须对钻孔进行回填 从端头加固洞门处水平钻检查孔，钻孔深入加固体一定距离（2.0~3.0m），水平探孔应无漏浑浊水或漏砂现象为合格
2	注浆	防水检测 电阻法检测	水平孔均布端墙面9个	无论土体、浆液还是两者混合体基本上都符合欧姆定律。在体积相同条件下，土体的电阻最大，两者混合体的电阻次之，浆液的电阻最小 从端头加固洞门处水平钻检查孔，钻孔深入加固体一定距离（2.0~3.0m），水平探孔应无漏浑浊水或漏砂现象为合格
3	搅拌桩	强度检测 防水检测	不小于桩总数量的1%且不应少于3根 水平孔均布端墙面9个	待所加固土体等强之后对其钻孔取芯，通过试验手段进行桩身完整性检测、桩身强度检测，确定28d无侧限抗压强度是否可以达到设计强度（1.0MPa）。采取随机钻孔取芯，取芯位置应处于旋喷桩咬合部位，取芯检测后必须对钻孔进行回填。 从端头加固洞门处水平钻检查孔，钻孔深入加固体一定距离（2.0~3.0m），水平探孔应无漏浑浊水或漏砂现象为合格
4	冷冻法	测温孔 水文孔	2~4个	确认冻土墙平均温度和帷幕达到设计值，并且冻土墙与地连墙界面温度不高于-5℃；水文孔无水渗漏

9 双圆盾构质量控制

图 9-26 加固体取芯试样

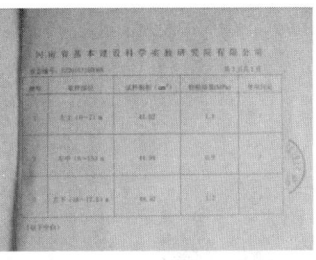

图 9-27 加固体无侧限抗压强度报告

图 9-28 加固体渗透系数检验报告

图 9-29 水平检查孔布置

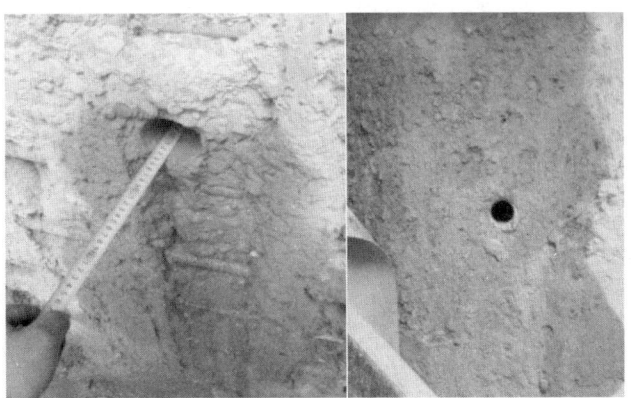

图 9-30 水平探孔检查加固效果

2. 始发及到达准备

（1）施工降水（图 9-31～图 9-33）

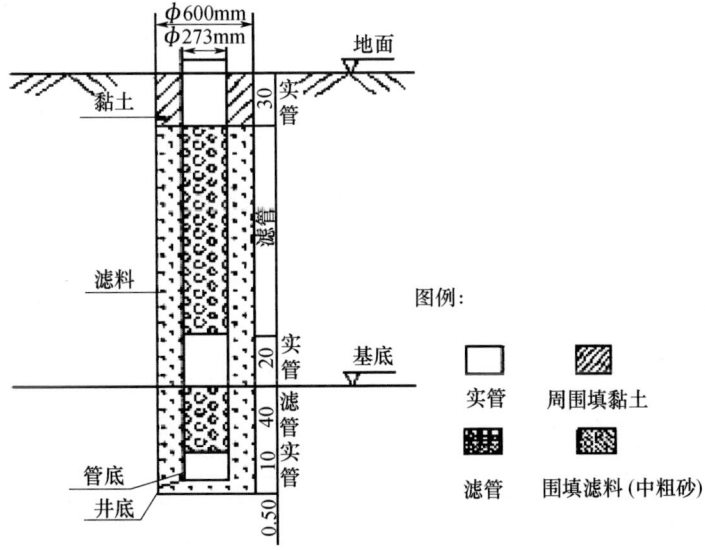

图 9-31 施工降水示意

图 9-32　检查降水能力　　　　　图 9-33　计量水流量

质量控制要点：
① 在盾构隧道周边布设不少于 4 口降水井；
② 降水井孔深比隧道底部深 3m，降水水位保持在隧道底部以下 1m；
③ 利用多孔抽水试验计算渗透系数以及影响半径；降水泵放置井底上 0.5m 处。
（2）始发及接收（图 9-34、图 9-35）

图 9-34　钢结构基座

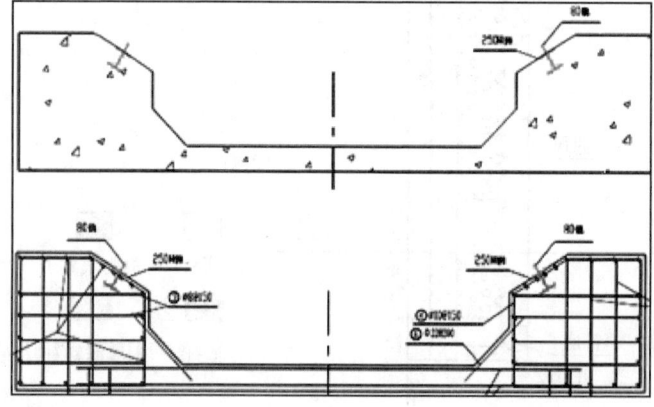

图 9-35　混凝土基座

(3) 始发反力架（图 9-36～图 9-39）

图 9-36　始发反力架支撑设计

图 9-37　始发反力架按设计尺寸组装测试

图 9-38　环位置确定

图 9-39　始发反力架工字钢支撑加固

（4）止水帘布橡胶板安装（图9-40、图9-41）

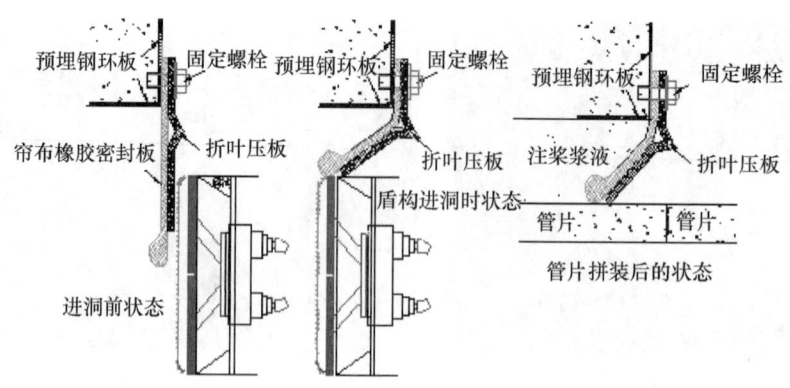

图9-40 始发止水帘布橡胶板止水功能示意图

质量控制要点：

① 安装帘布橡胶板时应分清始发帘布密封橡胶方向，鼓起末端朝向洞内，安装顺序由上向下进行，预埋螺栓与帘布橡胶板上孔位一一对应，注意吊装时对帘布橡胶板的保护。

② 安装环形压板的顺序为先上后下，两边对称进行。扇形压板安装前检查每块板能否正常折动，折板长度能否满足箍紧盾壳、管片的要求。全部安装好后，应对螺栓进行二次紧固。

图9-41 帘布橡胶板安装

③ 避免刀盘的刀头损坏始发止水装置，在刀头和洞口止水装置上涂抹黄油减少摩擦力。

（5）洞门凿除（图9-42~图9-44）

图9-42 常规地下连续墙（围护结构）　　图9-43 玻璃纤维筋地连墙

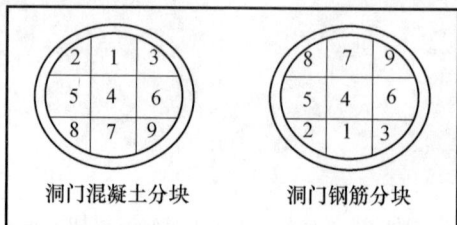

图9-44 洞门凿除及钢筋割除分块

质量控制：洞门混凝土自上而下，从中间到两边共分为9个区域，洞门钢筋自下而上，从中间到两边分为9个区域。

顺序：破除50mm厚地连墙混凝土保护层→割除地连墙背土侧钢筋→凿除地连墙混凝土→割除地连墙迎土侧钢筋→清理废碴→盾构接收。

施工时采用风镐从上往下、从中间往两边凿除地下连续墙混凝土保护层，再按照从下往上的顺序割除地连墙背土侧钢筋，继续从上往下、从中间往两边凿除混凝土至暴露出地连墙迎土侧钢筋，待盾构机调试完成，再迅速依序逐块割断地连墙迎土侧钢筋，不允许留有钢筋头，不允许洞圈范围内留有混凝土块，清理完毕后，地连墙迎土侧混凝土保护层保留不凿除。

若围护结构为钻孔灌注桩，为确保洞门凿除期间安全，建议设计增设型钢围护，如拉森钢板桩、H型钢等。

（6）管片拉紧装置（图9-45）

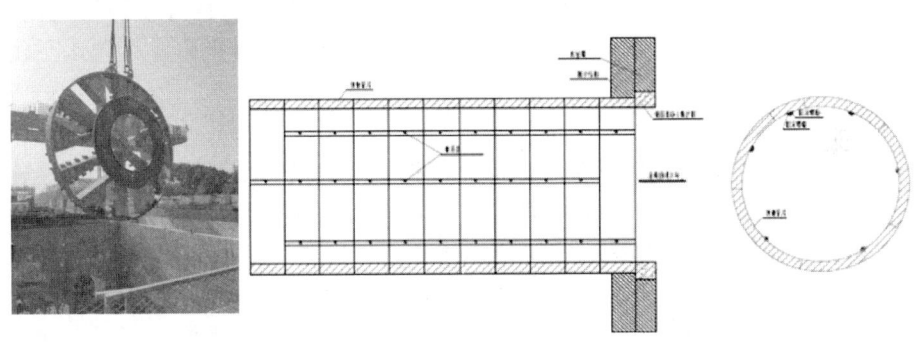

图9-45　最后15环管片安装4道横向［14b槽钢连接拉杆设计

3. 盾构始发

（1）负环拼装（图9-46～图9-49）

图9-46　拼装点位校核　　　图9-47　负环拼装　　　图9-48　负环外支撑

图9-49　首环负环管片顶部固定

（2）盾构始发（图9-50、图9-51）

图9-50　盾构整体始发　　　　　图9-51　盾构分体半环始发

质量控制要点：

① 盾构始发掘进时，注意观察反力系统支撑点的车站、盾构井主体结构的变化；土压平衡盾构在始发掘进段需通过管路注入膨润土或泡沫剂改良碴土；泥水平衡盾构通过泥浆循环注入循环泥浆。

② 各掘进参数控制：

a. 土仓压力：盾构刀盘接触掌子面后，根据掘进速度，估算开挖量，逐步建立土仓压力至掘进设定值。泥水压力：根据计算值设置泥水压力，当洞门临时密封封水不理想时，可在刀盘推出加固区前适当降低泥水压力。b. 推力：考虑反力架所能承受的推力，由0开始逐步增加，建议不超过设计值的80%。c. 扭矩：始发段掘进应保持较小的扭矩，扭矩波动值不超过1500kPa。d. 刀盘转速：盾构刀盘距掌子面20cm时，开始转动，转速由0开始逐步增加，建议不超过1r/min。e. 盾构姿态：始发段掘进严禁调整掘进方向，避免盾构姿态调整造成洞门密封失效。

③ 分体始发可根据盾构掘进距离，下放后配套拖车，改移管线，以满足盾构快速掘进的需要。

（3）反力架拆除（图9-52、图9-53）

图9-52　拆除反力架背后支撑　　　　　图9-53　反力架拆除吊装

质量控制要点：

先拆除反力架支撑，再将反力架分解拆除后或整体吊运至地面进行拆除。应注意拆除临时安装在车站、盾构井主体结构上的钢板、膨胀螺栓，并对主体结构进行外观修补。

(4) 负环拆除（图9-54、图9-55）

图9-54 拆除第一块负环管片

图9-55 负环管片拆除施工

质量控制要点：

① 负环管片拆除顺序应遵循先上后下的原则；

② 负环管片拆除的顺序由反力架向洞门方向进行，环向拆除顺序为先上部三块同时拆除，再左右对称逐块拆除；

③ 采用标准环作为负环时，在拼装时，负环可采用全部拼装为12点位，以方便后期拆除；

④ 起吊钢丝绳，使钢丝绳处于拉直但管片不受拉力状态，起吊管片时，为避免管片摆动，应事先拉好风缆绳，减少摆动。

4. 掘进控制

(1) 出渣量控制（图9-56～图9-58）

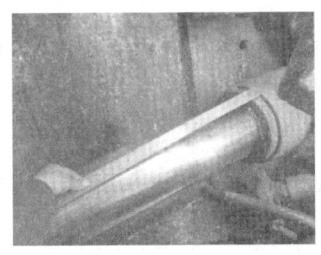
图9-56 量取油缸伸长量计算土方量

图9-57 数显掘进里程计算方量

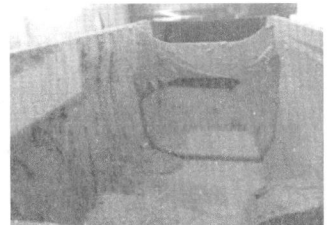
图9-58 土箱标定方量

质量控制要点：

① 根据隧道直径、地质情况适当选取地层松散系数计算每米或每环出碴量；

② 根据区间隧道工程地质勘察报告统计出该区间穿越的地质类型和地质变化对应的里程，策划各地层中出碴量；

③ 遵守出渣量与盾构进尺相匹配的原则，严格进行记录、监督，随时分析碴土性

状、温度、碴土中各种岩土的比例及渣土含水量，不断总结掘进进尺与出碴量的关系，及时调整出渣量。

（2）同步注浆量控制（图9-59、图9-60）

图9-59 量测砂浆存储数量

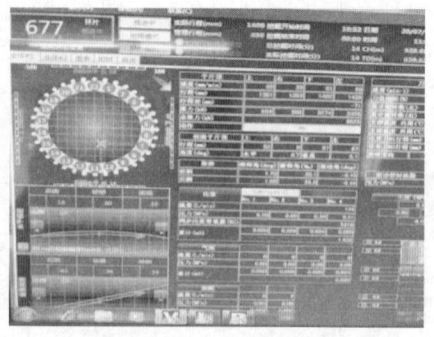

图9-60 自动控制注浆量和注浆压力

质量控制要点：

① 根据地质和掘进速度，通过现场试验配比来调整胶凝时间，由盾构开挖尺寸结合一定的扩算系数计算理论注浆量；

② 浆液配合比严格按通知单配制，原材料计量误差要控制在要求范围内，投料顺序按水、水泥、砂依次进行，搅拌时间控制在2min左右；

③ 注浆由人工根据掘进情况调整注浆流量，防止注浆速度过快，影响注浆效果，掘进稳定的情况下可由控制程序自动调整注浆速度，当注浆压力达到设定值时，自行停止注浆；

④ 分析冲击数与压力值，判断是否堵管或堵管的位置。同步注浆作业质量检查标准见表9-17。

表9-17 同步注浆作业质量检查标准

受检单位：

序号	项目	依据	检查标准	是否符合标准		检查频次	备注
				是（√）	否（原因）		
1	施工准备	《盾构法隧道施工及验收规范》（GB 50446—2017）技术交底	同步注浆材料应满足流动性、可填充性的要求；同步注浆浆液初步配比可根据施工要求、施工进度、浆液胶凝时间等进行配制。注浆材料应检测合格，满足设计规范要求			按原材送检要求进行	
2	砂浆生产	《盾构法隧道施工及验收规范》（GB 50446—2017）技术交底	浆液配合比严格按试拌配合比报告配制；材料计量误差要控制在规范要求范围内；投料顺序按水、水泥、砂依次进行；搅拌时间控制在2min左右；选择适合工程进度的搅拌、配料系统及材料储存罐			每调整配合比检查一次	

续表

序号	项目	依据	检查标准	是否符合标准 是(√)	是否符合标准 否(原因)	检查频次	备注
3	砂浆运输	《盾构法隧道施工及验收规范》(GB 50446—2017)技术交底	浆液下放到编组列车中的砂浆运罐与其他列车同时进入掘进工作面,随后通过拖车上的砂浆泵将运输罐中的浆液注入拖车上的贮浆罐;若发生沉淀、离析现象,应进行二次搅拌;砂浆在运输与贮存过程中随时搅拌,不得随意加水			全过程检查	
4	同步注浆	《盾构法隧道施工及验收规范》(GB 50446—2017)技术交底	同步注浆同时对盾尾预置的4个注浆孔进行压注,在每个注浆孔出口设置分压器,以便对各注浆孔的注浆压力和注浆量进行检测与控制,从而获得对管片背后的对称均匀压注;同步注浆在地层均匀和盾构姿态较好时,4个注浆孔应均衡注入;可根据地层情况及盾构姿态,调整各点注浆压力、注浆速度、注浆量。注浆施工时,要时刻观察压力及流量变化,并根据注浆状况及时调整施工参数			全过程检查	
5	效果检查	技术交底	做好注浆压力和注浆量记录;根据地表监测结果调整注浆参数;对同步注浆效果进行检查			每环检查一次	
6	注浆系统清洗	技术交底	符合交底要求。作业完毕后,注浆管路一定要及时清理干净,原则每班清理一次			每班班前检查一次	

检查人签字:　　　　　　　　　　　　　　　　　　受检方签字:

(3) 管片拼装

① 管片安装选型(图9-61、图9-62)

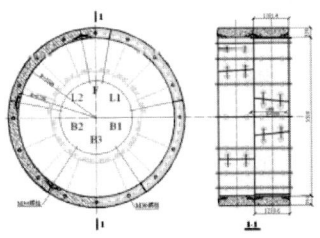

图9-61　管片构造

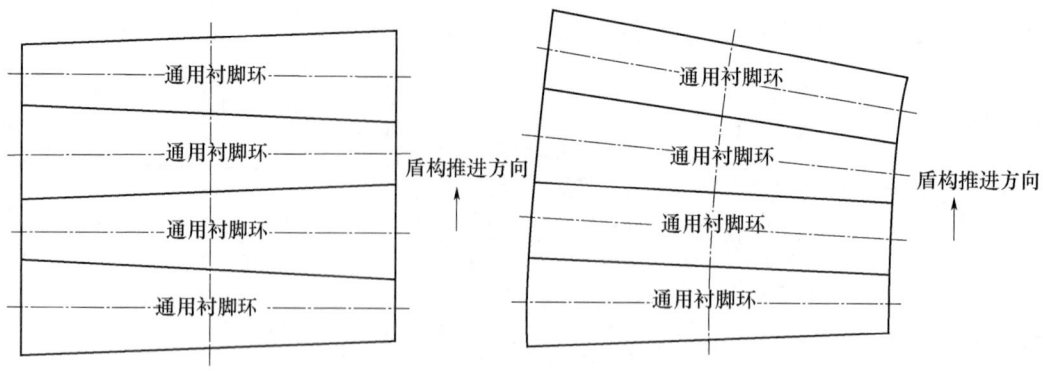

图 9-62　管片选型（转弯环拟合线路）

质量控制要点：

a. 根据线路、盾构机姿态和油缸行程，结合盾尾间隙使安装管片轴线尽量与设计线路和盾构机轴线拟合；

b. 选型要适合隧道设计线路，要适应盾构机的姿态；

c. 选型要综合考虑油缸推力的不均匀、主机的蛇行、已安装管片的沉降等因素造成盾尾间隙和油缸行程的不均衡进行管片纠偏；

d. 选型满足隧道转弯造成的超前量的需要，根据盾尾间隙、油缸行程和线路走向进行管片选型；

e. 需考虑盾构机主动铰接和被动铰接模式的影响。

② 工序实名制（图 9-63、图 9-64）。

图 9-63　实名制标示牌　　　　　　　图 9-64　设计线路

质量控制要点：

a. 健全质量检查检验制度，强化施工过程中质量自控，达到出现问题追溯有源，处理问题追责有据的目的；

b. 坚持落实每环掘进"谁代班、谁推进、谁负责"的制度原则，由掘进班长、管片安装司机、盾构主司机、值班工程师实施的工作都进行实名制登记；

c. 施工区域悬挂实名制标示牌，将工作时间、工作内容等标识在标示牌上，并实行集体签字；

d. 建立实名制的长效机制，根据项目实际情况建立考核制度。
③ 人工复测管片姿态（图9-65、图9-66）

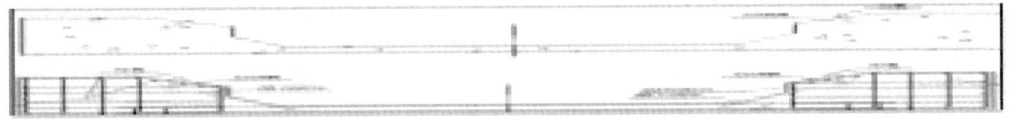

图 9-65　人工复测

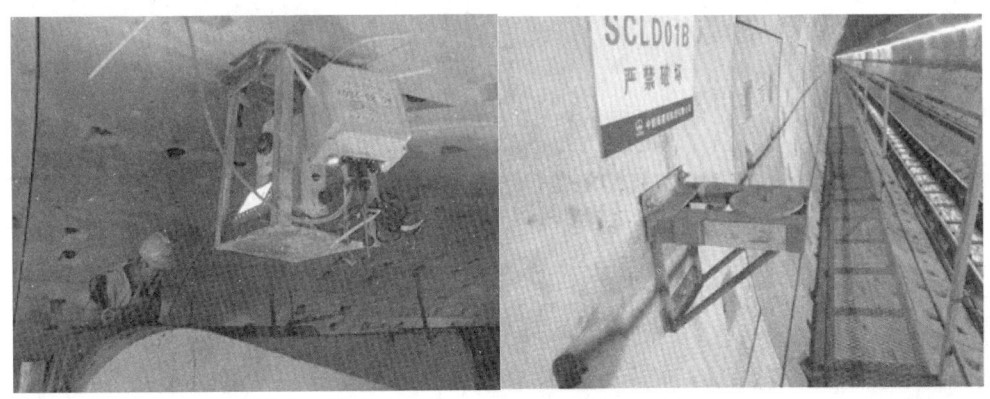

图 9-66　人工复测及管片

质量控制要点：

a. 复测范围包括盾尾到30环管片相对于设计线路轴线的水平、竖直偏差和管片实际里程；

b. 采用平尺测量管片中心坐标时，平尺一定要气泡居中，棱镜要放在平尺的正中间；

c. 复测使用仪器、棱镜和水平尺须由国家指定机构检测鉴定合格后使用；

d. 管片姿态复测控制点定时复测并保证精度，确保测量数据无误；

e. 及时计算管片姿态并与设备自身导向系统显示姿态核对，如有偏差，分析清楚原因并及时更正。

④ 管片安装质量控制（图9-67~图9-69）

图 9-67　管片粘贴质量检查

图 9-68　管片安装前检查

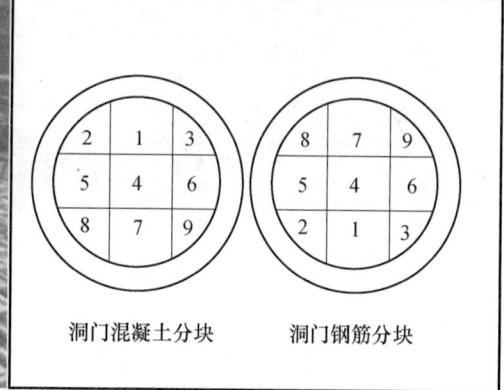

图 9-69　成型管片检查

质量控制要点：

① 管片吊装孔、管片表面、止水条清理、盾构机盾尾内清理，每环管片的第一片与上一环管片的对位必须准确；

② 管片安装前发现问题及时处理，管片型号不正确的必须更换、防水材料损坏进行修复；

③ 安装必须先从底部开始，左右对称安装；

④ 安装时必须用微调装置将内弧面纵面调整到平顺相接以减小错台，避免碰撞破损；

⑤ 分析管盾关系、注浆质量是管片安装质量控制的关键；

⑥ 落实螺栓三次复紧制度（第一次，管片拼装中第一次紧固；第二次，管片拼装结束第二次紧固；第三次，管片出盾尾位置后第三次紧固）。管片进场作业控制要点表见表 9-18 ~ 表 9-20。

表 9-18　管片进场作业控制要点

序号	作业项目	控制要点	备注
1	出厂检查	管片型号正确，养护周期达到标准，管片混凝土不应有露筋、孔洞、疏松、夹碴、有害裂缝、缺棱掉角、飞边等缺陷，麻面面积不得大于管片面积的 5%	

续表

序号	作业项目	控制要点	备注
2	管片装车运输	管片与平板车之间及管片与管片之间要有柔性垫条,垫条摆放的位置应均匀,厚度要一致,垫条上下呈一直线。采用门式起重机或叉车进行管片装车。管片弯弧向上堆放整齐,管片的叠放不能超过四块。管片装车以后,要捆绑保险带,以免管片在运输的过程中移位、倾斜。运输过程应平稳	
3	进场检查	在管片的内弧面角部须喷涂标记,标记内容应包括管片型号、模具编号、生产日期、生产厂家、合格状态,每一片管片应独立编号。进场管片型号正确,龄期满足规范要求,管片不能有缺角、气泡、裂纹,修补密实、光滑、平整,螺栓孔及注浆孔内无杂物	
4	管片存放	由45t(或15t)门式起重机进行管片卸车,用两条吊带按一摞一次起吊,管片到场后的水平运输用门式起重机或叉车完成,管片现场的堆放要求同一环管片的两摞要相邻存放,间距不小于1m。管片存放场设防雨棚,粘贴好的管片用帆布遮盖	

表9-19 管片拼装作业质量检查标准

受检单位:

序号	项目	依据	检查标准	是否符合标准 是(√)	是否符合标准 否(原因)	检查频次	备注
1	施工准备	《盾构法隧道施工及验收规范》(GB 50446—2017)技术交底	满足规范及技术交底要求,对材料按要求分批次送检			每环检查	
2	管片检查及清理	《盾构法隧道施工及验收规范》(GB 50446—2017)技术交底	满足规范及技术交底要求			每环检查	
3	止水条粘贴	《盾构法隧道施工及验收规范》(GB 50446—2017)技术交底	满足规范及技术交底要求,粘贴后的止水条应牢固、平整、严密、位置准确,不得有起鼓、超长或缺口等现象			每环检查	
4	软木衬垫粘贴	《盾构法隧道施工及验收规范》(GB 50446—2017)技术交底	满足规范及技术交底要求,粘贴后的软木衬垫不得出现脱胶、翘边、歪斜等现象			每环检查	

检查人签字: 受检方签字:

表 9-20 管片拼装作业质量检查标准

受检单位：

序号	项目	依据	检查标准	是否符合标准		检查频次	备注
				是（√）	否（原因）		
1	施工准备	《盾构法隧道施工及验收规范》（GB 50446—2017）技术交底	满足技术交底要求，对管片质量及防水材料粘贴质量进行检查，对管片型号进行核对			每环检查	
2	管片吊机卸车及倒运	技术交底	吊装顺序应满足安装顺序的需要				
3	管片安装区清理	技术交底	管片安装前应对管片安装区进行清理，清除污泥、污水等，保证安装区及管片相接面的清洁				
4	管片安装与连接	《盾构法隧道施工及验收规范》（GB 50446—2017）技术交底	满足规范及技术交底要求				
5	管片螺栓二次紧固	《盾构法隧道施工及验收规范》（GB 50446—2017）技术交底	满足规范及技术交底要求				
6	管片检查	《盾构法隧道施工及验收规范》（GB 50446—2017）	成型隧道其允许偏差值应符合规范要求				

检查人签字： 受检方签字：

9.3 盾构施工特殊工艺总结

9.3.1 掘进方向控制与调整

由于地层软硬不均、隧道曲线和坡度变化以及操作等因素的影响，盾构推进不可能完全按照设计的隧道轴线前进，而会产生一定的偏差。当这种偏差超过一定限界时就会使隧道衬砌侵限、盾尾间隙变小使管片局部受力恶化，并造成地层损失增大而使地表沉降加大，因此盾构施工中必须采取有效技术措施控制掘进方向，及时有效纠正掘进偏差。

（1）盾构方向的控制

采用自动导向系统和人工测量辅助进行盾构姿态监测。

该系统配置了导向、自动定位、掘进程序软件和显示器等，能够全天候在盾构机主控室动态显示盾构机当前位置与隧道设计轴线的偏差以及趋势。据此调整、控制盾构机掘进方向，使其始终保持在允许的偏差范围内。

随着盾构推进，导向系统后视基准点需要前移，必须通过人工测量来进行精确定位。为保证推进方向的准确可靠，拟每周进行两次人工测量，以校核自动导向。

（2）掘进控制流程

检查盾构系统的测量数据并复核盾构机的位置、姿态，确保盾构掘进方向的正确。

根据线路条件所做的分段轴线拟合、导向系统反映的盾构姿态信息，结合隧道地层情况，分区操作盾构机的推进油缸来控制掘进方向。

在上坡段掘进时，适当加大盾构机下部油缸的推力；在下坡段掘进时则适当加大上部油缸的推力；在左转弯曲线段掘进时，则适当加大右侧油缸推力；在右转弯曲线掘进时，则适当加大左侧油缸的推力；在直线平坡段掘进时，则应尽量使所有油缸的推力保持一致。

（3）方向控制与调整

① 滚动控制

采用使盾构机刀盘反转的方法，纠正滚动偏差。允许滚动偏差≤3°，当超过3°时，盾构机报警，提示操纵者必须切换刀盘旋转方向，进行反转纠偏。

② 竖直方向控制

控制盾构机方向的主要因素是千斤顶的单侧推力，这个推力与盾构机的姿态变化量之间的关系非常离散，主要靠人的经验来掌握。当盾构机出现下俯时，可加大下侧千斤顶的推力，当盾构机出现上仰时，可加大上侧千斤顶的推力来进行纠偏。

③ 水平方向控制

与竖直方向纠偏的原理一样，左偏时加大左侧千斤顶的推进压力，右偏时则加大右侧千斤顶的推进压力。

④ 盾构调整注意事项

a. 在切换刀盘的转动方向时，应保留适当的时间间隔，切换的速度不宜过快。

b. 根据掌子面地层情况及时调整推进参数，调整推进方向，避免引起更大的偏差。

c. 蛇行的修正以长距离慢慢修正为原则，如修正的过急，蛇行反而更加明显。在直线推进的情况下，选取盾构机当前所在位置点与设计线上远方的一点作一直线，然后以这条线为新的基准进行线形管理。在曲线推进的情况下，使盾构机当前所在位置点与远方点的连线同设计曲线相切。

d. 推进油缸油压的调整不宜过快、过大，否则可能造成管片局部破损甚至开裂。

e. 正确进行管片选型，确保拼装质量与精度，以使管片端面尽可能与已完成的掘进方向垂直。

f. 盾构始发、到达时方向控制极其重要，应按照始发、到达掘进的有关技术要求，做好测量定位工作。

9.3.2 碴土改良

(1) 碴土改良的方法

本区间地层主要为淤泥质黏土、淤泥质粉质黏土、粉质黏土，局部粉土，为了防止掘进过程中产生泥饼、涌水、涌砂，增强碴土和易性，在黏土掘进过程中注入泡沫，在粉土层必要时注入泥浆。

(2) 泡沫剂的使用

泡沫通过盾构机上的泡沫系统注入。泡沫溶液的组成：泡沫添加剂3%和水97%。泡沫组成：90%~95%压缩空气和5%~10%泡沫溶液混合而成。泡沫的注入量按开挖方量计算：一般为300~600L/m³，泡沫加量要根据实际情况进行调整。

(3) 碴土改良的主要技术措施

在黏土地层掘进中，主要是要稳定开挖面，防止刀盘产生泥饼，并降低刀盘扭矩。拟采取分别向刀盘面和土仓内注入泡沫的方法进行碴土改良，必要时可向螺旋输送机内注入泡沫。

富水地段和其他含水地层掘进时，主要是要防止涌水、降低刀盘扭矩，拟向刀盘面、土仓内和螺旋输送机内注入膨润土，并增加对螺旋输送机内注入的膨润土，以利于螺旋输送机形成土塞效应，防止涌水。膨润土添加量根据具体情况确定。如果按通常方式不能有效防止螺旋输送机闸门喷碴、涌水时，保压泵通过管道对接在螺旋输送机闸门上，建立土压平衡状态，避免因地下水压力过大而在螺旋输送机出口发生喷涌。

9.3.3 同步注浆及二次补强注浆施工

(1) 同步注浆

① 同步注浆材料

采用石灰、粉煤灰、膨润土和砂等按一定比例配成的厚浆作为同步注浆材料，该浆液具有结石率高、结石体强度高、耐久性好和良好的防止地下水浸析的特点。

② 同步注浆浆液配比及主要物理力学指标

工程同步注浆拟采用表9-21的初步配比。在施工中，根据地层条件、地下水情况及周边条件等，通过现场试验优化确定。同步注浆浆液的主要物理力学性能应满足下列指标：

胶凝时间：一般为3~10h，根据地层条件和掘进速度，通过现场试验加入促凝剂及变更配比来调整胶凝时间。

固结体强度：1d无侧限抗压强度≥周围土体强度，28d抗压强度≥1.0MPa。

浆液结石率：>95%，即固结收缩率<5%。

浆液稠度：8~12cm。

浆液稳定性：倾析率（静置沉淀后上浮水体积与总体积之比）小于5%。同步注浆材料初步配比见表9-21。

表9-21 同步注浆材料初步配比

编号	砂（kg）	粉煤灰（kg）	膨润土（kg）	石灰（kg）	水（kg）
1	800	400	50	100	340

③ 同步注浆方法

同步注浆与盾构掘进同时进行，通过同步注浆系统及盾尾的内置4根注浆管，在盾构向前推进盾尾空隙形成的同时进行，采用四管路对称同时注浆。

注浆可根据需要采用自动控制或手动控制方式，自动控制方式即预先设定注浆压力，由控制程序自动调整注浆速度，当注浆压力达到设定值时，自行停止注浆。手动控制方式则由人工根据掘进情况随时调整注浆流量，以防注浆速度过快，而影响注浆效果。一般不从预留注浆孔注浆，以降低从管片吊装孔渗漏水的可能。

④ 设备配置

按照业主要求，同步注浆浆液采用商品砂浆。商品砂浆委托当地有资质并有生产能力的商品混凝土厂生产，并上报监理、业主备案。区间不定期进行抽查商品砂浆厂原材料进场及试验情况。注浆设备采用2台施维英泵施工。

（2）二次补强注浆

二次补强注浆一般在管片与岩壁间的空隙充填密实性差，致使地表沉降得不到有效控制或管片衬砌出现较严重渗漏的情况下实施。施工时采用地表沉降监测信息反馈，结合洞内超声波探测管片衬砌背后有无空洞的方法，综合判断是否需要进行二次注浆。

① 注浆材料、浆液配比及性能指数

二次注浆采用双液浆作为注浆材料，能对同步注浆起到进一步补充和加强作用。同时也是对管片周围的地层起到充填和加固作用。

当地下水特别丰富时，需要对地下水封堵。这时需要将浆液的凝胶时间调整至1~4min，必要时二次注浆可采用水泥-水玻璃双液浆。双液浆的初步配比见表9-22，浆液性能指标见表9-23。

表 9-22 双液浆浆液配比

浆液名称	水玻璃	水灰比	A、B液混合体积比
双液浆	35Bé	0.8~1.0	1:1~1:0.3

表 9-23 浆液性能指标

注浆方式	性能指标					
	稠度（cm）	比重（g/cm³）	结石率（%）	凝胶时间（h）	1d抗压（MPa）	28d抗压（MPa）
二次注浆	12.5~13.0	1.43~1.55	>97	<4	>0.3	>4.5

② 注浆设备

补强注浆采用自备的 KBY-50/70 双液注浆泵。

二次补强注浆所使用的注浆管及孔口管自制，其加工应具有与管片吊装孔的配套能力，能够实现快速接卸以及密封不漏浆的功能，并配备泄浆阀。

（3）注浆控制

① 注浆压力

同步注浆时要求在地层中的浆液压力大于该点的静止水压及土压力之和，做到尽量填补同时又不产生劈裂。注浆压力过大，管片周围土层将会被浆液扰动而造成后期地层沉降及隧道本身的沉降,并易造成跑浆;而注浆压力过小,浆液填充速度过慢,填充不充足,会使地表变形增大,通常同步注浆压力一般为 1.1~1.2 倍的静止土压力,本区间即 0.2~0.4MPa,二次注浆压力为 0.3~0.6MPa。

② 注浆量

根据本区间的地质及线路情况,注浆量一般为理论注浆量的 1.3~1.8 倍,一般情况下为 2.1~2.98m³,并应通过地面变形观测来调节实际注浆用量。

二次补强注浆量应根据地质情况及注浆记录情况,分析注浆效果,结合监测情况,由注浆压力控制。

③ 注浆速度及时间

根据盾构机推进速度,同步注浆以每循环达到总注浆量而均匀注入,盾构机推进注浆开始,推进完毕注浆结束。

④ 注浆顺序

同步注浆通过管片预留注浆孔在盾构推进的同时压注,在每个注浆孔出口设置压力传感器,以便对各注浆孔的注浆压力和注浆量进行检测与控制,从而实现对管片背后的对称均匀压注。为防止注浆使管片受力不均产生偏压导致管片错位造成错台及破损,同步注浆时对称均匀的注入十分重要。

补强注浆应先压注可能存在较大空隙的一侧。

⑤ 注浆结束标准

同步注浆采用注浆压力和注浆量双指标控制标准,即当注浆压力达到设定值时,注浆量达到设计值的 85% 以上时,即可认为达到了质量要求。

补强注浆一般情况下则以压力控制,达到设计注浆压力则结束注浆,视注浆效果可再次进行注浆。

⑥ 注浆质量保证措施

a. 在开工前制定详细的注浆作业指导书,做到操作性、规范性和实用性。

b. 注浆前进行详细的浆材配比试验,选定合适的注浆材料及浆液配比,保证所选浆材配比、强度、耐久性等物理力学指标符合业主和设计要求。

c. 制定详细的注浆施工设计和工艺流程及注浆质量控制程序,严格按要求实施注浆、检查、记录、分析,及时做出 P-Q-t(注浆压力-注浆量-时间)曲线,分析注浆效果,反馈指导下次注浆,并及时报告业主和监理及现场工程师。

d. 成立专业注浆作业组,由富有经验的工程师负责注浆技术工作。

e. 根据洞内管片衬砌变形和地面及周围建筑物变形监测结果,及时进行信息反馈,修正注浆参数设计和施工方法,发现情况及时解决。

f. 做好注浆设备维修保养,注浆材料供应,保证注浆作业顺利连续进行。

⑦ 注浆效果检查

a. 注浆效果检查主要采用分析法,即根据 P-Q-t 曲线,结合衬砌、地表及周围建(构)筑物变形量测结果进行综合分析判断。

b. 在可能或需要的情况下,对拱顶部分采用超声波探测法通过频谱分析进行检查,对未满足要求的部位,进行二次补充注浆。

9.3.4 盾构接收

（1）盾构机定位及接收洞门位置复核测量

盾构机推进至盾构到站范围时，对盾构机的位置进行准确的测量，明确成洞隧道中心轴线与隧道设计中心轴线的关系，同时对接收洞门位置进行复核测量，确定盾构机的贯通姿态及掘进纠偏已完成。在考虑盾构机的贯通姿态时须注意两点：一是盾构机贯通时的中心轴线与隧道设计轴线的偏差；二是接收洞门位置的偏差。

综合这些因素在隧道设计中心轴线的基础上进行适当调整。纠偏要逐步完成，坚持一环纠偏不大于 4mm 的原则。

（2）盾构到达洞门处车站围护结构凿除

围护结构凿除方式与始发一样，关键是做好加固体的检测工作，确保在加固体合格下凿除围护结构，凿除时间安排在盾构到达围护地连墙并到达节点验收通过后开始。

（3）洞门防水装置安装

为防止盾构机到达时推出的碴土损坏帘布橡胶板，洞门防水装置在盾构机贯通开挖面、碴土被完全清理干净后安装帘布橡胶板。

当盾构前体盾壳被推始发门时调整翻板使其尽量压紧帘布橡胶板，并将翻板焊接在到达特殊管片的预埋钢板上，以防止洞门泥土及浆液漏出。

（4）接收基座的安装

接收基座的中心轴线与隧道设计轴线一致，同时还需要兼顾盾构机到达姿态。接收基座的轨面标高除适应于线路情况外，为保证盾构刀盘贯通后拼装管片有足够的反力，可考虑已接收基座以盾构到达方向 +5‰ 的坡度进行安装。

（5）接收钢套筒安装（图 9-70）

根据到达洞门安装钢套筒，做好钢套筒过渡环与洞门钢环间的焊接，确保其密闭性，然后在钢套筒内填充回填物，通过钢套筒这个密闭的空间提供平衡掌子面的土压力，盾构机在钢套筒内实现安全接收。

图 9-70 钢套筒接收实景图

(6) 盾构到达段管片纵向拉紧装置

盾构到达段管片纵向拉紧装置同始发段。

(7) 盾构到达段的掘进

盾构到达段的掘进除要达到纠偏的目的外，还要注意最后10m段的掘进控制。在盾构到达前首先做好到达准备工作，如洞门密封、接收基座、洞门凿除、端头加固等工作，进入加固体掘进后要加强到达口的观察与沉降监测。及时与盾构操作主司机沟通以便掘进控制。

根据到达段的地质情况确定合理的掘进参数并做出书面交底，总的要求是低速度、小推力、合理的土仓压力和及时饱满的回填注浆。盾构进入端头加固地层时要根据具体情况调整掘进参数，必要时可采取加泥或加泡沫的方式对碴土进行改良。在贯通前0.5m时，对盾尾处注浆封堵。尽量出空土仓中的碴土，减小盾构推进对开挖面的挤压，以免引起掌子面的坍塌以及造成车站端墙的损坏。洞门混凝土清理完后盾构机尽快推进并拼装管片，尽量缩短盾构到达时间。

(8) 盾构到达施工注意事项

① 盾构机进入到达段时，工作人员明确盾构机适时的里程及刀盘距洞门掌子面的距离，并按确定的施工技术方案进行施工。

② 盾构到达前检查端头土层加固、堵水情况是否达到要求。

③ 增加地表沉降监测的频次，并及时反馈监测结果以指导施工。

④ 在盾构机刀盘距洞门掌子面0.5m时尽量出空土仓中的碴土，减小对洞门及车站端墙的挤压以保证安全。

⑤ 在隧道贯通后安装的几环管片，一定要保证注浆饱满密实，防止引起管片下沉与错台。

(9) 实施效果

区间共计安全到达2次；到达误差未超过1cm；到达施工期间未发生各类安全事故。

受兴宁桥东站东端头加固区长度不足影响（加固区内管线无法搬迁），采用钢套筒接收1次。加固区长度4m，施工前编制了专项施工方案，进行了专家安全咨询。接收分三次注浆处理，一是在盾尾进入加固区后，开始实施第一次双液浆注浆，封闭盾尾与加固区间空隙；二是在到达环管片安装后，脱出至第二道尾刷时停机进行双液浆注浆，封闭盾尾与地连墙、加固区间的缝隙空间；三是盾构主机与设备桥脱开，用10mm厚钢板封闭到达环与洞门钢环空隙，实施第三次注浆，确保了整个接收段管片后部空隙填充密实，渗水通道得到完全封堵。

9.4 隧道辅助工程质量

9.4.1 施工质量

1. 洞门施工

(1) 施工安排

本区间工程包含4座洞门，洞门结构采用C40抗渗模筑钢筋混凝土，混凝土抗渗等级为 P10。

（2）压注水泥浆

拆除管片前首先要进行洞口段 3 环管片背后压注水泥浆处理，以确保拆除管片时的安全，防止涌水、涌泥现象的发生。而在洞门施工完成后，再向洞门管片背衬补注浆以确保洞门衬砌背后的密实性，提高洞门防水性能。

（3）洞门环拆除

确认管片后充填密实不会发生涌水、涌泥时，将洞口临时密封（折页式压板、帘布橡胶板等）拆除干净，利用专用工具进行洞门环的拆除，先拆一块邻接块，然后自上而下依次拆除。砂浆凿除采用人工手持风镐施工，凿至洞门圈内混凝土表面完全出露，清理干净，进行下道工序施工。

（4）洞门防水施作

洞门采用 C40 防水混凝土，在刚性接头中设置柔性填缝材料，竖向、环向施工缝各设置两道水膨胀性橡胶止水条，以形成洞门防水结构。在主体完工后，进行嵌缝作业，并注入密封剂，增强防水效果。

（5）洞门防水施工注意事项

① 浇筑洞门混凝土时，必须振捣密实，并充分考虑收缩应力和变形开裂，并做好预防工作，避免混凝土裂缝而引起渗漏，确保抗渗混凝土的自防水功能。

② 止水条设置时一定把掌握好涂敷膨胀剂的时间与剂量，保证止水条在混凝土具有一定的强度后才开始膨胀，切实发挥止水作用。止水条的粘贴基面一定要光滑平整，没有台阶、蜂窝、麻面。止水条在粘贴或固定时一定要牢固，防止在施工时将止水条碰脱落。

③ 切实做好施工缝的嵌缝工作，作为第二道防线，可以弥补因止水条的接头处密封不严或拐角处开裂或因弹性密封垫和管片边角部位因施工损坏而引起的渗漏。

（6）绑扎钢筋

钢筋在加工车间进行加工，保证主筋弧度准确、圆顺；运至工作面进行绑扎、焊接，利用预埋钢筋或引插筋作为固定钢筋；模板侧的钢筋绑上混凝土预制块，以保证混凝土保护层厚度，避免发生露筋现象。

钢筋绑扎、焊接完备后，利用电桥检验钢筋与管片预埋钢板以及洞门钢环是否接通，若不接通必须补焊。

（7）立模、浇筑混凝土

洞门模板采用按设计图特殊加工的钢模板，确保洞门的尺寸精度，立模前涂脱模剂，确保混凝土表面的光洁、美观。

模板、钢筋、止水条等经检查验收达到设计、规范要求后浇筑混凝土，采用商品泵送混凝土，坍落度控制在 120~160mm，混凝土直接泵送入模，分层浇筑，插入式振捣器捣固均匀，确保混凝土密实，无蜂窝、麻面现象。

（8）拆模、养护

拆模时间保证 3d 以上，拆模时注意避免磕碰混凝土边角。洒水养护，保证 14d 龄期内混凝土表面湿润。

（9）洞门保圆措施

① 钢模之间用螺栓连接，模板安装经精确定位后，沿径向每 36° 设一径向支撑杆，

以防模板变形。

② 端头模板设斜支撑,防止跑模。

③ 为防止混凝土浇筑时模板上浮,上部模板焊接支撑,顶部支撑在端墙结构上。

(10) 洞门施工注意事项

① 洞门结构钢筋与车站预埋件焊接要牢固,保证车站与隧道刚性连接。

② 水膨性橡胶止水条必须粘贴紧密,位置准确。混凝土浇灌施工过程中,不能松动、破坏已粘贴牢固的水膨性橡胶止水。

③ 严格按配合比拌制混凝土,严格控制水灰比,混凝土捣固均匀密实,确保混凝土质量达到设计的强度和防水等级。

④ 洞门施工前必须对洞口进行加固防水检测,确保开洞时无涌水、涌砂现象发生,保证施工安全。

⑤ 洞门模板须到专业厂家定做,确保模板质量。

⑥ 严格按设计与规范要求进行各工序的施工,确保洞门施工质量。

(11) 实施效果

区间共计完成洞门制作4座,施工中严格隐蔽工程验收,混凝土浇筑振捣控制,抗压抗渗试块检测全部合格,结构实体检测全部合格,施工质量达到合格。

2. 防水施工

严格按照设计及相关技术规范要求进行施工,对涉及与防水有关的规范应严格执行,对相关的材料、机具、工艺进行严格控制和把关。根据以往的防水施工经验:盾构施工应以管片结构自防水为根本,接缝防水为重点;另对隧道底部和洞门、螺栓孔和注浆孔等局部位置进行特殊处理,满足隧道整体防水要求。

(1) 防水标准与原则

① 防水标准

盾构法区间隧道防水等级为二级,见表9-24。

表9-24 工程各部位防水等级

防水等级	渗漏标准	工程部位
A	不允许渗漏水、结构表面无湿渍	管片
B	不允许渗漏水、结构表面偶见湿渍	隧道上半部
C	有少量渗水点、不得有线流和漏泥砂。实际渗漏量小于 0.1L/($m^2 \cdot d$)	隧道下半部、洞门

② 防水原则

以防为主,多道设防,综合治理。

以采用高精度管片为前提,混凝土自身防水为根本,管片接缝防水,区间隧道与车站接头防水为重点,确保区间隧道整体防水性能。

(2) 防水施工方案

① 衬砌外注浆防水

因盾构施工的特点,在衬砌管片与天然土体之间存在环形空隙,通过同步注浆与二次注浆充填空隙,形成一道外围防水层,有利于区间隧道的防水。

② 管片自身防水

管片自身防水是隧道防水的关键，不仅可以消除地下水带来的危害，而且可以提高结构本身的耐久性，延长隧道使用寿命。为确保管片混凝土 C50 强度等级和 S10 防水标准，从提高管片的加工精度、完善制作工艺、合理选择原材料和制作机具，以及科学合理选用混凝土配合比并在生产过程中及时优化配合比等方面加以控制。在管片生产、运输和存放等过程中拟采取以下几点措施：

a. 定期关注管片厂原材料、成品质量并抽检。

b. 参加业主组织的管片三环拼装质量检查。

③ 管片连接缝的防水

接缝处设置多孔特殊断面的密封垫防水。对弹性密封垫按规范要求进行抽查并将检测报告报监理工程师审查批准。为了满足接缝防水要求，在管片接缝处设置了框形弹性密封垫和嵌缝两道防水措施，并以弹性密封垫为主要防水措施。

a. 密封垫防水

密封垫采用三元乙丙橡胶，下部开有多个孔槽，可改善应力-应变特性，使接缝张开一定范围时，密封垫接触面的压应力变化较小，在满足水密要求的前提下减小拼应力。变形缝处在密封垫外增设遇水膨胀橡胶，进一步加强接缝处防水能力。

b. 嵌缝防水

区间隧道盾构进出洞及联络通道两侧各 25 环范围内，环、纵缝和变形缝嵌缝材料为聚硫密封胶，其余嵌缝部位为拱底道床混凝土 90°范围内及顶拱 45°范围内，嵌缝材料为聚合物水泥。

对于具有明显漏水点的地方用快硬水泥封埋管引水（或注浆）。嵌缝前应先清理缝中的灰尘杂物，在干燥状态下进行嵌缝材料的施工。其施工工艺流程如图 9-71 所示。

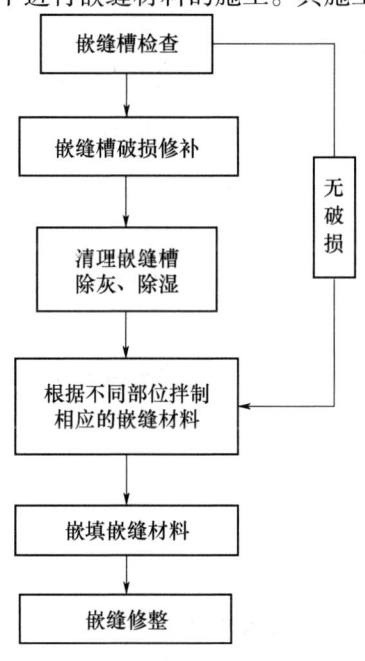

图 9-71 嵌缝施工工艺流程

④ 连接螺栓孔、注浆孔防水

a. 连接螺栓孔防水

采用遇水膨胀橡胶材料密封圈封堵，利用压密和膨胀双重作用加强防水。

b. 注浆孔防水

注浆孔迎水面在管片生产时预浇厚 25mm 的同级素混凝土，可起到很好的防水作用。通过注浆孔进行注浆结束后将活动端头部分拆除，拧紧加密封垫的注浆管管盖进行防水。

⑤ 注浆加强防水

盾构推进后，盾尾空隙在围岩坍落前及时地进行注浆填充，不但可防止地面沉降，而且有利于隧道衬砌的防水，选择合适的浆液（浆液具有初始黏度低、微膨胀、后期强度高等特点）、注浆参数、注浆工艺，可形成稳定的管片外围防水层，将管片包围起来，形成一个保护圈。

⑥ 洞门防水

除采用防水混凝土外，在洞门和区间隧道管片及与车站结构的刚性接头中设置遇水膨胀性橡胶止水条。施工缝处设置止水条或止水带。根据施工具体情况，必要时可进行提前预注浆或施工时预埋注浆管后注浆。洞门防水示意如图 9-72 所示。

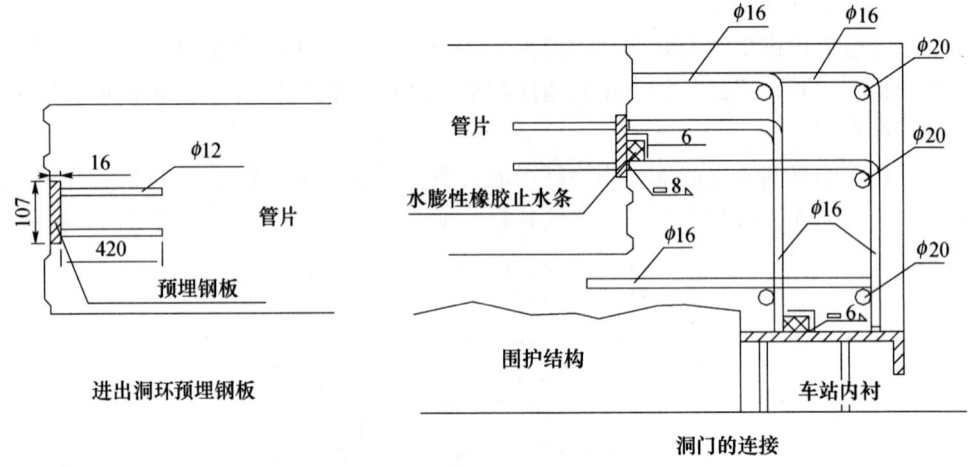

图 9-72　洞门防水示意图

（3）实施效果

盾构隧道达到 2 级设计防水要求，洞门防水施工满足设计要求。

9.4.2　工程背景

工程背景见 9.1 节。

9.4.3　联络通道

联络通道位置确定并安装特殊混凝土或钢结构管片，如图 9-73 所示；联络通道端管片拆除一块后检查地质情况，稳定后继续拆除，如图 9-74 所示。

图 9-73 安装管片

图 9-74 拆除管片

质量控制要点：

(1) 根据隧道线路设计要求准确计算联络通道中心轴线位置里程，并在计算里程处安装特殊设计混凝土管片或钢结构管片；

(2) 预留洞门处采用通缝拼装管片，满足割除或拆除时受力的要求；

(3) 根据联络通道设计准确放样洞门并切割或拆除，遵循先上后下的原则，一块一块依次取出；

(4) 严格遵循"检查加固、先上后下、边拆边查"的原则。

9.4.4 联络通道施工

1. 预应力支撑环、安全门

质量控制要点：

在通道开口处隧道管片开口环中不开口部位均匀设置不小于 8 个支撑点的隧道支架，予以预应力支撑（支撑能力不小于 500kN/点），对钢管片的环、纵缝进行焊接，以减轻联络通道开挖构筑施工对隧道产生的不利影响。架设时要有专人负责指挥，拼装时螺栓必须拧紧，高处千斤顶应固定在主架上，防止脱落。要定期检查千斤顶压力情况，发现松动等异常情况要及时处理。安全门安装要牢固可靠，安全门要满焊，焊接高度大于 10mm，门扇启闭方便；安全应急门耐压试验合格标准：不停泵时试验水压应能保持在 0.3MPa，防护门耐压设计值为 0.5MPa，打压试验值不得超过 0.5MPa（图 9-75、图 9-76）。

图 9-75　进场具备产品合格证书的预应力支架　　　　图 9-76　安全门气压检测合格方可使用

2. 钻孔及探孔

质量控制要点：

冷冻管钻进完成后即可进行测斜、测深实验。测斜采用经纬仪灯光测斜法；测深可使用软质的 PVC 管作探杆进行测量。冻结管长度和偏斜合格后再进行打压试漏封闭，关闭好孔口用手压泵打水到孔内，压力控制在 0.8MPa 以上，30min 允许降压 0.05MPa，后稳定 15min 压力无变化的为试压合格（图 9-77、图 9-78）。

图 9-77　钻孔后打压测试　　　　图 9-78　探孔揭露冻结效果

在冻结期间，通过测温孔测取温度，计算冻结帷幕交圈效果。在开挖前，在左右线用开孔器在冻结帷幕最薄弱地方打设探孔，可根据探孔内土体冻结情况直观判断冻结效果，也可根据探孔测温情况判断帷幕厚度及冻结效果。冻结合格标准：芯样完整，手捏有一定硬度，无夹泥现象。

3. 初期支护

质量控制要点：

初期支护型钢支架采用 I20a 加工而成，开挖步距与初期支护钢支架间距一致；初支钢架之间用 φ20@500 的纵向拉杆，连接钢筋环向间距 1m（图 9-79、图 9-80）。

9 双圆盾构质量控制

图 9-79 型钢支架安装及预埋充填注浆孔施工　　图 9-80 初期支护效果

初期支护封闭施工：保持连续；喷射机的工作压力控制在 0.5~0.7MPa；严格控制好喷射嘴与喷射面的距离与高度，喷嘴与受喷面要垂直，距离控制在 0.8~1.0m；喷射顺序自下而上，先墙角后墙顶，避免死角；喷射混凝土材料：水泥为普通 P·O 42.5 硅酸盐水泥，砂为中粗砂，石子采用坚固碎石，粒径小于 15mm；速凝剂为水泥用量 5%；喷射混凝土配合比按以往经验暂定为水泥：中粗砂：碎石 = 1：2：1；具体配合比按试验确定。

4. 防水材料铺设（图 9-81）

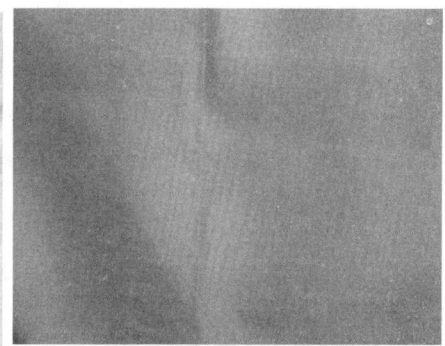

图 9-81 防水材料铺设效果

质量控制要点：

铺设防水层前必须对初期支护找平，拱墙补喷找平，底部砂浆找平，对外部的钢筋接头切除、磨平。上述工作完成，首先铺设土工布，然后在土工布上铺设防水材料。防水板采用无钉铺设，衬垫为梅花形布置，间距：拱顶 0.7m × 0.7m，边墙 1.0m × 1.0m。铺设防水层时应注意以下问题：

（1）防水层铺贴应平整、牢固；

（2）不允许在防水板上钉明钉，防水板接缝采用自动热熔机进行双焊缝焊接；

（3）防水板接缝搭接长度、焊缝宽度按设计要求施工。

5. 钢筋制作和安装（图 9-82）

图 9-82 联络通道钢筋施工

质量控制要点：

钢筋进场时，应按规定检查产品合格证、出厂检验报告，并按批次抽样做物理力学试验。使用中发生异常（如脆断、焊接性能不良或机械性能显著不正常时），要补充化学成分分析试验；外观检查应平直、无损伤、表面不得有裂纹、油污、颗粒状及片状老锈。严格遵守"先试验、后使用"的原则。

在钢筋焊接前，必须根据施工条件进行试焊，合格后方可施焊。焊工必须有焊工考试合格证，并在规定的范围内进行焊接操作。

钢筋搭接部分长度应符合设计要求，且不低于 $35d$（d 为钢筋直径），从任一绑扎接头中心至搭接长度的 1.3 倍区段范围内，有绑扎接头的受力钢筋截面积占受力钢筋总面积的百分率不超过 25%。

6. 结构施工（图 9-83~图 9-85）

图 9-83 联络通道模板支架施工　　图 9-84 联络通道混凝土施工　　图 9-85 试块制作

质量控制要点：

首先浇筑通道底板，然后两侧喇叭口、通道标准段及通道拱顶处混凝土。墙体水平施工缝预留在高于底板表面不小于 300mm 的墙体上，施工缝处采用止水钢板或中埋式止水带，特殊施工缝（无法安装止水带的施工缝）采用密封胶加注浆管，施工缝迎水面均设置柔性防水加强层。混凝土浇筑前明确混凝土浇筑部位的次序和混凝土浇筑厚度，混凝土浇筑前清除各种垃圾，施工中严格控制层差，杜绝冷缝出现。浇筑时采用插入式振捣棒振捣,振动器插点均匀排列,以免造成漏振。在拱顶设导流管,在混凝土灌注满后,会沿导流管溢出,以此措施确保混凝土浇筑饱满密实。结构养护期不少于14d。地层融沉注浆一般在结构强度达到设计要求后进行,以每日监测值作为注浆频次及数量指导,注浆控制至地层或隧道不出现沉降或沉降量符合有关规定为止。

9.4.5 其他工程

1. 井接头(图9-86、图9-87)

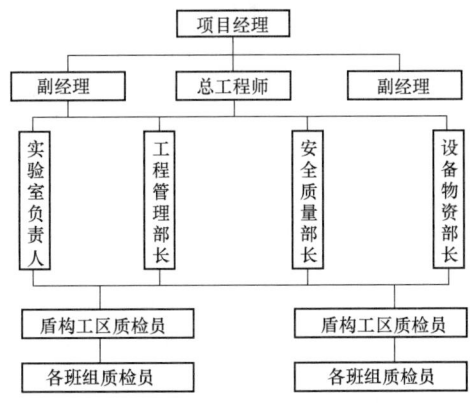

图9-86 井接头模板安装施工组织结构　　图9-87 井接头成型质量

质量控制要点:

始发端洞门拆除零环前需保证管片背后充填密实,满足拆除零环及后期洞门施工防水要求;到达端洞门在完成到达环安装后进行可硬性浆液(即水泥净浆)充填注浆,确保管片背后充填密实达到防水效果。

根据标高、轴线控制点进行钢筋安装,确保钢筋与管片预埋钢板、车站内衬洞口预埋钢板焊接牢固。弯折定位钢筋固定牢靠止水条。

加强振捣工艺控制,确保结构密实,混凝土面不冒气、泛泡。整个洞门混凝土浇筑需一次完成,不可产生施工缝。现浇混凝土应与隧道和端墙密贴、稳固连接。混凝土捣固均匀密实,确保混凝土质量达到设计的强度及防水等级。

2. 嵌缝、手孔封堵(图9-88)

图9-88 嵌缝、手孔封堵

质量控制要点：

工程材料必须在进场后进行复试，复试合格后使用。嵌缝材料与管片基面的黏结必须紧密而不留缝隙，并做好成品保护，以防止污染或碰损。手孔充填前，先将手孔内表面杂物清理干净，细石混凝土充填后，插棒捣实，使其尽可能密实，表面应多次收水压光抹平，以确保其边缘不出现裂缝。

（1）联系测量基本要求

将地面坐标系统和高程系统传递到地下，确定地下控制点、控制边，作为地下控制导线的起算数据，这一过程测量工作称为联系测量。将地面平面坐标系统传递到地下的测量称为平面联系测量，简称定向。将地面高程系统传递到地下的测量称为高程联系测量，简称导入高程。

联系测量的主要任务如下：

① 确定地下导线起算边的坐标方位角；

② 确定地下导线起算点的平面坐标 x 和 y；

③ 确定地下水准点的高程 H。

前两项任务是通过平面联系测量定向来完成的；第三个任务是通过导入高程来完成的。这样就获得了地下平面与高程测量的起算数据。

联系测量的基本要求如下：

① 联系测量应包括地面近井导线测量、近井水准测量以及通过竖井、斜井、平峒、钻孔的定向测量和传递高程测量。

② 每次联系测量应独立进行三次，取三次平均值作为定向成果。地下近井定向边方位角中误差不应超过 ±8″，地下近井高程点高程中误差不应超过 ±5mm。

③ 定向测量的地下近井定向边应大于 120m，且不应少于 2 条，传递高程的地下近井高程点不应少于 2 个。使用近井定向边和地下近井高程点前，应对地下近井定向边之间和高程点之间的几何关系进行检核，其不符值应分别小于 12″和 2mm。

④ 隧道贯通前的联系测量工作不应少于 3 次，宜在隧道掘成双联进到约 100m、300m 以及距贯通面 100~200m 时分别进行 1 次。各次地下近井定向边方位角较差应小于 16″，地下高程点高程较差应小于 3mm，符合要求时，可取各次测量成果的平均值作为后续测量的起算数据指导隧道贯通。

⑤ 当隧道单向贯通距离大于 1500m 时，应采用高精度联系测量或增加联系测量次数等方法，提高定向测量精度。

（2）盾构法隧道施工测量

盾构法隧道施工测量包括盾构始发、掘进和接收 3 个阶段施工测量工作。

① 盾构机始发井建成后，应利用联系测量成果加密测量控制点，进行隧道掘进中心线与导轨位置测设以及反力架和洞门圈安装测量，并应符合下列规定：

a. 利用地下测量控制点宜采用极坐标法放样隧道中心线和盾构机导轨的位置，利用水准测量方法测设隧道高程控制线以及盾构机导轨坡度，坐标和高程放样中误差不应超过 ±5mm。

b. 应根据反力架和洞门圈位置的里程计算其中心三维坐标，并采用三维放样方法放样。

c. 反力架和洞门圈安装后浇筑前应对其经过设计中心的垂直和水平方向上的上、下、左、右位置进行复测,并提供相应里程的坐标或与中心的距离。放样和复测中误差不应超过 ±10mm。

d. 盾构机接收井建成后,根据所需的测量内容应按城市轨道交通工程测量的要求和方法进行隧道掘进中心线与导轨位置测设以及反力架和洞门圈安装测量。

e. 盾构拼装后应进行初始姿态测量,掘进中应进行实时姿态测量。盾构机姿态测量应包括平面偏差、高程偏差、俯仰角方位角、滚转角及切口里程。

② 采用人工测量方法进行初始姿态测量和实时姿态测量时应符合下列规定:

A. 盾构测量标志点应牢固设置在盾构机纵向或横向截面上,标志点间距离应尽量大,且不应少于 3 个,标志点可粘贴反射片或安置强制对中棱镜。

B. 盾构测量标志点的三维坐标应与盾构结构几何坐标建立换算关系。

C. 盾构测量标志点测量宜采用极坐标法,并宜采用双极坐标法进行检核。测量中误差不应超过 ±3mm。

D. 采用自动导向系统测量方法进行初始姿态测量和实时姿态测量时,应符合下列规定:

a. 自动导向系统应符合下列规定:

自动导向设备可采用激光靶型自动测量系统或棱镜型自动测量系统,系统应包括测量仪器和设备、计算存储设备、数据传输、系统软件等。

系统应能够计算并以图形、数字方式实时显示盾构机当前姿态和历史姿态信息等,系统应具有对自身各部件的运行状态进行监控和报警功能。

所有数据应存储于工业计算机固定的存储位置,并定期在其他存储设备上进行备份。

b. 始发前,应对输入自动导向系统的线路设计参数进行检查,无误后方可输入,输入后应采用导出输入数据进行复核的方法对输入数据进行二次复核。

③ 隧道掘进中测量控制点迁站步骤和方法应符合下列规定:

a. 迁站过程中盾构应停止掘进。

b. 迁站前应测量盾构姿态。

c. 迁站后应对使用的相邻控制点间几何关系进行检核,确认控制点位置正确。

d. 利用迁站后控制点进行盾构姿态测量。

e. 迁站前、后测定的盾构姿态测量较差应小于 $2m$(m 为点位测量中误差)。

④ 隧道掘进过程中采用人工测量方法对导向系统测量成果进行检核。

⑤ 盾构机姿态测量计算数据取位精度要求应符合表 9-25 的规定。

表 9-25 盾构机姿态测量计算数据取位精度要求

测量内容	取位精度
平面偏差	1mm
高程偏差	1mm
俯仰角	1′
方位角	1′
滚转角	1′
切口里程	0.01m

⑥ 隧道线路中线调整测量：

a. 施工完成后，隧道内留有控制点或线路中线点，因此，以车站的施工控制导线点为依据，利用区间施工控制中线点组成附合导线，并进行左右线附合导线测量，一般中线点间距，直线上平均150m，曲线上除曲线元素处不应小于60m。

b. 对中线点组成的导线应采用Ⅱ级全站仪左、右角各测二测回，左、右角平均值之和与360°较差小于5″测距往返各二测回，往返二测回平均值之差小于7mm。

c. 数据处理采用严密平差，各相邻点间纵横向中误差不应超过下述限值：直线：纵向为±10mm，横向为±5mm。曲线：纵向为±5mm，当曲线段小于60m时为±3mm，大于60m时为±5mm。

d. 平差后的线路中线点应依据设计坐标进行归化改正，归化改正后对线路中线各折角应进行检测，中线直线上其与180°较差不应大于8″，曲线折角与相应的设计值较差，中线点间距小于60m时不应大于15″，中线点间距大于60m时应为15″～8″。线路中线点检测合格后，应钻 $\phi 2$ 深为5mm的小孔，并镶入黄铜心标志点位。

e. 利用车站控制水准点对区间水准点进行附合水准测量，水准测量按二等精密水准测量的方法及±8mm的精度要求进行施测。

f. 将线路地下控制点进行联测，进行平差，调整隧道内控制点，为后续工作做准备。

⑦ 隧道结构断面测量：

根据隧道不同的断面形状，在断面上选择与行车密切相关的位置测定其与线路中线的距离。

a. 以调整的线路中线点为依据，直线段每6m，曲线上包括曲线主点，每5m测量一个结构横断面。

b. 断面方向必须与线路的法线方向保持一致。

c. 结构断面测量采用全站仪、断面仪进行，测量断面里程允许误差在±50mm，断面量允许误差为±10mm，矩形断面高程误差应小于20mm，圆形断面高程误差应小于10m。

10 类矩形盾构区间

10.1 背景工程

1. 工程概述

本工程为宁波轨道交通 4 号线东钱湖车辆段出入段线，其中类矩形盾构区间总长 417m，盾构从小洋江站东端头井始发，沿线下穿东钱湖大道至明挖区间接收井，盾构先后穿越 3 号圆管涵、新建桥梁及河道、拔桩区、上穿单圆隧道以及超浅覆土接收。区间最大纵坡 35‰，最小曲率半径 R350m，隧道顶覆土厚度 1.7~9.1m（图 10-1）。

图 10-1 隧道区间总平面图

2. 工程地质

隧道断面内土层主要为①1a 杂填土、①3b 淤泥质黏土、②1 层黏土、②2a 层淤泥质黏土、②2c 层淤泥质粉质黏土、③2 粉质黏土（图 10-2）。

该区间水文地层无异常，可参见前述行文。

3. 周边环境

（1）沿线建（构）筑物

小洋江站~东钱湖车辆段出入段线类矩形盾构区间线路出小洋江站后，沿东钱湖大道向东南穿行，过遮家桥庵河后转向南接至明挖区间。区间周边较空旷，北侧为小洋江，沿线建（构）筑物较少，主要为 3 号圆管涵、仙坪桥、东钱湖 18 号新桥及东钱湖 7 桥老桥等。详细情况参见图 10-3 周边环境图及沿线建筑物统计见表 10-1。

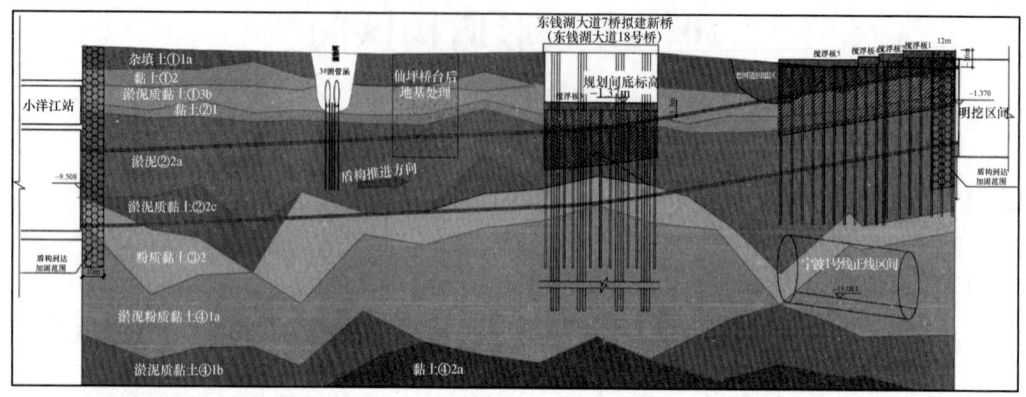

图 10-2　隧道区间地质剖面图

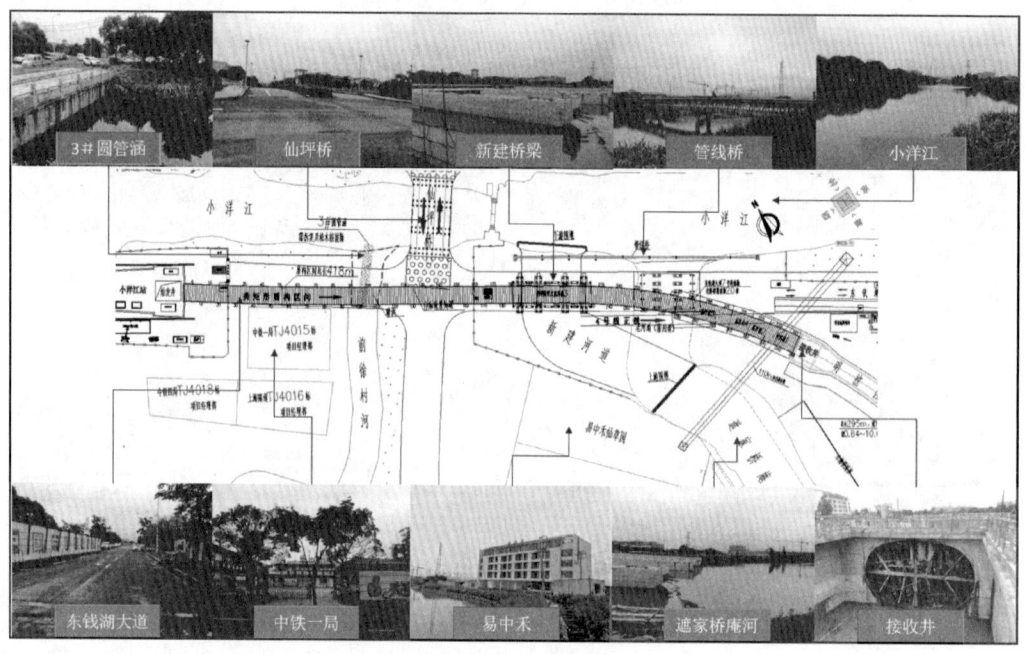

图 10-3　周边环境图

表 10-1　区间隧道沿线建筑物统计表

序号	建筑物名称	结构描述	距离（m）	对应位置环号
1	3#圆管涵（拆复建）	旧管涵：两根 ϕ1200mm 圆管，基础采用木桩，160mm，桩长 8m，桩底埋深 −9.543m。 新管涵：两根 ϕ1200mm 圆管，管壁厚 120mm，基础为 30mm 厚 M10 浆砌片石及 30mm 厚 C25 混凝土，基础底标高为 −1.72m	隧道下穿，最小垂直净距约 3.3m	99-106 环

续表

序号	建筑物名称	结构描述	距离（m）	对应位置环号
2	仙坪桥	桥台后地基处理：水泥搅拌桩，桩径500mm，桩长10m	隧道侧穿桩基，最小水平净距约20m，桥台后地基加固侵入隧道断面	126~152环
3	东钱湖大道7#桥（拆复建）	7#旧桥：桥台采用ϕ800mm钻孔灌注桩，桩长40.084m，桩底标高约-48.4m；桥墩采用ϕ1000mm钻孔灌注桩，桩长52m，桩底标高约-48.4m。18#新桥：桥台采用ϕ1000mm钻孔灌注桩，桩长54m，桩底标高-56.7m；桥墩采用ϕ800mm钻孔灌注桩，桩长61m，桩底标高-64.27m	隧道侧穿旧桥未拔除桩基，最小水平净距约2.3m 隧道侧穿新桥桩基，最小水平净距约2.2m	186~230环 257~289环
4	管线桥	管线桥长约160m，基础为ϕ630×10mm钢管桩（1~8号墩）及混凝土+松木桩（0、9号台）	隧道侧穿管线桥桩基，最小水平净距约10.5m	186~325环
5	4号线正线圆隧道（已完成）	ϕ6200mm单圆隧道，管片厚度350mm，强度C50	上穿4号线成型圆隧道，最小垂直净距约5.6m	276~326环

（2）沿线管线

小洋江站—东钱湖车辆段出入段线类矩形盾构区间隧道工程中，线路主要沿东钱湖大道敷设。目前已完成管线改迁工作，主要管线改迁至小洋江南侧管线桥上，详见表10-2周边管线汇总表。盾构在完成掘进任务的同时需要对周围环境及地面管线做好保护工作，确保周边管线的安全。

表10-2 周边管线汇总表

序号	管线种类	管径（mm）	埋深（m）	材质
1	110kV电力管线	12孔7根		
2	给水管	DN800	0.35~4.0	铸铁
3	燃气管	DN250	1.3~2.5	钢
4	10kV电力架空线		架空高度9m	
5	给水管	DN800	管线桥	铸铁
6	燃气管	DN219	管线桥	钢
7	10kV电力管线		管线桥	
8	给水管	DN300		铸铁
9	污水管	DN300	管线桥	
10	10kV电力管线		架空高度9m	
11	110kV电力架空线		架空高度17m	

4. 工程重难点分析

工程分析主要从盾构始发接收、复杂地层施工、盾构机转角控制工艺和穿越环境保护几方面开展，具体详见表10-3。

表10-3　工程重难点分析

序号	重点难点	描述	针对性措施概要
1	盾构始发、接收	1. 类矩形盾构基座结构形式和定位对盾构始发、接收施工影响较大，易产生盾构偏转影响始发、盾构无法顺利进入基座等； 2. 类矩形断面盾构始发、接收过程中，洞门处易发生流泥、流砂现象，造成周边管线爆裂、建筑物沉降倾斜严重	1. 严格控制地基加固质量，加强加固质量检测及洞门样洞检测； 2. 合理设计盾构基座做好加固工作； 3. 采用门式框架钢结构后靠，采用满环负环管片及管片加固措施，提高盾构始发姿态稳定性； 4. 始发采用洞门止水箱体，接收采用二次或多次接收工艺； 5. 加强加固区内掘进土体改良，严格控制切口平衡压力、同步注浆压力、刀盘扭矩及盾构总推力； 6. 加强盾构定向测量及地面监测工作
2	复杂地层施工	盾构断面及上部土层物理力学性质差，具有高含水量，高压缩性强度低，渗透性弱，流变性和触变性，对施工扰动反应较为敏感，容易产生超沉现象	1. 盾构机合理选型，设置螺旋机防喷闸门，做好螺旋机防喷涌、盾尾防渗漏措施； 2. 针对性土体改良； 3. 严格控制好施工参数，精细化施工，密切监视各项施工参数，及时应对； 4. 加强地面监测及隧道变形监测，根据监测数据，必要时进行二次注浆
3	盾构机转角控制	类矩形盾构推进过程中容易出现转角过大，一旦发生易造成盾尾拉坏，管片碎裂	1. 调整盾构机刀盘转向； 2. 盾构机单侧配重； 3. 调节同步注浆量
4	穿越河道、桥梁及拔桩区	类矩形盾构下穿遮家桥庵河、东钱湖大道18号桥及7号老桥拔桩区。由于隧道顶与河床底部覆土较浅，上部存在软弱地层，于切口土压控制及同步注浆控制难度较高，盾构机穿越时极易产生盾尾渗漏及切口贯通河底、盾尾击穿与河道贯通的施工风险	1. 加强河道现状河床标高排摸； 2. 隧道管片拉紧，预留隧道内压重等应急抗浮措施； 3. 设置试验段，严格控制好施工参数，精细化施工，控制桥梁及地面管线沉降； 4. 拼装压力调整，避免产生闷推冒顶； 5. 加强土体改良，设置螺旋机手动应急闸门，防止出现喷涌； 6. 采用进口高质量盾尾油脂，提高盾尾密封性； 7. 跟踪注浆，隧道后期注浆加固

续表

序号	重点难点	描述	针对性措施概要
5	盾构穿越众多市政管线	盾构在推进过程中穿越各类市政管线	1. 管线调查,请相关单位进行交底; 2. 合理布置监测点; 3. 严格控制好施工参数,精细化施工; 4. 加强监测,及时补压浆
6	盾构上穿4号线单圆隧道	类矩形盾构接收前,上穿4号线正线单圆地铁隧道,影响长度约65m,最小垂直净距约5.6m	1. 推进过程严格控制推进速度,控制在1~2cm/min; 2. 推进过程加强监测,防止隧道、地表变形; 3. 严格控制盾构姿态,尽量以盾构姿态向右偏; 4. 严格控制出土量,严禁超挖; 5. 严格控制同步注浆量,跟踪监测情况及时进行调整
7	超浅覆土接收	类矩形盾构接收前约85m(278~347环)范围为超浅覆土接收区域,隧道顶覆土3.8~1.08m,盾构坡度为34.7‰,转弯半径为R350m	1. 推进过程严格控制推进速度,控制在1~2cm/min,加固区掘进速度控制在5mm/min,推进过程应密切观察刀盘扭矩,当扭矩急剧增大时,应降低推进速度至1~2mm/min; 2. 土压力及出土量控制,严禁超挖,防止地表沉降超标; 3. 注浆量及注浆比例控制,降低隧道上浮,必要时增加二次注浆; 4. 加强监测,增加监测频率; 5. 严格控制盾构姿态,进入加固区之前保持最佳姿态; 6. 盾构割线进洞、二次进洞技术控制

10.2 施工设备质量

本工程隧道区间采用一台 11.83×7.27m 阳明一号土压平衡类矩形盾构机,类矩形盾构机总长 65.8m。其包含主机结构和辅助结构,装机总功率 2500kW。主机结构由刀盘系统、驱动系统、壳体系统、铰接系统、推进系统、拼装系统以及螺旋机出土系统组成;辅助结构包含皮带运输机、管片运送装置、液压系统、集中润滑系统、添加剂注入系统、同步注浆系统、盾尾密封系统、工业空气系统、工业水系统、电气系统以及车架。本盾构机刀盘为两个 X 形辐条式圆形切屑面大刀盘和一个偏心多轴驱动仿形刀盘的特殊组合形式,满足全断面切削要求,且各系统的配置满足施工要求,同时盾构机的设计寿命、可靠性和安全性均满足工程需求,不仅保证盾构稳定切削土体,也提高盾构切削的效率。而其拼装系统也是针对其拼装立柱型类矩形结构管片的特殊设计,另外增强盾构铰接密封结构(图10-4~图10-7)。

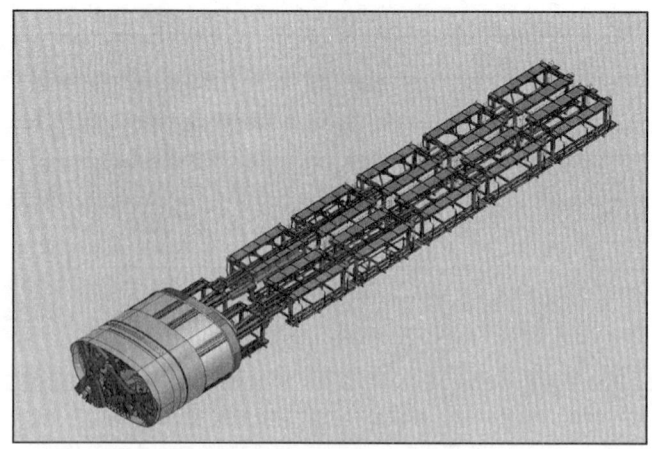

图 10-4　类矩形盾构总示意图

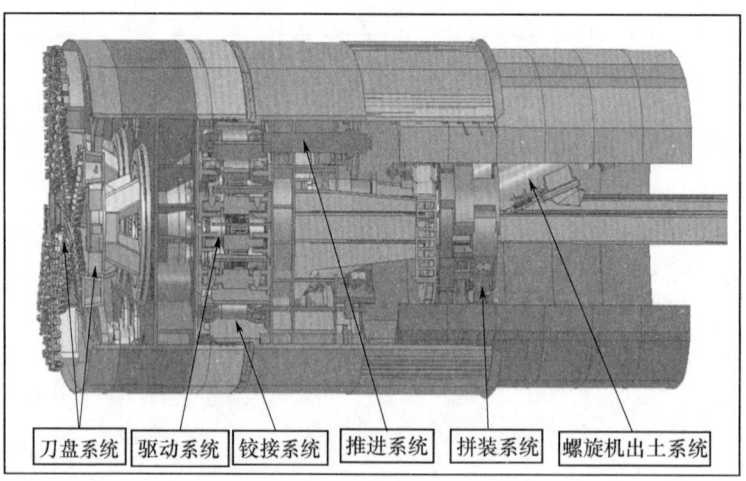

图 10-5　类矩形盾构主机结构总图

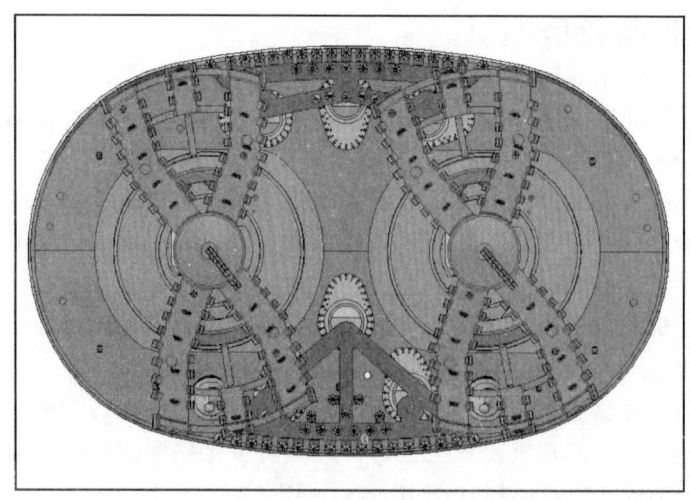

图 10-6　刀盘系统正面布置和侧视图

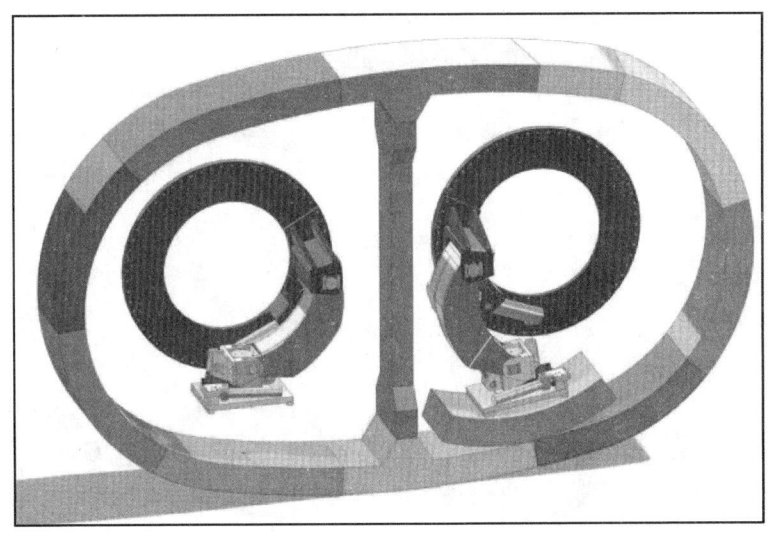

图 10-7 拼装机

10.3 关键工序质量

1. 盾构推进参数控制

施工中要动态把握设备参数控制，适时校核成型盾构区间管片的平面和高程与设计线性的拟合情况。施工参数控制表详见表 10-4。

表 10-4 施工参数控制表

序号	区域	土压力 bar	推力 kN	刀盘扭矩（kN·m）	推进速度（mm/min）	注浆量（m³/环）	出土量（m³/环）
1	始发加固区推进	0.4~1.9	2200~30000	800~1200	2~5	6.2~6.51	84.7~86.4
2	正常段推进	0.4~1.9（逐步降低）	7000~12000	900~1300	10~40（管线区为10，根据监测数据调整）	7~14	84.7~86.4
3	河流段推进	0.9~1.1	7000~12000	900~1300	10~40	7~9	84.7~86.4
4	隧道叠交段推进	0.5~0.7	7000~12000	900~1300	10~20（根据监测数据调整）	7~14	84.7~86.4
5	浅覆土推进段推进	0.9~0.4	7000~12000	900~1300	10~20（根据监测数据调整）	7~14	84.7~86.4
6	始发加固区推进	0.4~0.1	20000~29000	900~1300	2~5	6.2~6.51	84.7~86.4

2. 管片拼装质量控制

类矩形管片一环分为 11 块，环宽 1.2m，厚度 45cm，采用错缝拼装，环向连接采用 40 根 M33 螺栓及 8 根 M27 螺栓，纵向采用 30 根 M30 螺栓。管片拼装顺序如图 10-8 所示。

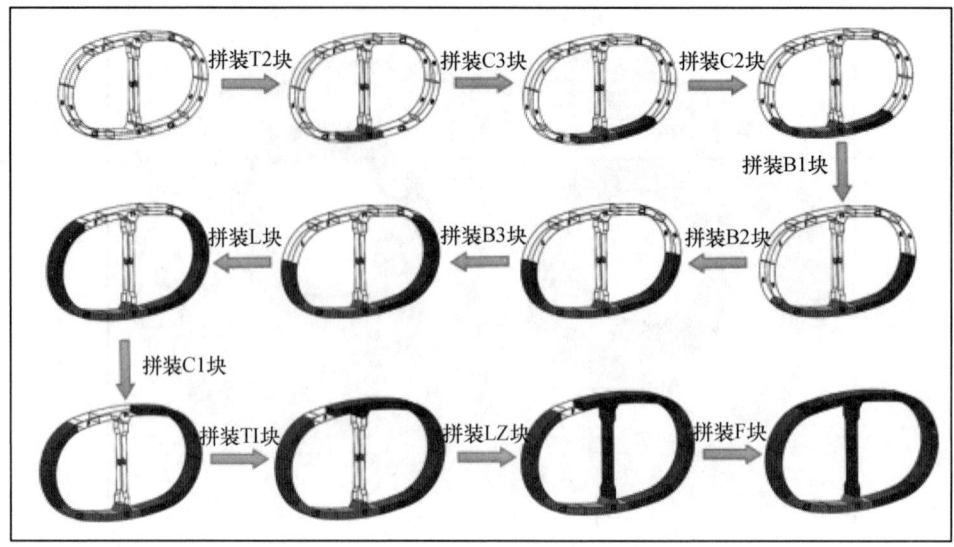

图 10-8　类矩形管片拼装流程示意图

管片拼装注意事项：

（1）盾尾清理及管片外观检查

拼装之前要清除盾尾拼装部位的垃圾，并检查管片的型号、外观及密封材料的粘贴情况，如有损坏，必须修复才可拼装。

（2）做好下部 T2 块管片的定位工作

下部 T2 块管片定位已直接影响中立柱拼装，除保证其与前环管片无踏步、居中拼装等一般要求外，还应保证其与隧道轴线的垂直度（水平、纵向两个方向）。

（3）中立柱拼装

在立柱拼装前，测量开档高度和垂直度，确保立柱顺利拼装。上部 T 形管片拼装结束时，抓住它的拼装机继续使用直到立柱的拼装完成而且紧邻上部 T 形管片两侧的管片螺栓不宜拧紧，便于立柱拼装时进行上下调整。此时该 T 形管片相邻的两块标准块管片所对应的千斤顶处于收缩状态。最后利用立柱调整千斤顶，对立柱的定位进行必要的调整。

（4）千斤顶收缩及靠拢

千斤顶应按拼装管片的顺序相应逐块缩回，拼装好后及时靠拢千斤顶，防止盾构后退。

（5）环面平整度及超前量控制

必须自负环做起，且逐环检查，相邻块管片的踏步应小于 5mm，相邻环管片高差小于 6mm。定期检查环面超前量，时刻确保管片整环环面与隧道轴线的垂直度。

（6）纵、环向螺栓连接

每环拼装结束后应及时用扭矩扳手控制纵、环向螺栓拧紧扭矩，当成环管片推出车架后，必须再次复紧纵、环向螺栓。

3. 盾构油脂及集中润滑

在盾构调试结束后，向盾尾钢刷之间涂抹盾尾油脂，油脂涂抹要均匀、密实。此部分工作应严格控制把关，确保区间隧道推进盾尾良好的密封防水效果。负环拼装过程中，每环必须压注盾尾油脂，直至负环管片脱出盾尾时，管片背面覆盖盾尾油脂；

推进过程中，盾尾油脂应及时压满压足，在确保盾尾密封的同时，为了更好地保证盾构设备的正常运转，在盾构掘进过程中须不定时地进行集中润滑油脂的压注，避免由此而造成的轴承和其他设备的损坏，影响盾构的正常推进施工。在隧道掘进施工中，盾尾密封功能特别重要。为了能安全并顺利地完成区间隧道的掘进任务，必须切实地做好盾尾油脂的压注工作，确保施工中盾尾与管片的间隙内充满盾尾油脂。

4. 盾构姿态控制

在盾构施工中根据不同土质和覆土厚度，配合地面监测信息的分析，结合推力、推进速度和出土量三者的相互关系，保持推进坡度相对的平稳，控制一次纠偏的量，减少对土体的扰动。同时根据推进速度、出土量和地层变形的监测数据，及时调整注浆量，从而将轴线和地层变形控制在允许范围内。盾构推进轴线控制分为"平面"控制和"高程"控制。盾构掘进时偏离设计轴线值不大于±60mm。主要可采取以下控制措施：

（1）合理控制区域油压

盾构的轴线控制是盾构施工中的一个重要环节，盾构依靠千斤顶的推力向前推进。为便于轴线控制，将32个千斤顶设置分成不同区域，推进时通过调整区域油压，实现盾构沿设计轴线方向推进。

在切口平衡压力正确设定的前提下，严格控制各区域油压，同时控制千斤顶的行程，合理纠偏，做到勤纠，减小单次纠偏量。

（2）正面平衡压力控制

由于地质条件、地面附加荷载等诸多因素不同的制约，已导致刀盘前方土压力有所差异，为此需及时调整和管理。

（3）出土量

推进过程中，应尽量避免超挖或欠挖引起推进轴线偏离和地面沉降。

（4）均衡施工

盾构推进应尽可能做到连续性，减少不必要的停顿，以防止盾构下沉。

5. 同步注浆控制

盾构推进中的同步注浆是充填土体与管片衬砌环间的建筑间隙和减少后期变形的主要手段，也是盾构推进施工中的一道重要工序。浆液压注要及时、均匀、足量，保压确保其建筑空隙得以及时和足量的充填。同步注浆在盾尾进入加固区土体后开始。

（1）拌浆设备

在盾构始发井设置封闭式自动拌浆房，同步拌浆设备使用前需进行检修，尤其对计量设备进行检修及重新标定；所有拌浆用原材料均通过称量系统，做到精细化施工，保证浆液质量稳定。

（2）浆液配比及性能控制指标

同步注浆基准配合比和同步注浆性能控制指标详见表10-5和表10-6。

（3）同步注浆量、压力和比例

在盾构机盾尾距洞圈一定距离后（3.6~4.8m），开启同步注浆，每推进一环的建筑空隙为（类矩形盾构机开挖面截面积 – 管片外径截面积）× 管片环宽 =（72m^2 – 66.9m^2）× 1.2m = 6.12m^3，盾尾在加固区内同步注浆量控制在建筑空隙100%~105%，

即 $6.2 \sim 6.51 m^3$。出加固区后，结合3号线施工经验，每环的压浆量易控制在建筑空隙的 $115\% \sim 225\%$，即 $7 \sim 14 m^3$（视地面沉降数据调整）。浆液压注做到及时、均匀、足量，保压确保其建筑空隙得以及时和足量的充填，将地表变形和管片偏移控制到最小，并防止管片接缝渗漏水。同步浆液可以迅速、均匀地填充到盾尾间隙的各个部位，使施工对土体扰动减少到最小。

表 10-5 类矩形盾构同步注浆基准配合比

砂 (kg)	粉煤灰 (kg)	石灰 (kg)	膨润土 (kg)	HD 干粉 (kg)	外掺剂 (kg)	水 (L)
1330	300	40	80	15	3.5	280

注：加水量视原材料含水率有一定波动，以拌制坍落度 $12 \sim 14 cm$ 为准。

表 10-6 类矩形盾构同步注浆性能控制指标

坍落度 (cm) 0h	密度 (g/cm³)	泌水率 (%)	抗剪强度 (Pa) 20h
$12 \sim 14$	≥ 1.9	$\leq 12\%$	≥ 800

注：坍落度、密度、泌水率、抗剪强度指标，需在试验前进行测定，确保浆液质量指标符合表 10-6 的要求。

注浆压力的确定是根据注浆的目的和要求，即充分充填建筑空隙，避免由此引起地面隆沉而影响周围建（构）筑物安全，避免过大的注浆压力引起管片衬砌破坏，防止注浆损坏盾尾密封。注浆压力最佳值计算公式如下：

$$P_{注浆孔} = (h + h')\gamma K_0 / 1000 + P_{管阻} (MPa)$$

式中 $P_{注浆孔}$——注浆孔注浆压力（MPa）；

h——盾构机顶部至地面覆土的厚度（m）；

h'——注浆孔距盾构机顶部高度（m）；

γ——单位体积土体的重度（kN/m³）；

K_0——侧向压力系数；

$P_{管阻}$——注浆孔管阻（MPa）。

同步注浆施工参数须根据盾构始发（始发）试验段施工参数情况进行调整后确定，并结合盾构推进过程中的实际工况进行实时调整，注浆控制以注浆量、注浆压力双重控制，以注浆量控制为主，注浆压力控制为辅。

6. 浅覆土质量控制案例（图 10-9 ～ 图 10-12）

本区间类矩形盾构接收前约 85m（278 ～ 347 环）范围为超浅覆土接收区域，隧道顶覆土 $3.8 \sim 1.08 m$，盾构坡度为 34.7‰，转弯半径为 R350m。类矩形隧道断面土层为 ①1a 杂填土、① 3b 淤泥质黏土、②1 黏土、②2a 层淤泥。

类矩形盾构进入超浅覆土施工段前，穿越东钱湖大道7号桥拔桩区，拔除桥墩桩基为 $\phi 1000 mm$ 钻孔灌注桩，桥台桩基为 $\phi 800 mm$ 钻孔灌注桩，拔除深度为类矩形隧道以下 2m，2018 年 10 月拔除完成后进行黄沙及原状土回填。

区间于 276 ～ 326 环区域上穿 4 号线正线单圆隧道，区间叠交段采用 $\phi 800 mm$ 三重管高压旋喷桩加固桩间搭接 300mm，水泥掺量为 20%，采用 P42.5 级普通硅酸盐水泥，无侧限抗压强度 $q_u \geq 0.8 MPa$，加固区长 28.7m，宽 10.2m，厚 2.5m，于 2018 年 10 月完成。

2018年12月完成类矩形隧道278~347环上方抗浮板（1、2、4、5），抗浮板为宽18.55m厚0.6m钢筋混凝土结构，抗浮板两侧为ϕ800mm长14.75m钻孔灌注桩，桩距5m，抗浮板底与类矩形隧道腰部间采用ϕ800mm三重管高压旋喷桩加固，桩间搭接300mm，水泥掺量为20%，采用P42.5级普通硅酸盐水泥，无侧限抗压强度$q_u \geq 0.8$MPa。

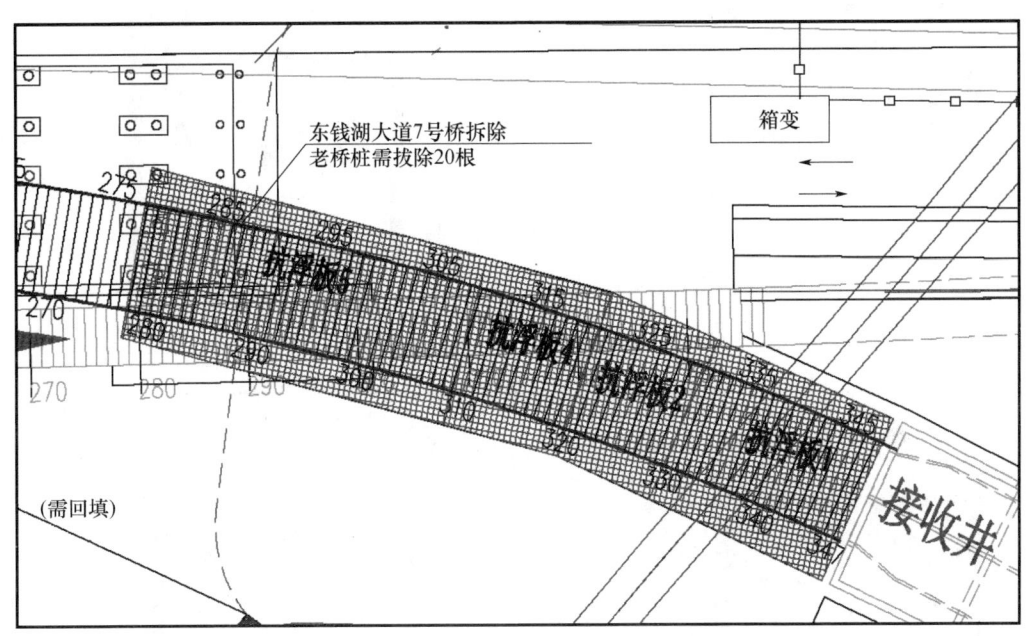

图10-9 区间超浅覆土接收施工平面示意图

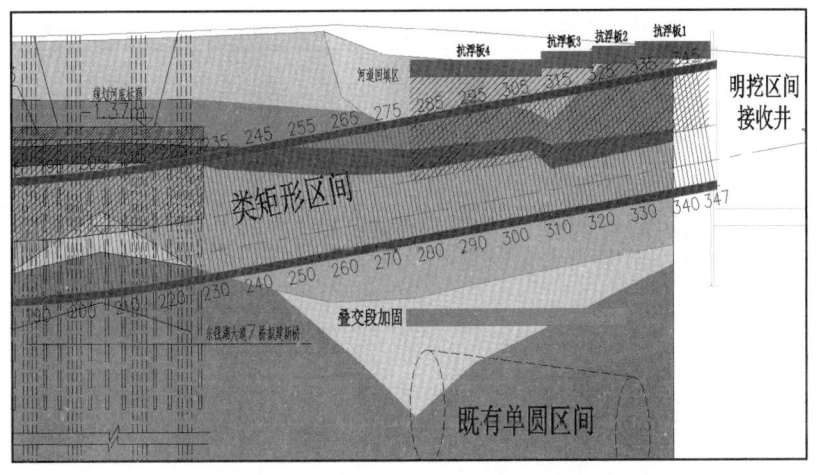

图10-10 区间超浅覆土接收施工纵剖面示意图

7. 风险分析

类矩形盾构超浅覆土施工时，由于顶覆土较少，若施工参数设置不合理，可能造成类矩形隧道上浮量超标，区间338~347环为隧道接收加固区，加固区内盾构姿态不易调整，须在盾构进入接收加固前将盾构姿态调整为最佳状态，否则可能造成盾构机偏离洞门圈,盾构接收困难等。因此,必须采取措施确保类矩形盾构姿态正常,顺利接收。

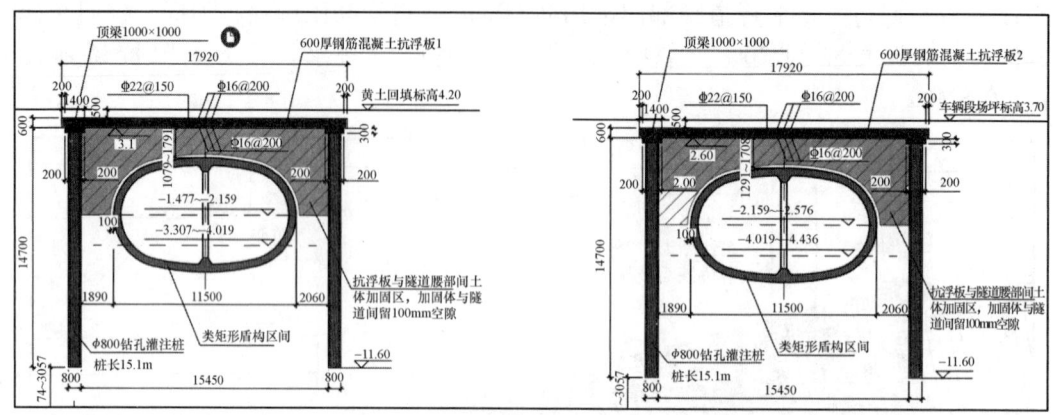

图 10-11 抗浮板 1、2 与隧道关系剖面图

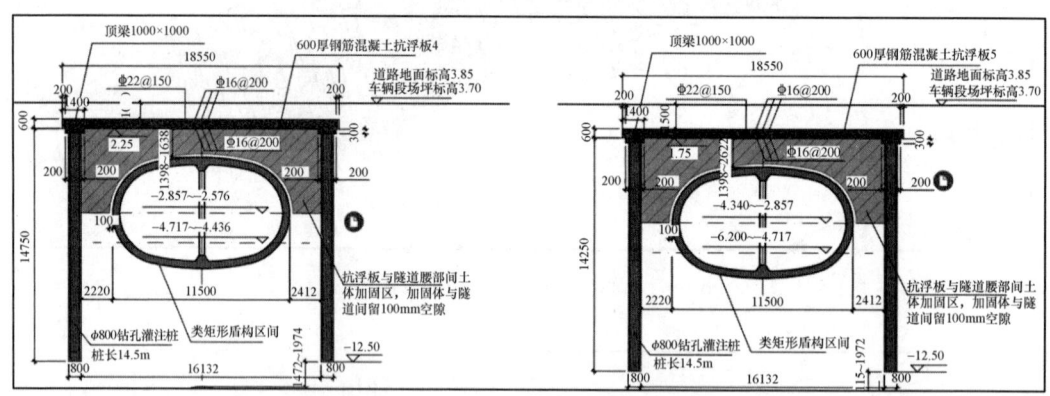

图 10-12 抗浮板 4、5 与隧道关系剖面图

8. 技术措施

(1) 接收流程

① 330 环千斤顶行程至 995mm 时,大刀盘即已进入加固区;

② 330 环千斤顶行程至 1813mm 时,偏心刀盘即已进入加固区;

③ 339 环千斤顶行程至 1429mm 时,大刀盘靠上钻孔灌注桩围护结构,开始凿洞门,335 环进行二次注浆;

④ 340 环千斤顶行程至 859mm 时,盾尾进入加固区;

⑤ 342 环千斤顶行程至 1300mm 时,盾构机头即已靠上基座;

⑥ 343 环千斤顶行程至 800mm 时,吹割 AB 环;

⑦ 347 环推进完成后进行第一次封洞门并注入单液浆;

⑧ 利用 3 块负环作为传力块,将盾构推进至基座上,进行二次封洞门并注入单液浆。

(2) 施工参数控制

① 推进速度

类矩形盾构超浅覆土施工时,适当降低推进速度至 10～20mm/min,当盾构机刀盘进入加固区时,已推进速度降低至 5mm/min,推进过程应密切观察刀盘扭矩,当扭矩急剧增大时,应降低推进速度至 1~2mm/min。

② 土压力

盾构接收前以 35‰坡度推进,盾构顶覆土不足 3.8m,最小值仅 1.08m,由于上部抗浮板设置,可适当增大土压力至 0.8~1.0bar(理论值<0.6bar),有助于盾构姿态控制。

③ 出土量

推进过程严格控制出土量,按理论值 98%~100% 即 84.7~86.4m³/环,严禁超挖,安排专人对土质进行观察及反馈。

④ 注浆量及注浆比例

加强同步注浆管理,均匀、持续压注同步浆液。根据监测数据适当调整同步注浆总量及比例,注浆总量 6.2~7.1m³,上部与下部注浆比例调整为 9:1 或 7:3。盾构推进 342~343 环时,密切观察洞门处浆液情况,防止同步浆液从洞门间隙涌出,及时停止同步注浆。

⑤ 二次注浆

盾构推进 339 环时,大刀盘靠上钻孔灌注桩围护结构,开始凿洞门,335 环进行二次注浆(环箍),加强加固区与非加固区之间的密封效果,环箍注浆采用双液浆,5~6m³/环。

347 环推进完成后,及时进行第一次封洞门,于 343 环进行二次注浆(环箍),环箍注浆采用双液浆,5~6m³/环。

343 环注浆及第一次封洞门完成后,即可进行洞门注浆,填充 344~347 环盾构机壳与土体间隙间隙,填充采用单液浆。

盾构机完成脱出洞门后,进行第二次封洞门,及时进行洞门注浆,填充 346~347 环管片与外侧剩余间隙,填充采用单液浆。

⑥ 土体改良

盾构机刀盘接触接收加固区后,降低推进速度,同在刀盘前方加水或膨润土进行土体改良,可降低刀盘扭矩,利于切削加固区土体,根据本工程经验,注入量为 3~5m³/环(根据出土情况调整)。

⑦ 姿态控制

类矩形盾构机进入加固区前需调整好盾构机姿态,进入加固区后,仅进行微调,由于本工程接收为割线接收,盾构机高程控制在 -40~-50mm,水平偏差控制详见割线进洞姿态控制表 10-7。

(3) 割线接收技术措施

接收段隧道设计轴线转弯半径为 R350m,类矩形盾构机长 11.45m,加固区长 11m,割线长度设定为 17m,即 334~347 环为直线推进环。为确保割线与隧道轴线水平偏差在合理范围内,割线起点与终点水平偏差设置为 -30mm。同时由于本次接收为超浅覆土接收,隧道顶覆土仅 1.7m(含 0.7m 厚抗浮板),盾构高程姿态控制为 -40mm,以抵消成型隧道上浮量,盾构接收基座高程偏差为 -50mm,水平方向为割线延长线。割线接收平面图如图 10-13 所示,割线进洞姿态控制表见表 10-7。

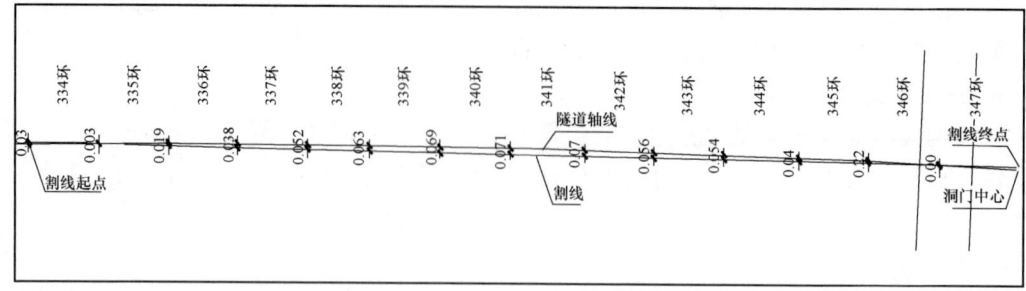

图 10-13 割线接收平面图

表 10-7 割线进洞姿态控制表（单位：mm）

环号	切口平面姿态	盾尾平面姿态	环号	切口平面姿态	盾尾平面姿态
326	−3	0	337	+40	+19
327	+19	0	338	+22	+38
328	+38	0	339	0	+52
329	+52	0	340	−30	+63
330	+63	0	341	—	+69
331	+69	0	342	—	+71
332	+71	0	343	—	+70
333	+70	0	344	—	+85
334	+85	0	345	—	+66
335	+66	−30	346	—	+54
336	+54	−3	347	—	+40

（4）二次接收技术措施

本次盾构接收分两次接收，第一次接收为盾构推进 347 环（接收环）结束后，利用弧形钢板封堵洞门圈与盾构机壳之间的空隙，弧形钢板外弧与洞门圈预埋钢板焊接搭接至少 50mm，弧形钢板内弧与盾构机壳体之间采用快速水泥封闭。弧形钢板全部固定完成后，采用水泥浆填充洞门圈与盾构机壳体之间的空隙。第一次接收弧形钢板示意图如图 10-14 所示。

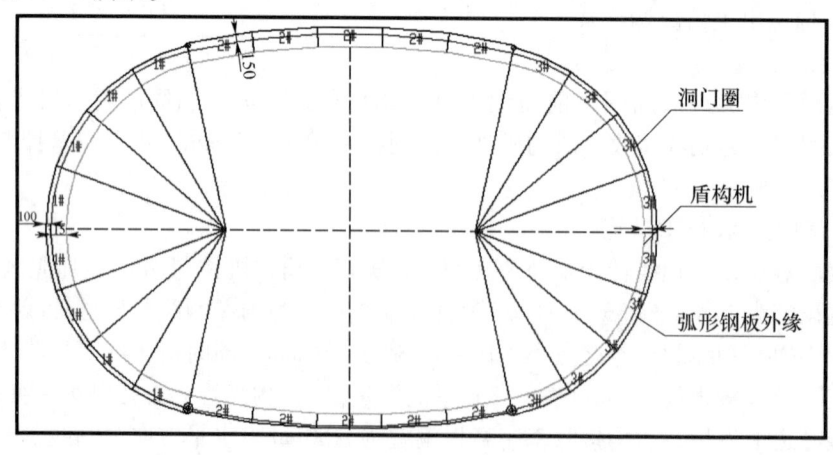

图 10-14 第一次接收弧形钢板示意图

待洞门内水泥浆达到一定强度后,盾构机继续推进,盾尾靠上基座后进行第二次接收弧形钢板焊接,第二次接收弧形钢板示意图如图10-15所示。弧形钢板内外弧分别与接收环管片端部钢板、洞门圈预埋钢板焊接,焊接完成后进行注浆填充。

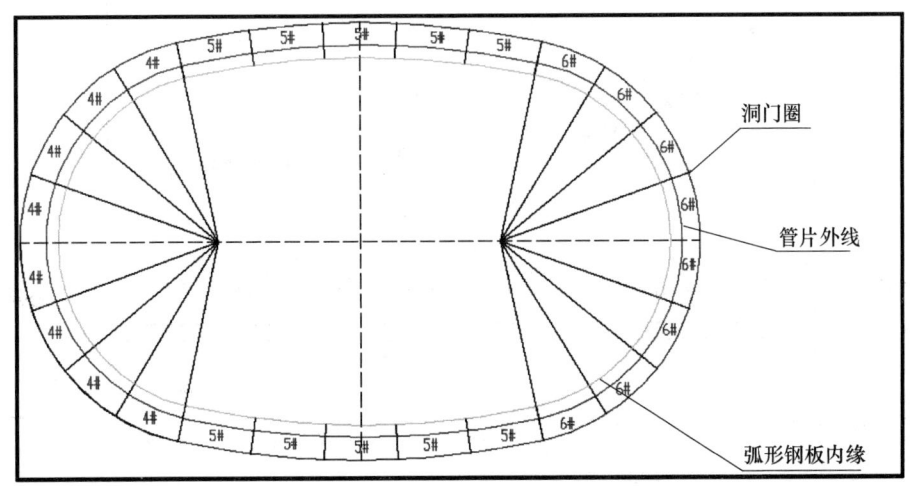

图10-15　第二次接收弧形钢板示意图

9. 实施效果

根据类矩形盾构超浅覆土接收实施效果总结如下:

(1) 盾构姿态

根据施工实际数据绘制盾构超浅覆土接收施工坡度、土压、转角等折线图如图10-16所示。

类矩形盾构超浅覆土接收施工坡度控制在33‰~35‰,土压控制在0.8~1.0bar,盾构转角控制在15′以内,盾构进入加固区前提前调整盾构姿态,进入加固区后进行微调,确保盾构姿态正常,顺利接收。

(2) 地表沉降监测

盾构超浅覆土接收施工时,每日进行不少于2次地表沉降监测,监测数据统计如图10-17所示。

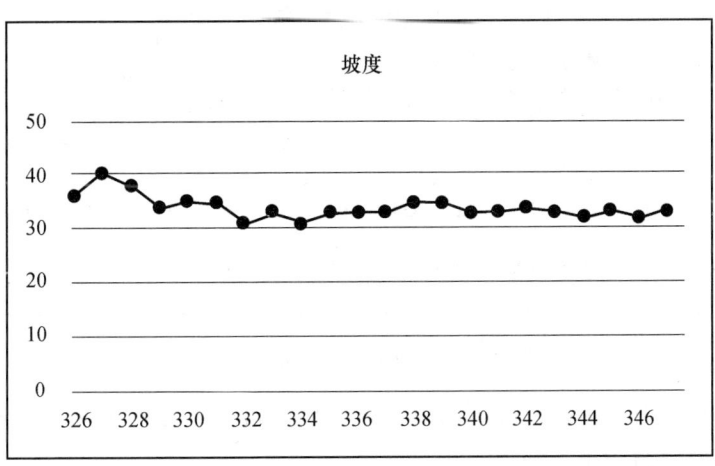

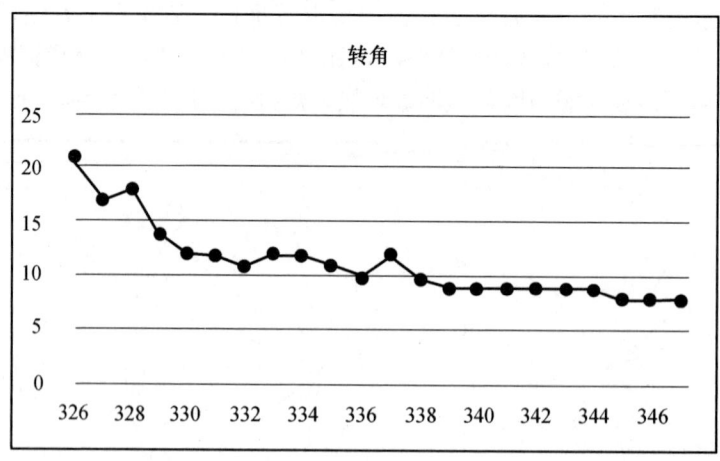

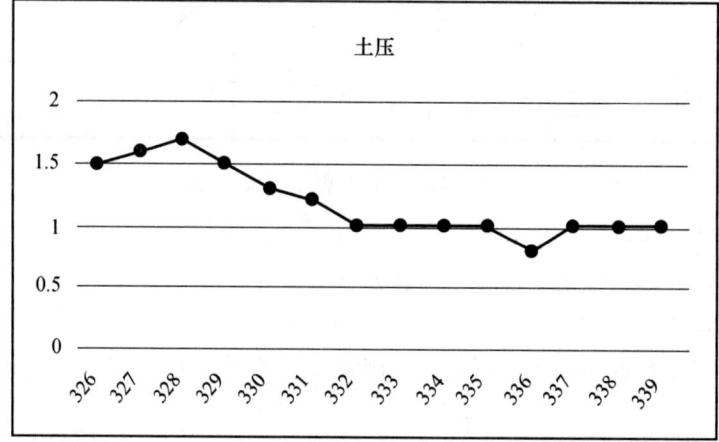

图10-16 盾构姿态参数控制统计折线图

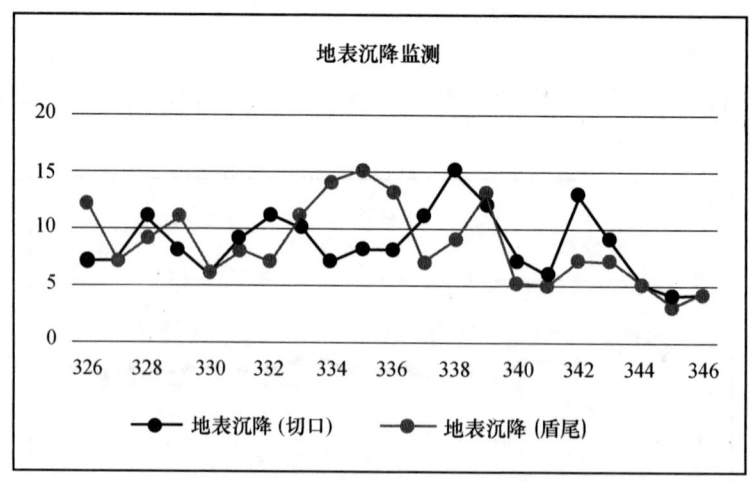

图10-17 地表沉降监测统计折线图

盾构推进过程中,严格控制土压力、出土量等施工参数,地表沉降监测数据较稳定,由于土压设置值稍大,地表一般处于微隆状态,最大量不超过16mm,地表沉降可控。

（3）类矩形隧道监测

盾构超浅覆土接收施工时，每日进行不少于2次隧道沉降及收敛监测，监测数据统计如图10-18所示。

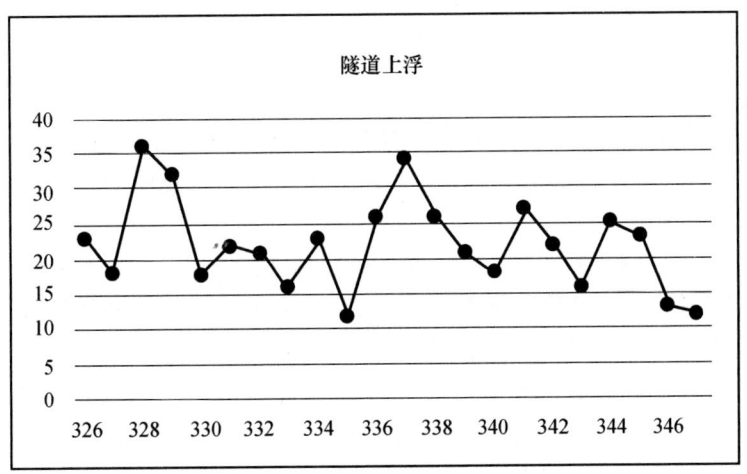

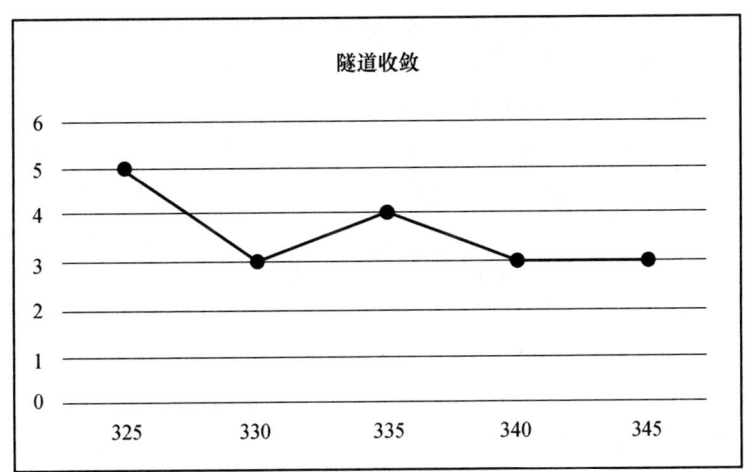

图10-18 类矩形隧道监测统计折线图

类矩形隧道顶覆土小于2.6m，同步注浆比例设置为9∶1，上部抗浮板有效控制隧道上浮量，范围为10~40mm，隧道轴线偏差可控，隧道收敛符合要求。

10.4 质量小结

类矩形盾构施工为本工程施工重中之重，盾构施工重点关注推进施工参数控制、管片拼装质量控制、管片防水制作质量、同步注浆管理、水平垂直运输吊装、盾构穿越管涵、河流及拔桩区、上穿单圆隧道、超浅覆土接收等。

施工参数控制：盾构推进速度控制在5mm/min（加固区）、10~20mm/min（特殊段施工）、30mm/min（正常段施工）；土压力应根据计算确定初值，根据施工监测数据及时调整；盾构推力不得大于3000t；转角控制在±15′以内，刀盘扭矩不得大于4000kN·m；盾构注浆量一般为6.2~9m³，出土量一般为84.7~86.4m³。特殊段施工，提前设置30m试验段，摸索最佳施工参数，同时密切关注监测数据，根据监测数据动态调整施工参数。

管片拼装质量控制：管片拼装过程防止管片碰撞破损，后期修补较为复杂，螺栓复紧定期检查，在管片脱出盾尾前做好螺栓复紧工作，同时注意管片缝隙、错台等，及时清理管片上的杂物、垃圾。

管片防水质量控制：管片防水制作需严格，确保止水带粘贴牢固，制作完成的管片及时覆盖，运输及拼装过程注重对防水材料保护，及时对管片渗漏水处注浆堵漏。

同步注浆质量控制：同步注浆需连续稳定，根据推进速度适当调整，保证注浆同步性，同步浆液拌合料坍落度、比重、泌水率逐环检查，保证浆液质量符合要求。

盾构穿越管涵、河流及拔桩区：盾构穿越前设置试验段，摸索施工参数，穿越过程控制盾构姿态及施工参数，并对建（构）筑物进行密切监测，防止结构变形过大，盾构穿越拔桩区时密切关注刀盘扭矩变化及土仓压力变化，及时注水及膨润土改良土质，调整螺旋机转速与推进速度等。

盾构上穿单圆隧道：类矩形盾构上穿既有单圆隧道施工过程中，应严格控制盾构姿态，防止盾构机平面偏差、高程偏差、转角、推进速度过大，可采用刀盘注水或膨润土（5m³）方式改良土体，防止结泥饼导致螺旋机取土困难，及时利用转角压浆及机头压铁等方式进行转角纠偏，防止盾构姿态不可控，尤其是盾构小曲率半径转弯时，密切关注转角变化，但不宜急纠，应降低推进速度，利用管片传力垫及转弯管片设置逐步纠偏，并注意观察盾尾间隙变化量。同步注浆质量对隧道类矩形上浮量影响较大，尤其在浅覆土工况下，隧道上浮量40~80mm，注浆比例宜设置为9∶1，可适当减少注浆量，同时已盾构机轴线控制在-70~-30mm，且在0#车架两侧各设置3t压铁，降低下方单圆隧道上浮量。隧道监测极其关键，类矩形隧道穿越单圆隧道前30环设置试验段，对试验段进行密切监测，摸索最佳施工参数，尤其是地表沉降变化，穿越时，对单圆隧道密切关注，加密监测点布设，叠交段及前后10环均为影响区域，对隧道沉降及收敛进行观测并及时反馈，动态调整施工参数，穿越后期仍需对单圆隧道进行监测（6个月），适当降低监测频率，观察后期隧道变化。

盾构超浅覆土接收：类矩形盾构超浅覆土接收施工过程中，尤其是盾构进入加固区之前，应严格控制盾构姿态，防止盾构机平面偏差、高程偏差、转角、推进速度过大，盾构进入加固区之后姿态纠偏较困难，加固区内可采用刀盘注水或膨润土（5m³）方式改良土体，降低刀盘扭矩，防止扭矩过大报警，利用转角压浆及机头压铁等方式进行转角纠偏，防止盾构姿态不可控。同步注浆质量对隧道类矩形上浮量影响较大，尤其在浅覆土工况下，隧道上浮量较大，注浆比例宜设置为9∶1，可适当减少注浆量，抗浮板的设置可有效降低类矩形隧道上浮量及地表沉降变化。

隧道监测极其关键，超浅覆土施工时，密切监测地表沉降、隧道沉降及收敛变化，确保地表沉降可控，防止影响周边环境，隧道轴线偏差符合验收要求（图10-19~图10-21）。

图 10-19　类矩形盾构顺利接收

图 10-20　类矩形盾构施工参观指导

图 10-21　类矩形隧道实景图

11 联络通道质量管理

11.1 机械法联络通道施工

11.1.1 项目概况

4号线区间机械法联络通道涉及10个区间12座联络通道,本次概述及金达南路站—小洋江站区间联络通道具体说明如图11-1~图11-3所示。

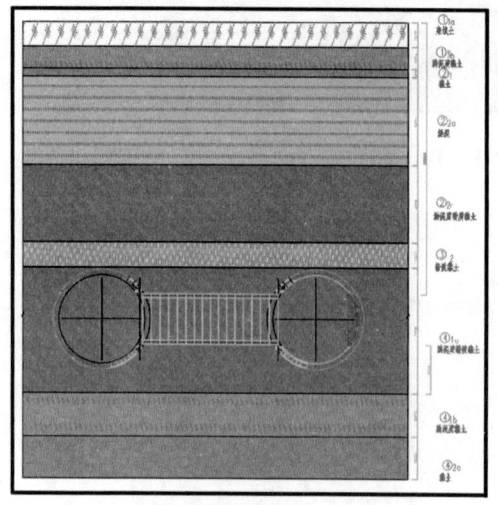

图11-1 联络通道地质剖面图

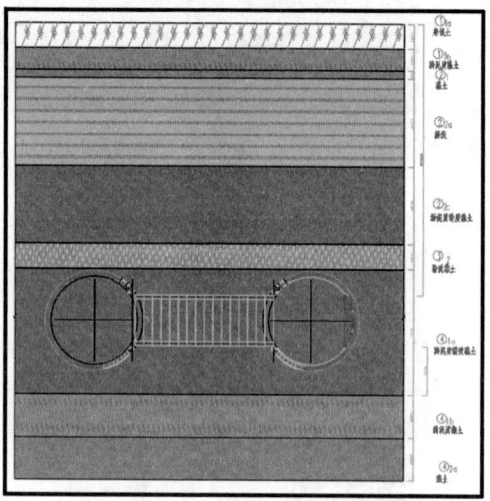

图11-2 2#联络通道地质剖面图

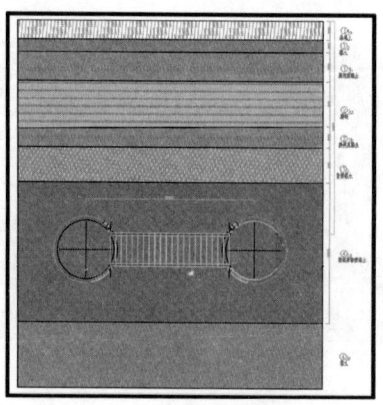

图11-3 3#联络通道地质剖面图

本区间包含3个联络通道，1#、2#联络通道采用顶管法施工，3#联络通道采用盾构法施工。

周边环境：金达南路站—小洋江站区间1#联络通道位于河西村河下，北侧为宁波佳明印业有限公司，水平距离10.82m。金达南路站—小洋江站区间2#联络通道位于勇丰彩印标牌厂房附近拆迁区下方。金达南路站—小洋江站区间3#联络通道临近"东南36A1线02号"输电塔，地面为空地。

地质条件：金—小区间1#联络通道主要涉及土层为上部：③2粉质黏土；中部：④1a淤泥质粉质黏土；下部：④1b淤泥质黏土；2#联络通道主要涉及土层为上部：④1a淤泥质粉质黏土；下部：④2a黏土；3#联络通道主要穿越地层上部：③2粉质黏土；中部：④1a淤泥质粉质黏土；下部：④2a黏土。

设计概况

设计总体方案

联络通道采用机械法施工，总体设计方案如下：

（1）对主隧道联络通道处管片进行钢混凝土特殊设计，并预留可切削部位，使其具备机械法施工条件。

（2）采用套筒法进出洞，确保施工过程中洞门密封。

（3）直接通过掘进机切削管片混凝土完成出洞。

（4）通道衬砌为预制拼装式结构，按照工法可分为管节、管片两种形式。

（5）通道衬砌的首位处设计为钢结构，便于洞门接口施作。

（6）洞门接口为现浇结构。

（7）待撤离掘进机后，施作洞门接口、防火门框和通道平台。机械法联络通道施工整体效果图，如图11-4所示。

图11-4 机械法联络通道施工整体效果图

结构设计

主隧道结构（洞门处）设计

联络通道处隧道管片考虑采用钢混结合特制管片，联络通道掘进机掘进位置采用混凝土管片，其他部位采用钢管片，钢管片预留注浆孔，通过注浆对进出洞门处地层进行加固。

联络通道处采用6块（3环）钢混特殊管片，环宽均为1500mm，不设楔形量，采用通缝拼装，封顶块均放置于开洞处另一侧45°及112.5°位置，拼装前，应采用1.5m调节环调整隧道里程。主隧道管片示意图如图11-5所示。

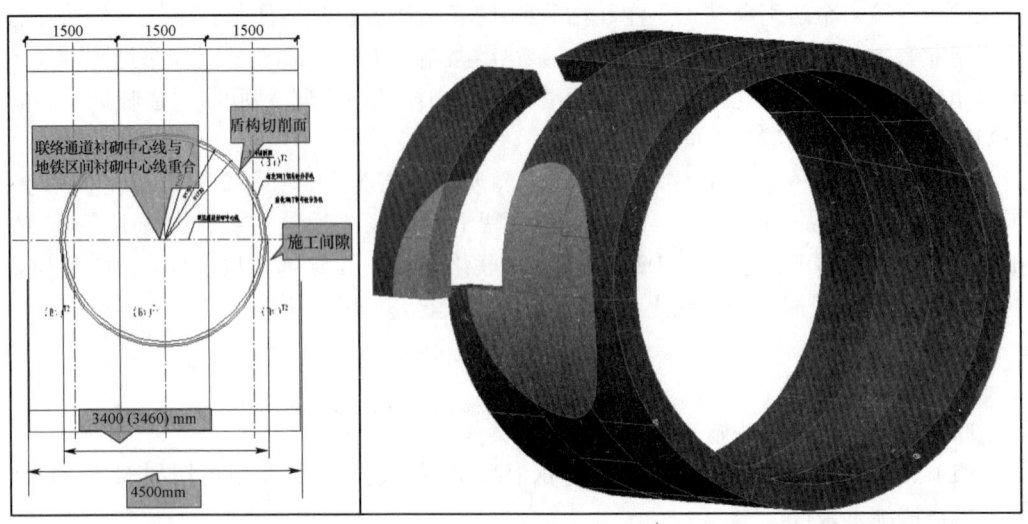

图11-5 主隧道管片示意图

小管片设计（图11-6）

（1）管片内径为2650mm，厚为250mm，外径3150mm；

（2）衬砌环间采用错缝拼装，环宽为550mm，楔形量8.7mm；

（3）衬砌环共分为5块，分别由1块封顶块F，2块邻接块L1、L2，2块标准块B1、B2组成；

（4）拼装时封顶快搭接450mm径向推上后纵向插入；

（5）管片块与块间、环间均采用弯螺栓相连；

（6）进出洞处为钢结构特殊衬砌环，并增设注浆孔。

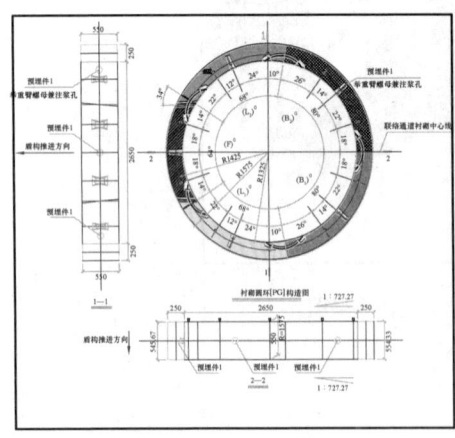

图11-6 管片设计

小管节设计（图11-7）

（1）管节外径为3260mm，管节内径为2760mm，厚250mm，环宽为900mm；

(2) 衬砌环共分为 2 块，分别由 1 块小块 150°与 1 块大块 210°组成；
(3) 拼装时，大块与小块轮流作为落地块放于正下方；
(4) 管节之间采用弯螺栓相连；
(5) 进出洞处为钢结构特殊衬砌环，并增设注浆孔。

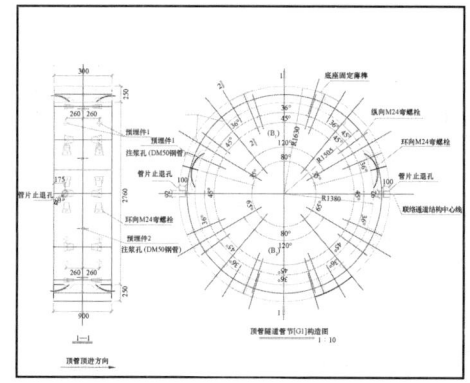

图 11-7　管片设计

附属结构设计

（1）井接头设计高度为 2100mm，宽 1400mm，现浇钢筋混凝土强度 C40，抗渗等级 P10；

（2）防火门框设计高度 2100mm，宽 1500mm，现浇钢筋混凝土强度 C40，抗渗等级 P10；

（3）通道平台盾构法联络通道设计为内置 $\phi 12$ 钢筋网片，现浇钢筋混凝土强度 C40，设计高度 275mm；顶管法联络通道设计为内置 $\phi 8$ 钢筋网片，现浇钢筋混凝土强度 C30，设计高度 330mm。

井接头和防火门设计如图 11-8 所示。

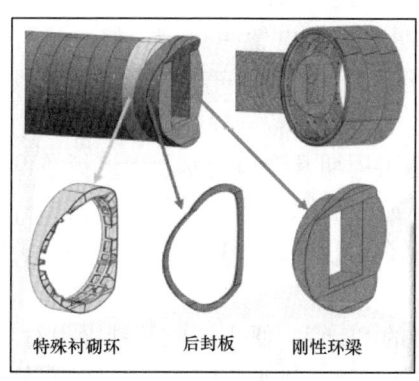

图 11-8　井接头和防火门设计

11.1.2　关键工序质量

掘进机始发准备

联络通道机械法施工工艺流程图，如图 11-9 所示。

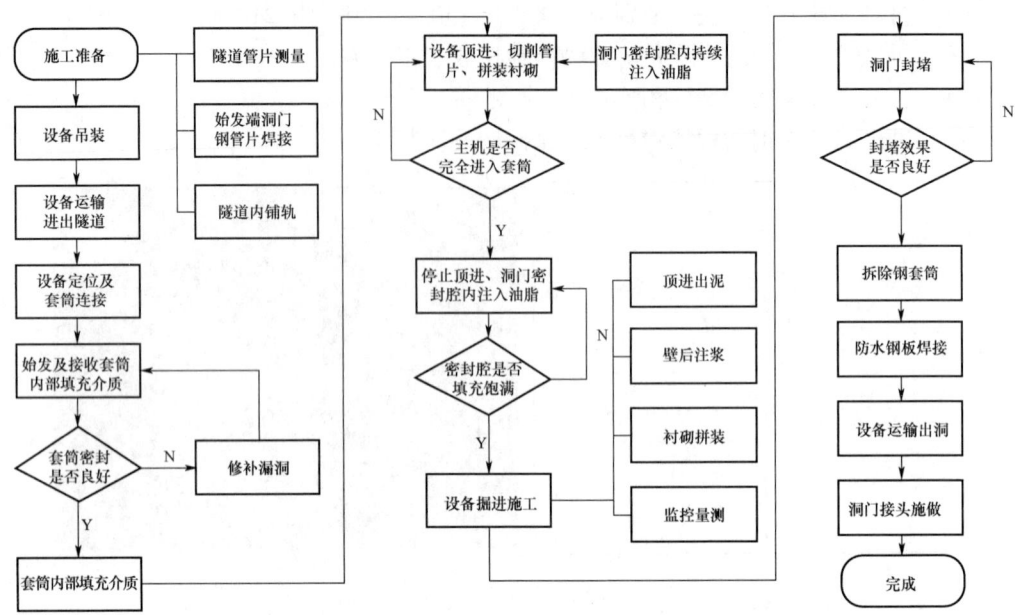

图 11-9　联络通道掘进施工流程图

周边环境调查

金达南路站—小洋江站区间沿东钱湖大道布设，1#联络通道位于河西村河下，北侧为宁波佳明印业有限公司，水平距离 10.8m。2#联络通道位于勇丰彩印标牌厂房拆迁区下方，地下无管线。3#联络通道位于空地下方，临近"东南 36A1 线 2 号"输电塔。

洞内布置（照明、走道板、水管、电路）

主隧道移交前由盾构施工单位拆除隧道内所有盾构施工所用设施，由项目经理部铺设轨枕、轨道，待设备进洞后进行通道、管路、电路、水路等铺设。

（1）照明：受设备尺寸限制，正线隧道照明须采用电缆+灯带，如原照明为五线+灯架形式，需要自行更换。3 号、5 号台车运输前需要把电箱暂时拆除，完成后重新接入电箱。

（2）走道板：受设备尺寸限制，同时考虑施工周期及隧道现状，走道板布设于双轨中间部位，须待 3 号、5 号台车运输到位后再进行铺设。同时为了保证人员行走安全，待台车全部到位后，须在单侧每 50m 设置 1 个避让平台，平台与普通走道板布设相同。

（3）水管：给水管采用 DN32 或 DN50 规格的 PE 管，便于回收及铺设，每 200m 设一个 3 通接头，台车运输时，将水管放置于边轨外侧。排水管同样采用 DN50 规格的 PE 管，接至隧道最低点即可，中间无须设置 3 通。

（4）电路：始发侧隧道须布设 2 路电路，一路为 10kV 高压电缆，一路为低压电缆。照明电缆放置于掘进方向的隧道侧边，与灯带一起悬挂于隧道腰部，高压电缆须待 3 号台车进入隧道后再悬挂于对侧。接收侧隧道须布设一路低压动力电缆，供照明与 5 号台车泵站动力，5 台车功率为 55kW。

隧道内轨道铺设

（1）顶管法联络通道轨枕铺设

顶管机设备经过改进，电瓶车和台车共用轨道，轨枕间距 0.6m，钢轨规格为 43kg/m，单根长度 6.25m，现阶段需要人工铺设。始发侧轨道须铺设至超过联络通道中心线 40m，接收侧轨道须铺设至超过联络通道中心线 10m。槽钢轨枕如图 11-10 所示。

图 11-10　槽钢轨枕

（2）盾构法联络通道轨枕铺设

由于联络通道掘进机设备的特殊性，现采用特制轨枕保证隧道内空间利用可控，间距 0.6m 布置一个轨枕，联络通道洞门处依据掘进机内支撑体系布置间距布置轨枕。

隧道内 P43 轨道布置：采用 45t 牵引机车牵引，并设计专门的铺轨装置进行铺设。轨道中心线需与线路中心线重合，电瓶车轨间距为 0.9m，台车轨间距为 1.3m。铺设范围为隧道入口至联络通道洞门后 30 环。

井口及站台内 P43 轨道布置：由于车站底板已填仓，因此无须搭设钢平台，依据现场实际情况加设槽钢、钢板等作为轨道平台，并视情况加固。铺设范围为井口至站台内 15m。其中井口铺设双轨，站内铺设单轨。弧形轨枕如图 11-11 所示。

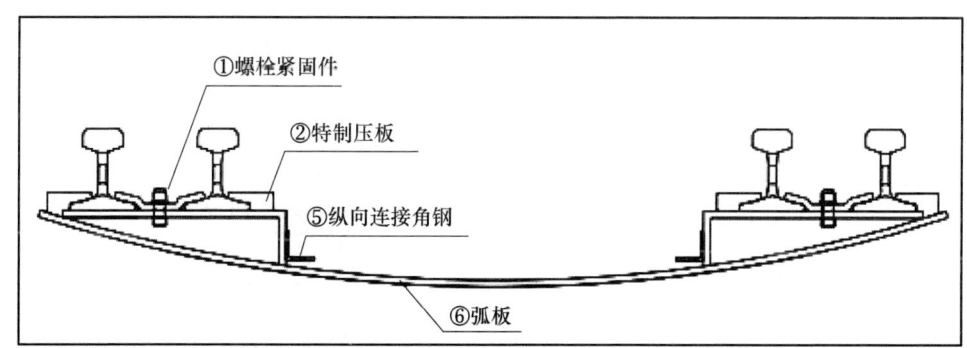

图 11-11　弧形轨枕

联络通道洞门附近二次注浆（图 11-12）。

始发前项目部安排人员对联络通道前后 3 环再次进行注浆，确保注浆效果。

设计配比：水泥浆（按质量配比）水：水泥 = 1:1；玻璃液（按体积配比）水：

水玻璃＝1∶1；双液浆（按体积配比）水泥浆∶玻璃液＝1∶1。

图 11-12　主隧道二次注浆

洞门钢管片处理

将主隧道管片始发及接收洞门处 6 块复合管片的钢结构部分焊接连为整体，采用跳焊法减少变形，分多层焊接，焊接厚度每层 3～5mm。施工时需要搭设脚手架作为施工平台。

（1）焊接流程：焊接—打磨—焊接—打磨，如此循环进行，每次焊接焊缝厚度不大于 5mm，打磨深度不小于 1mm；

（2）背面清根采用角磨机打磨，深度为 3mm；

（3）需对钢管片接缝处进行焊缝制备及清理，采用碳弧气刨与角磨机打磨；

（4）焊前检查坡口，组装间缝是否符合要求，定位焊是否牢固，焊缝周围不得有油污、锈物；

（5）焊接速度：要求等速焊接，保证焊缝厚度、宽度均匀一致，从面罩内看熔池中铁水与熔渣保持等距离（2～3mm）为宜；

（6）用铁锤洞门一圈混凝土凿掉露出钢板面，宽度不够的则进行加宽处理。

联络通道里程复测

主隧道左右线贯通测量后，使用最新的控制点成果对钢环进行复测。复测方法为通过制作一固定长度的铝合金尺，在尺中心贴反射片，测量反射片的三维坐标。并通过铝合金尺与管节的相对位置推算出管节中心三维坐标，从而计算出里程。

套筒始发准备

套筒模型如图 11-13 所示。

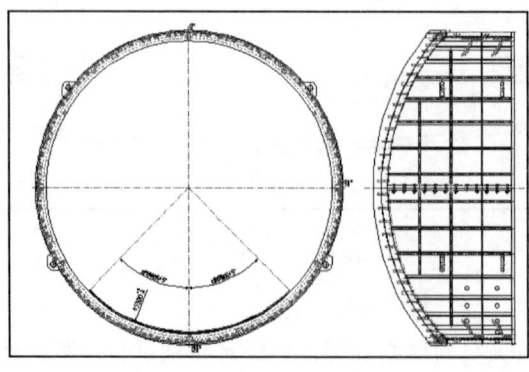

图 11-13　套筒模型

本工程采用钢套筒法始发。掘进机主机与始发套筒间存在65mm间隙，主机进洞后联络通道管片与始发套筒存在135mm间隙，采用三道钢丝刷（顶管两道）+盾尾油脂进行密封保证始发过程中接口临时密封。

套筒后端依据已安装的套筒前端的角度、自转、高程确定其安装姿态，并在安装过程中调整好套筒后端及掘进机的姿态，避免台车进入隧道后调整其姿态。

盾构法联络通道反力架安装

反力架在地面上放置主机内，台车支撑系统加载完成后将反力架顶出后支撑在体系上，进行焊接加固。

顶管法联络通道顶推系统安装

在井口组装时将顶推系统置于主机内，台车支撑系统加载完成后将顶推系统移出放置在指定位置上。顶推系统如图11-14所示。

图11-14 顶推系统

始发及掘进

（1）始发参数

联络通道掘进机采用半套筒密封，切削洞门混凝土始发，始发过程按表11-1所示参数控制。

表11-1 始发参数控制表

推力	扭矩	掘进速度	土仓压力	渣土改良
<4000kN	<500kN·m	1~3mm/min	2.0bar	膨润土/TAC

（2）掘进参数

联络通道掘进过程按表11-2所示参数控制。

表11-2 掘进参数控制表

推力	扭矩	掘进速度	土仓压力	渣土改良
<4000kN	<300kN·m	1~10mm/min	2.0bar	无

（3）管片拼装（图11-15）

① 管片拼装遵循"不碎、不裂、不偏、不浮、不沉、不渗"的六不原则，提前拟

合出一条理论排版图,并制定相应的排版原则及纠偏原则,指导后续管片拼装施工。

② 管片拼装必须从隧道底部开始,然后依次安装相邻块,最后安装封顶块。安装第一块管片时,用水平尺与上一环管片精确找平。

③ 封顶块安装前,对止水条进行润滑处理,安装时先径向插入450mm,调整位置后缓慢纵向顶推。

④ 管片块安装到位后,应及时伸出相应位置的推进油缸顶紧管片,其顶推力应大于稳定管片所需力,然后方可移开管片安装机。

⑤ 管片拼装完后应及时整圆,并在管片脱离盾尾后要对管片连接螺栓进行二次紧固。

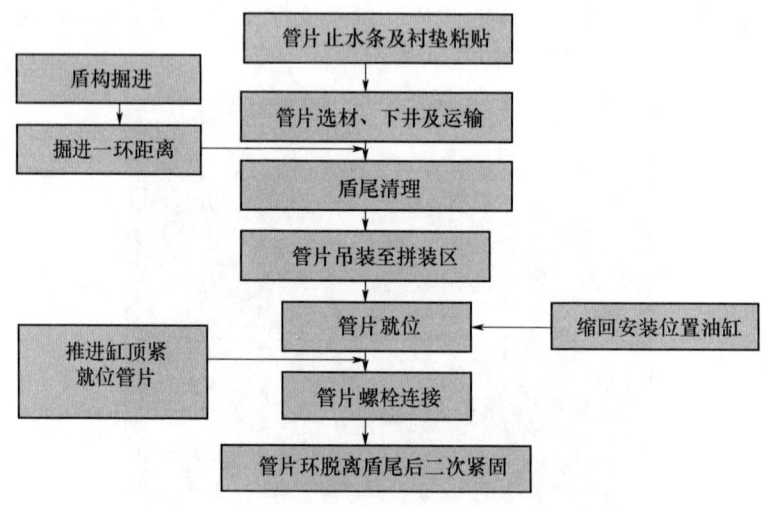

图 11-15 管片拼装工艺流程图

(4) 管节拼装(图 11-16)

管节分块拼装,由上下两部分组成,上部150°,先拼装下部,后拼装上部。

下部管节通过单梁运输放置于导轨上,然后将上部管节运输至与下部管节同一平面位置,调整适当的角度与下部管节拼接,完成整环组装。在管节放置导轨时,管节应缓慢吊放到导轨上,严禁冲击导轨。然后利用吊机,在导轨上进行转角调整。

主千斤顶向前缓慢推进,将后面管节快速接头公头插入上一环管节的母头内。插入过程中安排专人进行监护,防止快速接头对偏。

图 11-16 管节拼装

掘进机接收

接收套筒安装

(1) 接收钢套筒设计

接收钢套筒长4390mm,内径3460mm,分四段,其中前端和后端为整体环,中间段分为上下两半圆。筒体材料用30mm厚的Q235钢板,每段筒体的外周焊接纵、环向筋板保证筒体刚度，筋板厚度 20mm，高 45mm，间隔约 300mm×350mm，每段结合面均焊接法兰，法兰用 30mm 厚的 Q235 板，采用 10.9 级 M20 螺栓连接，中间加 O 形密封圈。

（2）钢套筒填仓（图 11-17）

① 待始发端准备完成后逐步展开 5#台车组装工作，在井口将接收套筒安装在 5#台车内，通过电瓶车将其推进至联络通道，接收套筒焊接完成后开始填充钢套筒，填注材料为改良塑性土。

② 钢套筒初步填仓之后，打开钢套筒上预留的 2 个卸压口，顶部泄压口接入注浆管，采用高速自动压浆台车进行加泥加压，加压注浆压力 0.35MPa，浆液为膨润土浆液，注入前密切关注仓内压力，观察套筒内压力不少于 0.25MPa，维持 5min 压力不降即可，压力损失不大于 0.05MPa，接收套筒密封试验完成；若出现渗漏，立即组织封堵，在持续进行保压试验直到压力 0.25MPa 满足要求为止。

③ 完成密封试验后密切关注套筒内压力变化，安排专人值守。当套筒内压力小于 0.27MPa 时，立即组织拌制浆液，补充压力至 0.35MPa 时停止。切削管节之前，做好保压注浆的准备工作，刀盘切削过程中，密切关注接收套筒压力变化，当压力小于 0.27MPa 时，立即组织补浆。

图 11-17 套筒填仓

（3）套筒连接

接收套筒须焊接于开洞特殊管节预留的洞门处。5#台车运送进隧道后通过千斤顶及 20t 手拉葫芦调整接收套筒姿态，并从套筒内部将套筒前端与特殊管节预留洞门焊接成整体。钢套筒上预留了多数注入孔，需要使用 3 个，其余全部用钢堵头堵住，顶部预留一个直径较大的厚浆注入孔和一个双液浆注入孔，下部预留一个卸压孔，均安装对应尺寸球阀。

（4）套筒加固（图 11-18）

套筒连接到位后，且支撑体系加载完成后，需要在外圈对其进行加固，加固采用 20#工字钢（或钢板拼接）沿套筒轴向及环向进行支撑，支撑一端焊接于套筒外弧，一端支撑在管节或外部支撑环，加固如图 11-18 所示。

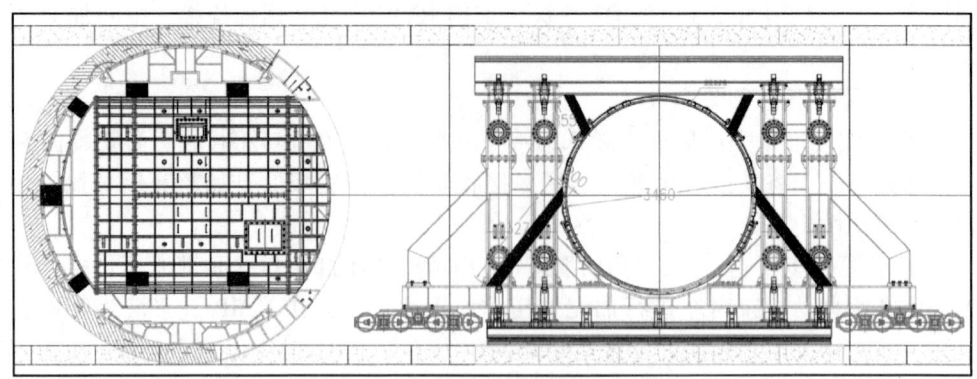

图 11-18 接收套筒加固方式

支撑体系加载（表 11-3）

套筒焊接完成后，调试 5 号台车支撑体系，支撑体系动作及信息传递无故障后，进行分级加载，加载步骤按表 11-3 进行，每级加载须间隔 5min。

表 11-3 接收台车支撑体系分级加载步骤

加载步	上下支撑（kN）	上下支撑（bar）	侧部支撑（kN）	侧部支撑（bar）
1	0.0	0.0	50.0	52.6
2	100.0	18.8	50.0	52.6
3	200.0	37.7	50.0	52.6
4	300.0	56.5	50.0	52.6
5	400.0	75.4	50.0	52.6
6	500.0	94.2	50.0	52.6

轴线控制

由于接收要求定位精确，需减小接收轴线与钢套筒安装轴线的偏差，采取措施如下：

按照盾构机接收目标姿态控制每日指令下达，切口/盾尾平偏：±10mm/±20mm，切口/盾尾高偏：±40mm/－20mm。

到达掘进

(1) 削切管节前推进参数设置：

在顶管机刀盘未接触到混凝土管节以前，就必须注意顶管机掘进参数的选择，防止纠偏过急以及通过正确的管节选型，保证顶管机碰壁时良好的顶管姿态。

① 参数设置：在即将碰壁之前，速度不大于 3mm/min，推力＜4000kN；到碰壁前 50cm 时，速度降低到 2mm/min；推力减小到 2000kN 左右；刀盘转速＜1.0~1.5r/min。

② 姿态控制：为了防止出洞时顶管机截头，要求顶管机机头姿态高于轴线 30~50mm，呈略抬头向上姿势；水平姿态处于 ±20mm 以内。

③ 渣土改良：少量注入泡沫改良渣土或注入膨润土浆液，以出土顺畅为标准。

(2) 切削管节推进参数设置：

参数设置：推速＜10mm/min；推力＜2000kN；刀盘转速 1.5~2.0r/min，现场实际操作过程中应依据扭矩变化调整推力，控制扭矩 600kN·m 左右。

(3) 钢套筒内掘进参数设置：

① 参数设置：推速<5mm/min；推力<2000kN，视实际推力大小，以不超过此值为原则；在钢套筒内掘进采用掘进模式，刀盘转速控制在 0.5～1.0r/min，刀盘转动前，要与钢套筒外部进行联系，确认人员及设备安全后，才能开始掘进模式。顶管机在钢套筒内掘进过程中，要确保与外界联系，密切观察钢套筒的情况，一旦发现变形量超量或有渗漏时，必须立即停止掘进，及时采取补救措施。

② 进套筒时姿态控制：必须以实际测量的钢套筒安装中心线为准控制顶管机姿态，要求中心线偏差控制在 2cm 之内。顶管机在进入钢套筒内之后，要注意姿态控制的适时调整。

③ 停止推进目标值：当最后一环管节拼装完成，测量员复核完停机里程确认无误，此时视为接收完成。为防止因施工误差、精度控制不准导致刀盘抵制套筒端部，油缸行程还剩 10cm 时，应严格控制推进速度为 1mm/min，根据接收端值班人员实际复核油缸行程判断，刀盘是否抵制套筒端部。具体油缸行程应以最新实测管节里程计算为准。

洞门止水注浆

洞门止水注浆的质量是盾构机安全、顺利退场的关键，也是本工程退场实施的重点。顺序为：孔位选择→安装管路→打开临近球阀（泄压）→泵送双液浆→泄压阀冒浆→关闭泄压阀→泵送双液浆→注浆 $0.3m^3$→关闭球阀→移孔注浆。

台车顶撑系统拆除

接收台车顶撑系统拆除

掘进达到预定位置→逐级撤销水平顶撑力→逐级撤销上下顶撑力→横撑油缸全部缩回→顶撑油缸全部缩回→拆除右侧前部支撑环→拆除油缸管路和电缆→直至具备运输条件。

始发台车顶撑系统拆除

联络通道洞门止水注浆完成→按步骤撤销支撑力→拆除右侧前部支撑环→拆除油缸管路和电缆→直至具备运输条件。

其他结构施工

防水钢板焊接

防水钢板焊接，遵循先上下，后左右焊接的原则。焊接完成后应铲平表面，并进行 100% 磁探伤，然后按设计要求进行防腐处理。

洞门、防火门框、通道平台、嵌缝及手孔封堵施做

按设计图纸进行施工，施工前需核对进出洞首环管片是否侵入行车限界；若侵入，则须进行割除处理。

11.2 冰冻法联络通道施工

工程概述

项目概况

冰冻法联络通道涉及 3 个区间 5 座联络通道，本次概述及柳西站—宁波火车站区

间联络通道具体说明。

周边环境

根据现场勘察、设计文件及相关图纸显示,柳西站—宁波火车站路站站区间联络通道位于北侧为柳汀花苑 6#楼,水平距离 13.4m;南侧为萧甬铁路,水平距离为 18.7m;南侧 8.4m 有一根 DN1000 钢饮水管。

地质条件

根据柳西站—宁波火车站站区间勘察资料及设计文件,联络通道位置所处地层自上向下主要为⑤1T 黏质粉土、⑤1b 粉质黏土、⑤4a 粉质黏土,地质图 11-19 所示。

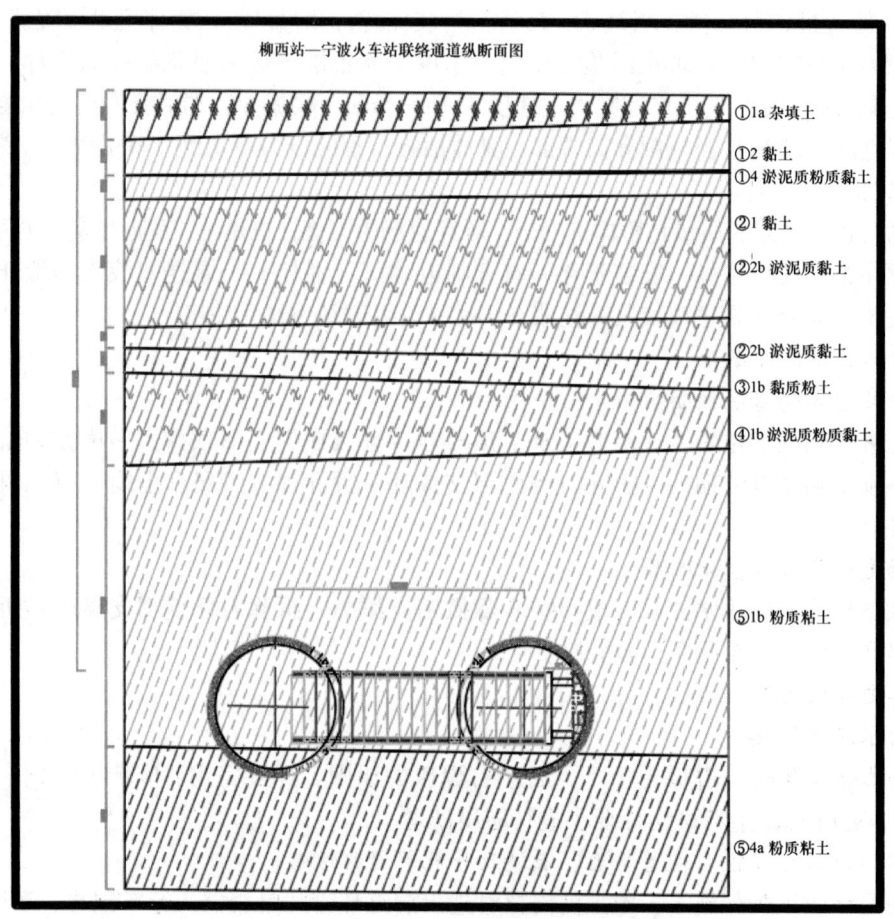

图 11-19　联络通道地质剖面图

设计概况

冻结壁设计(图 11-20)

(1)-10℃冻土强度的指标暂取:单轴抗压不小于 3.6MPa,弯折抗拉不小于 2.0MPa,抗剪不小于 1.5MPa;安全系数抗压 2.0,抗折 3.0,抗剪 2.0。

(2)根据冻结设计要求,联络通道冻结壁厚度为喇叭口处≥1.8m,通道正常段≥2m。

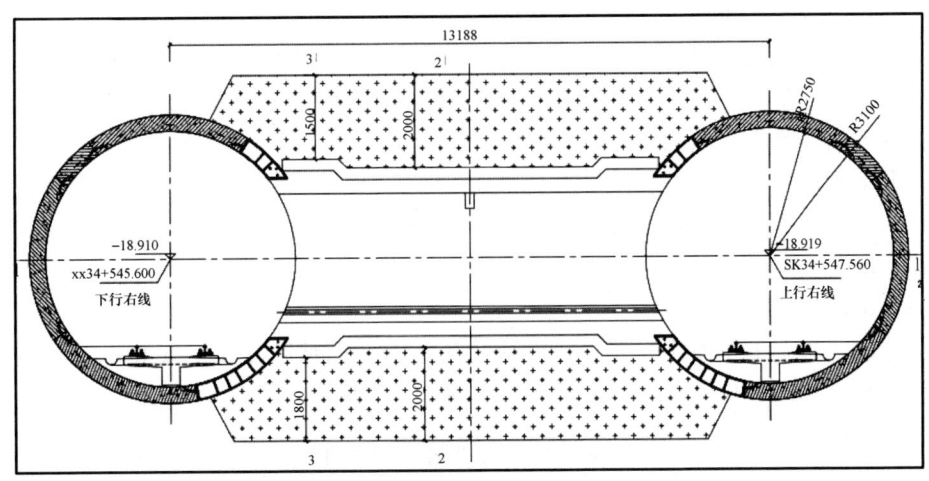

图 11-20 冻结壁设计图

冻结孔及冷冻排管布置

（1）根据冻结帷幕设计及联络通道的结构，冻结孔按上仰、水平、下俯三种角度布置在联络通道的四周。

（2）为了保证联络通道开挖时的安全，采用在两条隧道分别钻孔的方案，即在另一条隧道底部打两排孔插花布置，将联络通道封闭，这样确保了冻土的强度及安全，减少了冻土的挖掘量。

（3）冻结孔布置：

联络通道：联络通道冻结孔数设计52个（主线隧道40个包括2个穿孔、副线对侧隧道12个）。

根据管片配筋情况和钢管片肋板位置，在避开管片缝、主筋的前提下可适当调整。为考虑在施工下部冻结孔时两侧隧道打到中间交接时相互碰上，在钻进时调整后施工的对侧隧道冻结孔的方位角0.1°~0.2°来避开对侧冻结孔。并根据管片配筋情况和钢管片加强筋位置，在避开主筋的前提下可适当调整，冻结孔的布置详见图11-21。

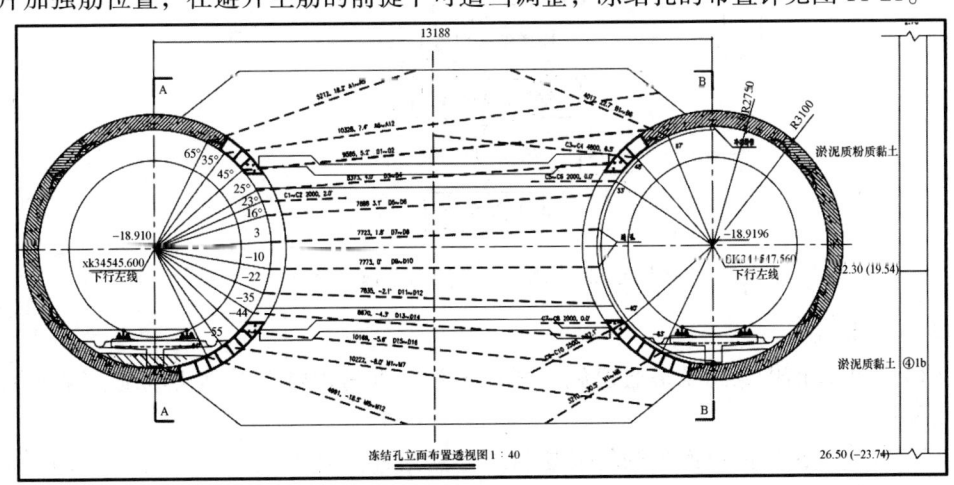

图 11-21 冻结孔立面布置透视图

测温孔、泄压孔布置

为了准确掌握冻结温度场变化情况，各联络通道分别设置10个测温孔以监测冻结壁厚度、冻结壁平均温度、冻结壁与隧道管片界面温度和开挖区附近地层冻结情况。可根据现场情况调整测温孔数量、位置和角度。

为准确判断冻结壁是否交圈，并释放减少土层水土冻胀压力，在与联络通道相接的隧道内两侧非冻结处，各布置2个泄压孔，共计4个。

冻结加固施工

施工工序

冻结加固施工工序为施工准备→冻结钻孔施工→冻结制冷系统安装→溶解氯化钙和机组充氟、加油→积极冻结→维护冻结。施工工序见图11-22。

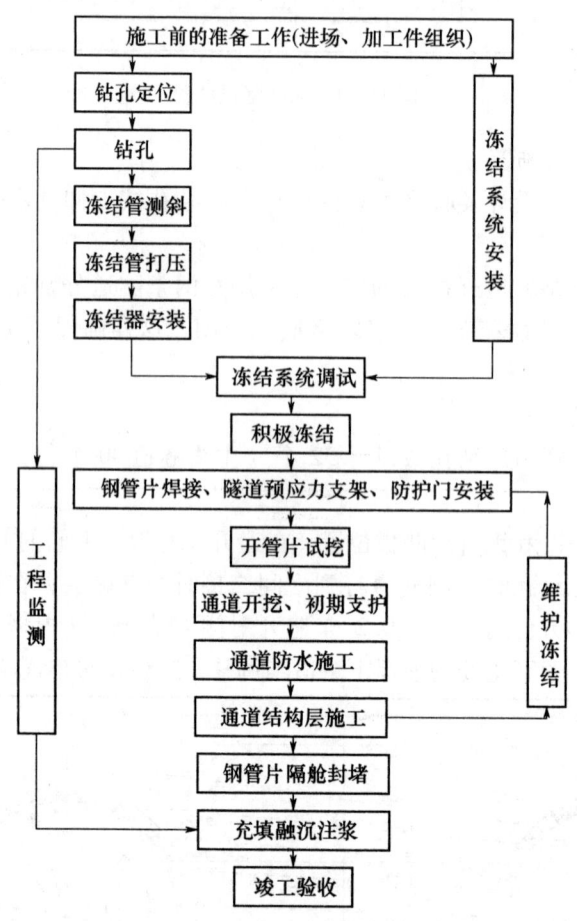

图11-22 联络通道施工工艺流程图

施工准备

（1）要求提前供电到联络通道施工场地附近，并清理隧道及施工场地，保证施工通行顺畅。

（2）在隧道内铺设两根2″钢管或塑料管至联络通道施工工作面，用于冻结孔打钻供水、排污和冻结时的供、排水。在端头井中安装潜水泵一台，在施工工作面安装潜水泵一台,流量均为 40m³/h。

(3) 用 18#工字钢架和厚 5cm 的木板在联络通道处铺设长约 70m 的施工平台。

(4) 按不同位置的冻结孔钻进要求,用 1.5″钢管搭建冻结孔施工脚手架,安装钻孔施工升降平台。

(5) 在联络通道施工工作面附近围砌高约 0.5m 的泥浆围墙,以免冻结孔钻进时泥浆四溢影响隧道内施工环境整洁。

(6) 施工设备进场。由于隧道内交通不便,受施工的影响大,应合理安排施工设备运抵安装地点的时间顺序。

冻结钻孔施工

冻结钻孔施工工艺为定位开孔及孔口管安装→孔口装置安装→钻孔→测量→封闭孔底部→打压试漏。具体说明如下:

定位开孔及孔口管安装

依据施工基准点,按冻结孔施工图布置冻结孔。根据各孔孔位在混凝土管片上定位开孔。

首先注意混凝土管片内受力钢筋干涉时,调整孔位。选用 J-200 型金刚石钻机,配 ϕ133mm 金刚石取芯钻头按设计角度开孔,当开到深度 300mm 时停止钻进(管片要留 50mm 以上的保护层),用钢楔楔断岩心,取出后安装孔口管。孔口管用 ϕ133×5mm 无缝钢管加工,头部加工 250mm 长的鱼鳞扣。孔口管的安装方法:首先将孔口处凿平,安好 4 个膨胀螺丝,然后在孔口管的鱼鳞扣上缠好麻丝或棉丝等密封物,将孔口管砸进去,用膨胀螺丝上紧,上紧后,再去掉螺母,装上 DN125 闸阀,再将闸阀打开,用 ϕ110mm 金刚石钻头从闸阀内开孔,一直将混凝土管片开穿,这时,如地层内的水砂流量大,就及时关好闸门。

孔口装置安装

用螺丝将孔口装置装在闸阀上,注意加好密封垫片。当第一个孔开通后,没有涌水涌砂可继续钻进,但以后钻孔仍要装孔口装置,以防突发涌水涌砂现象出现;若涌水涌砂较厉害,还应注水泥浆(或双液浆)止水。孔口管及孔口装置如图 11-23 所示。

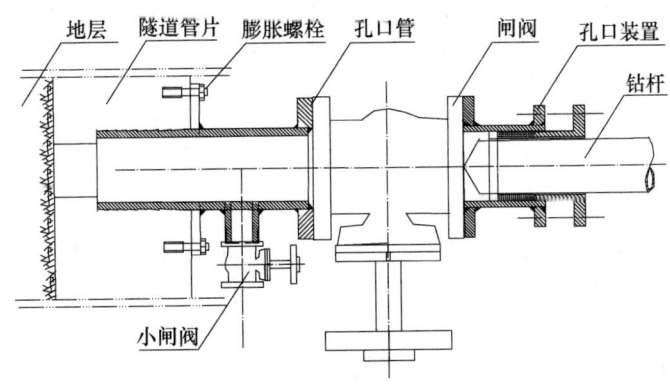

图 11-23 孔口管及孔口装置示意图

积极冻结

(1) 冻结系统试运转与积极冻结

设备安装完毕后进行调试和试运转。在试运转时，要随时调节压力、温度等各状态参数，使机组在有关工艺规程和设计要求的技术参数条件下运行。

在冻结过程中，每天检测盐水温度、盐水流量和冻土壁扩展情况，必要时调整冻结系统运行参数。冻结系统运转正常后进入积极冻结。要求7d内盐水温度降至-18℃以下，15d内降至-24℃以下。

每天检测测温孔温度，并根据测温数据，分析冻结壁的扩展速度和厚度，预计冻结壁达到设计厚度时间。

(2) 探孔

实测冻结壁温度和厚度达到设计值后，打开探孔确认无泥水涌出或初期有少量出水并渐止，即可试挖。

(3) 停止冻结

联络通道主体结构施工结束后方可停止冻结。

开挖构筑施工

联络通道开挖构筑施工占用一侧隧道，在联络通道开口处搭设工作平台，利用隧道作为排渣及材料运输通道。经冻结加固分析冻结壁达到设计要求，钻设探孔确认可以进行正式开挖后，打开钢管片，进行矿山法施工。

开挖构筑施工工序：施工准备→开挖侧开洞门→通道开挖和初期支护→喇叭口开挖（刷大）和初期支护→对面隧道侧开洞门→防水层施工→钢筋绑扎、预埋件安设→立模→混凝土浇筑。

施工准备

(1) 搭设施工平台，水电及通信设施到位；

(2) 安装隧道预应力支撑架；

(3) 防护门安装；

(4) 通风与供排水系统安装。

管片破除

本工程联络通道处管片为混凝土管片，通道口为圆形断面，由于圆形断面不利于防护门的安装，因此联络通道管片的破除分2次进行破除。

首先根据防护门尺寸在管片上开出一个适合人员进出施工的矩形临时导洞。临时导洞宽1.5m，高2m。导洞限界不得大于防护门门框限界。等到通道开挖完成，并喷射混凝土完成，在进行防水施工的同时再进行管片的第二次破除，同时破除对侧管片，管片破除至设计的通道口尺寸。

管片破除先采用开孔钻机在需要破除的边缘位置进行连续的开孔，一次将管片开透，完成开孔后，用手拉葫芦将剩余的管片吊出，并用风镐对边缘进行修整，使之符合设计的尺寸。

破除的管片界面应做凿毛处理，并植筋。联络通道钢筋绑扎时与破除管片上的钢筋焊接，并刷涂界面剂。使新老混凝土面能粘结牢固。

由于管片为低强度的钢纤维混凝土，第一次破除以后需要对管片进行加固，对安全防护门内的洞口，安装工字钢支架进行加固，安全门外使用工字钢加工支撑对外部管片进行保护。管片加固示意图如图11-24所示。

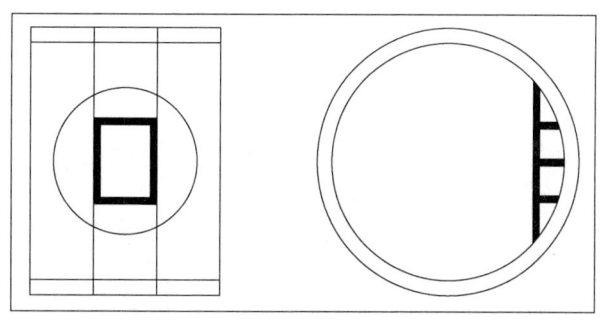

图11-24 管片加固示意图

土方开挖

由于土体采用冻结法加固，冻土强度较高，冻结壁承载能力大，因而开挖通道部分时可以采用全断面一次开挖，开挖步距视土体加固情况，一般控制在0.6m左右。喇叭口处为冻结薄弱处，进行分步分层开挖。

人工开挖的工具根据土体强度，可用风镐或手镐。为了提高掘进效率，加快施工进度，缩短冻土暴露时间，风镐尖需做特殊处理。由于通道中环境温度在0℃以下，在冻土中掘进，输风管路及风镐中的冷凝水容易结冰，影响风镐的正常工作。每个掘进班配备5~6把风镐，并把风管悬吊起来，防止冰屑的出现，保证施工的顺利进行。

开挖断面严格按照施工图进行，尽量避免超挖。要根据揭露土体的加固效果及施工监测信息，及时调整开挖步距和支护强度，必要时对暴露的冻结壁进行保温，确保安全施工。

开挖的土方用三轮车运至隧道口，转由提升系统运至地面指定堆放处，再集中运出场地。

初期支护

初期支护层采用I20a型钢圆形拱架结合喷射C25早强混凝土，厚度不小于220mm。相邻支架设$\phi 20@500$纵向拉杆，以满足支架体系的整体性和稳定性要求。为增加支架的稳定性，每道支架中部可加一根横撑，通道的开挖步距与拱形支架的间排距相对应。为了控制支架间冻结壁的变形，减少冻结壁冷量损失，所有钢支撑架后用木背板密背，木背板厚度为30mm，厚度偏差不大于5mm。少量空隙用木楔背严。开挖面与木背板之间的空隙，用M10砂浆充填密实。冻结壁暴露时间不超过12h。

联络通道开挖应严格控制冻结壁温度升高和变形。可每架2~4榀钢支架施工一次喷射混凝土，但当钢支架受力明显时，架设钢支架后应即时施工喷射混凝土施工。

钢支架外挂$\phi 6@150$钢丝网，用混凝土喷射机喷射混凝土进行初期支护。喷射混凝土强度为C25，厚度要包住钢支架。喷射完毕，要及时进行表面的修整，以方便防水层施工。初期支护如图11-25所示。

防水层施工（图11-26）

按设计要求选择防水材料和铺设工艺。铺设防水层前必须对初期支护大致找平，拱墙补喷找平，底部砂浆找平，对外部的钢筋接头切除、磨平，并在防水材料内外侧均铺设土工布，以保护防水层不受损坏。

防水层紧贴初期支护结构内侧，铺平之后，用射钉将其固定。防水材料接缝采用自动热融机进行双焊缝焊接。防水板接缝搭接长度应为70mm，焊接宽度为10mm。防水层与管片之间用专用胶粘结。

图11-25　初期支护　　　　　　图11-26　防水施工

结构层施工

二次衬砌为厚度为300mm的C40P12模筑防水钢筋混凝土。

（1）钢筋绑扎：钢筋间排距应严格按结构设计图纸进行绑扎，钢筋搭接部分应调直理顺，绑扎牢固，搭接部分长度应符合设计要求，在结构混凝土与钢管片接触部位应按规定焊接锚筋，且纵筋与钢管片搭接处应采用T形焊接。

按结构层施工顺序先扎通道墙部钢筋，再扎顶板钢筋。绑扎钢筋时，先扎外筋，再扎底板内筋。钢筋搭接部分长度应符合设计要求，且不低于30d（d为钢筋直径）；受力钢筋接头位置应相互错开，在同一接头区段内受力钢筋截面积不应超过受力钢筋总截面积的：搭接时为25%（受拉区）及50%（受压区）；焊接时受拉为50%，受压不限。主筋保护层结构内侧为35m，外侧为40mm。

（2）立模板：按结构尺寸制作模板，使用木模板。立模时净宽放大10mm，净高放大20mm以防下沉。严格按线立模，误差控制在±3mm以内，不能小于设计，支架固定应牢靠，浇筑混凝土时应经常检查校核，以防位移走动。模板接缝严密，接茬平整，并检查模板的垂直度、水平度、标高、钢筋保护层的厚度及结构内层尺寸。校正合格后将模板固定。模板就位前，应在模板上均匀涂刷脱模剂，按结构特征顺序安装模板，并检查模板的垂直度、水平度、标高以及钢筋保护层的厚度。校正合格后，将模板固定。在安装模板时预留振捣孔。

（3）浇筑混凝土：结构层混凝土选用商品防水混凝土。先浇筑圆形底部再左右两侧最后浇筑拱顶。模板底部、左侧、右侧及顶部各留一个输送管接头。左右线隧道喇叭口预留观察孔（出气孔），混凝土浇筑采用气动输送泵输送混凝土，附着式振动器振捣，以提高工作效率，确保施工质量。钢筋绑扎如图11-27所示。

图 11-27 钢筋绑扎

充填注浆与融沉注浆

(1) 衬砌后充填注浆

木背板和冻土帷幕之间的空隙:利用预埋的注浆管,按照由下而上的顺序进行,当上一层注浆孔连续返浆后即可停止下一层注浆,直至注到拱顶结束。

拱顶部的支护层与结构层之间空隙:从中间向两端顺序注浆,利用预埋的注浆管注浆充满拱顶及喇叭口上部空隙(喇叭口最顶部的预留注浆孔作为注浆观测孔,直至冒浆方可停止注浆,间隔 8~24h 以上进行复注,复注 2~3 次即可停止充填注浆)。

(2) 融沉补偿注浆

充填注浆结束后根据地层沉降监测情况进行冻结壁融沉补偿注浆。融沉补偿注浆遵循少量、多次、均匀的原则。

停止冷冻后 10 日内开始融沉注浆,持续时间为 2~4 个月(停冻后第 2 月~第 5 月),其中侧墙为 2 个月,拱顶部位为 3 个月,底部为 4 个月,此后,根据沉降监测及温度场监测情况确定是否继续注浆。

冻结孔封孔及管片处理

(1) 冻结结束后应割除隧道管片上的孔口管和冻结管,隧道管片上割除孔口管深度要求进入管片不得小于 60mm。

(2) 应对遗弃在地层中的冻结管进行充填,充填前应用压缩空气吹干管内盐水。

(3) 充填冻结管材料应采用 M10 以上水泥砂浆或 C20 以上混凝土,对于上仰角冻结管充填长度应不小于管口以内 1500mm,对于下俯角冻结管原则上应全段充填。

第4篇　高架及车辆段工程

12 高架法工程质量管理

12.1 背景工程

12.1.1 工程概况（图12-1）

宁波市轨道交通4号线土建工程TJ4002标段新建段施工为2站4区间：铁路代建段终点（设计里程SK1+494.000）—官山河站区间、慈城停车场—官山河站出入场线区间、官山河站、官山河站—长兴路站区间、长兴路站、长兴路站—北环共建段起点（设计里程SK4+834.822）区间。正线长度约4.8km。慈城停车场出入线约1.1km。

合同工期：30个月，2016年4月30日开工，工程总造价约4.03亿元。

其中区间桩基共计602根、承台102个、墩柱135个、现浇简支梁70跨、现浇连续梁17联、悬浇梁3联。

图12-1 跨慈江悬浇梁效果图

慈城新城站中心里程设置在SK2+513.158，站位位于慈城连接线路中，靠近慈水东街设置，车站为曲线站，曲线半径为左线1500m，右线1000m，车站标准段规模为120m×19m。长兴路站中心里程设置在SK4+039.324，站位位于慈城连接线路中，靠近长兴路设置，车站为曲线站，曲线半径为左线1100m，车站标准段规模为120m×20m。

车站首层架空，立柱位于路中绿化带内，二层为站厅层，三层为站台层，站台下夹层为轨道层及电缆通道，车站设置路侧设备用房，设备用房设置半地下室电缆夹层。

车站主体为整体框架结构，轨道梁为普通钢筋混凝土梁，站厅层横向框架梁和部分站台下层横向框架梁为单跨双悬臂梁，采用预应力。

车站设人行天桥两座，天桥主跨为预制吊装钢箱梁，桥墩及下地梯道采用现浇钢筋混凝土结构。

车站主体基础为钻孔灌注桩，嵌岩桩，桩身直径为1000mm。

12.1.2 原材料质量控制情况

本工程所用的材料在施工过程中严格执行取样送检制度，原材料出厂合格证及进场检验报告齐全有效，取样报告符合要求，材料检测合格。

本工程试验检测严格按照宁波市轨道交通工程建设指挥部的要求，委托具备相应资质的检测机构实施，所有项目均按照规范要求的批次取样送检，检测结果合格。

1. 钢筋

本工程所有钢筋原材料由中天钢铁、江阴西城、江阴长达等厂家供应，进场时相应的质量保证资料均齐全，进场后的原材料按照同一牌号、同一炉罐号、同一规格的钢筋质量60t为一批，不足60t也作为一批送检，本工程钢筋原材共送检691组，机械连接接头285组，钢筋焊接接头1947组。

2. 预应力材料

预应力筋采用$\phi 15.2$低松弛钢绞线，进场时相应的质量保证资料均齐全，进场后的原材料按照同一牌号、同一炉罐号、同一规格的质量60t为一批，不足60t也作为一批送检，本工程钢绞线原材共送检322组，结果均合格。

锚具、夹片采用夹片式圆锚，进场时相应的质量保证资料均齐全，进场的原材料按照同一种类、同种材料和同一生产工艺且连续进场5000套为一批，不足5000套也作为一批送检，本工程锚具、夹片原材共送检6组，结果均合格。

3. 混凝土

混凝土供应单位为浙江广天构件股份有限公司，所有混凝土均按规范要求送检，抗压试块按每$100m^3$一组送样检测，不足$100m^3$按$100m^3$取样。超过$1000m^3$按每$200m^3$一组送样检测，不足$200m^3$按$200m^3$取样。水下混凝土按每$100m^3$一组送样检测（每根桩不少于两组）。本工程共送检混凝土抗压试块共3025组。

12.1.3 施工质量控制

1. 地基与基础施工（图12-2~图12-8）

本工程钻孔灌注桩混凝土采用C35水下混凝土，承台采用C40混凝土。桩基施工时管理人员对磨盘平整度、成孔垂直度、孔深、钢筋笼制作与焊接质量等每道工序进行严格检查和验收。承台混凝土采用分层浇筑的方式进行，分层浇筑厚度不宜超过50cm，混凝土浇筑完毕后，及时按规范要求进行养护，拆模后用土工布紧密覆盖混凝土暴露面，防止表面水分蒸发，保证湿润养生时间不少于7d。

图12-2 钢筋制作

图 12-3 钢筋笼成品

图 12-4 钢筋笼监理验收

图 12-5 承台钢筋绑扎

图 12-6 承台钢筋电阻测试

图 12-7 承台混凝土浇筑

图 12-8 承台混凝土养护

2. 下部结构施工（图 12-9 ~ 图 12-15）

项目经理部严格按照轨道公司首件制要求，加强关键工序控制力度，有效防止质量通病，规范施工流程，提高施工质量管理水平，同时在施工过程中项目部领导带队监督检查以及对作业队、班组制定自检的质量监督检查制度，强化以项目质量检查为核心的工程质量检查系统。实行工序质量考核负责制，上道工序必须经检查验收满足本项目的质量标准并经签认，才能进行后续施工。

图 12-9　墩柱凿毛处理

图 12-10　墩柱钢筋绑扎　　　　　图 12-11　墩柱钢筋验收

图 12-12　墩柱垂直度验收　　　　　图 12-13　墩柱电阻测试

图 12-14　墩柱养护　　　　　图 12-15　墩柱钢筋保护层自检

3. 上部结构现浇梁施工

（1）支架基础（图 12-16 ~ 图 12-17）

本工程箱梁均为现浇梁，支模架施工方案选用满堂门式支架，本标段工程基本在慈孝南路上，部分在绿化带和农保田中，为满足支模架承载力要求，绿化带及农保田基础需要换填，地基基础施工严格按照方案和技术交底。

图 12-16　地基压实处理　　　　图 12-17　地基承载力试验

（2）支模架施工（图 12-18 ~ 图 12-22）

支架搭设前首先在硬化的地基上放出梁的中线和翼板边线，然后带线分好纵横向立杆位置，保证纵横向立杆在一个断面，按照分好的线，开始布设底托和满堂架施工。

图 12-18　"现浇箱梁承重支架专项方案"专家论证会

图 12-19　底拖布设

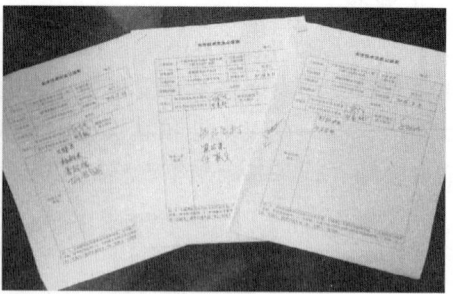

图 12-20　支模架搭设技术交底

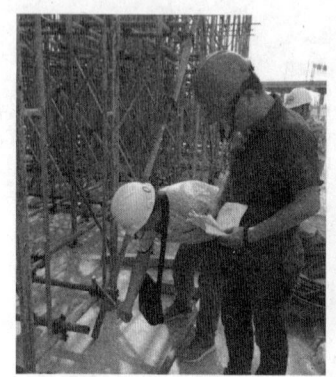

图 12-21　支架检查验收

图 12-22　模板打磨与安装

(3) 结构钢筋、预应力施工

钢筋、预应力施工严格按照试验规程，逐批足量送检，合格后方可使用，钢筋焊接按照规范要求，分批报验合格后才可以使用，焊接长度和质量必须符合设计和图纸要求，并报监理审批，合格后方可进入下道工序施工。

施工过程中多次邀请设计单位进行现场交底和指导工作，从原材到加工到安装坚持三检制度，确保工程实体质量。

(4) 混凝土浇筑及养护（图 12-23～图 12-26）

根据混凝土性能和结构特点，项目部对大体积连续梁混凝土浇筑前，加强班组的交底制度、项目部值班人员的旁站制度和混凝土施工完成后的成品保护制度。

图 12-23　混凝土入模温度控制

图 12-24　混凝土坍落度测试

图 12-25　现浇梁混凝土浇筑

图 12-26　现浇梁混凝土覆盖养护

12.1.4　工程重难点

1. 悬浇梁施工（图 12-27～图 12-30）

本标段区间工程包括三联悬浇梁施工，其中一联在里程 SK3＋580.358～SK3＋

645.358 段处上跨既有宁波绕城高速，采用双线预应力连续梁的结构形式，跨度为 38.2m+65m+62m+34.8m；一联上跨慈江，采用双线预应力混凝土连续刚构的结构形式，跨度为 38m+70m+36m；剩余一联也上跨慈江，采用单线预应力连续梁的结构形式，跨度为 38m+70m+35.5m。

图 12-27　悬浇梁 0#块施工

图 12-28　悬浇梁挂篮预压

图 12-29　悬浇梁钢筋验收

图 12-30　悬浇梁混凝土浇筑

2. 护栏板施工

本标段新建高架区间及北环共建区间共计护栏板 22564m，栏板及立柱均为 C40 钢筋混凝土结构，桥面栏板结构线形与箱梁挑臂线形平行，采用现场浇筑方法，立柱顶上预埋声屏障钢板。护栏板高 1.3m，在梁缝处及每隔 10m 设置断缝，缝内填充硬质泡沫板，表面涂双组分聚氨酯嵌缝膏。

12.1.5　新设备的应用

1. 护栏板施工

共建段护栏板位于双层高架的中间层，上层是高架桥的梁板，下面是川流不息的北环西路，施工位置较高、中间施工空间狭小，传统的简易挂篮或者铲车施工无法适应空间和安全保障要求，为保证施工安全、适应施工空间，也为了保护护栏板预埋件，项目部在多次考察研究后，斥资近百万特别定制了 2 台护栏板施工台车和 2 台小泵车。

为提高护栏板作业人员的安全性，项目部引进了两台新型护栏板施工车，实现了全封闭作业，大大降低了安全隐患。

2. 数控弯曲机及钢筋笼滚焊机（图12-31）

承台、墩柱钢筋引进了数控弯曲中心，新设备加工尺寸标准，加工速度快。

图 12-31　数控弯曲机及钢筋笼滚焊机

12.2　分部工程关键工序质量

12.2.1　桩基工序质量

钻孔灌注桩施工工艺流程如图 12-32 所示。

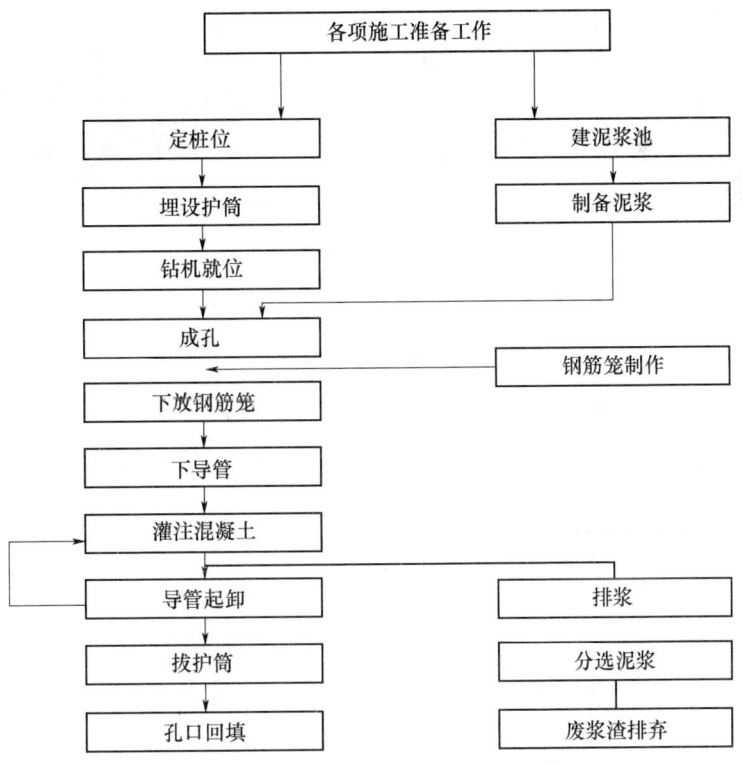

图 12-32　钻孔灌注桩施工工艺流程图

1. 护筒埋设

（1）操作要点（表 12-1）

表 12-1　操作要点

序号	工序	作业控制要点
1	护筒位置	护筒中心轴线对正测定的桩位中心，严格保持护筒的垂直度，护筒中心与桩中心偏差不大于 50mm
2	护筒直径	护筒直径大于设计桩径 20cm，上部应开设两个溢浆孔
3	护筒深度	护筒埋深在黏性土不小于 1m，沙土中不小于 1.5m；护筒标高高于原地面 20~30cm
4	护筒回填	护筒周边采用黏土回填，夯实，保证其垂直度及防止泥浆流失及位移、掉落

（2）现场标准化作业（图 12-33）

图 12-33　护筒埋设及定位

2. 钻进、成孔

（1）操作要点（表 12-2）

表 12-2　操作要点

序号	工序	作业控制要点
1	钻进速度	钻进速度不宜过快，要给泥浆一定的护壁时间，防止塌孔和缩孔
2	垂直度、孔径、孔深控制	钻进过程中检查钻杆垂直度，垂直度按 3‰控制，防止桩体倾斜，造成机构侵害，每钻进 4m，采用探孔器进行孔径检查，避免塌孔和缩孔，钻孔深度比设计深度超深不小于 5cm
3	泥浆控制	采用泥浆
4	清孔	孔底清理和置换泥浆结束后，对孔底扎样取样试验，其相对密度、黏度、含砂率必须满足规范和设计要求，沉渣厚度不大于 10cm

（2）现场操作标准化（图 12-34 ~ 图 12-40）

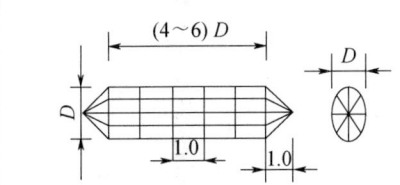
说明：1.图中尺寸均以"m"计；2.D为桩径。
探孔器示意图

图 12-34　垂直度检测

图 12-35　现场桩位标识

图 12-36　岩样收集

图 12-37　孔深量测

图 12-38 气举反循环清孔

图 12-39 含砂率测定

图 12-40 泥浆测定

3. 钢筋笼、声测管制作安装

（1）作业要点（表 12-3）

表 12-3 作业要点

序号	工序	作业控制要点
1	钢筋笼制作	盘条钢筋调直后再用圆盘制作螺旋箍筋，加强箍筋按要求与主筋垂直。声测管安装必须同轴，绑扎间距控制在 2~3m

续表

序号	工序	作业控制要点
2	吊装	钢筋笼过长,分节制作,分节吊装,吊装时检查吊装设备、设施的可靠性,采用多吊点工艺,保证施工质量安全
3	钢筋笼安装	钢筋笼稳固垫高放置在平整的地面上,防止变形。准确计算吊筋长度,以控制钢筋笼的桩顶标高;为满足桩头环切,桩头位置钢筋设置塑料套管;声测管内灌水必须采用清水

(2) 现场标准化作业（图12-41~图12-45）

图12-41　钢筋笼加工制作　　　　　　图12-42　成品堆放

图12-43　成品验收合格

图12-44　钢筋笼挂牌和现场抽检

图 12-45 钢筋笼吊装旁站

4. 灌注混凝土

(1) 作业要点（表 12-4）

表 12-4 作业要点

序号	工序	作业控制要点
1	清孔	清孔后泥浆相对密度控制在 1.15~1.25，含砂率小于 4%
2	沉渣厚度	灌注之前应检测孔底沉渣厚度，沉渣厚度满足规范要求
3	导管安装	导管安装前进行导管水密和承压试验，导管安装应在护筒内居中，导管安装完成后底口与孔底的距离保持在 0.3~0.5m
4	混凝土灌注	漏斗中放入锥塞，当混凝土灌满漏斗，立即拔起塞子，同时继续向漏斗补加混凝土，使混凝土连续浇筑。首灌混凝土方量根据计算确定，首灌完成后，导管埋深大于 1m。为确保桩顶质量，在桩顶设计标高加灌 0.8m 以上
5	提管	随着混凝土灌注高度提升而拔管，过程中确保导管埋深在 2~6m
6	浇筑完成	声测管注入清水，并用木塞封堵

(2) 现场标准化作业（图 12-46~图 12-48）

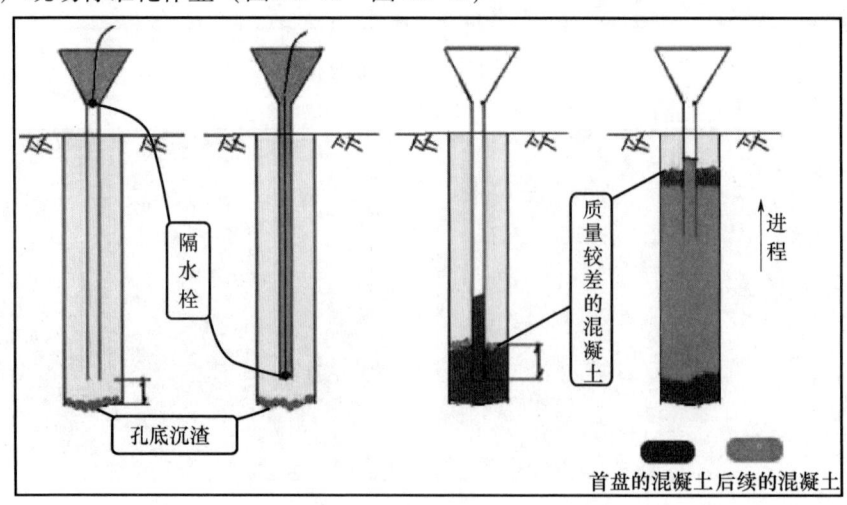

图 12-46 水下混凝土灌注示意图

图 12-47 导管水密和承压试验

图 12-48 声测管木塞封堵

12.2.2 承台施工质量

承台施工工艺流程图如图 12-49 所示。

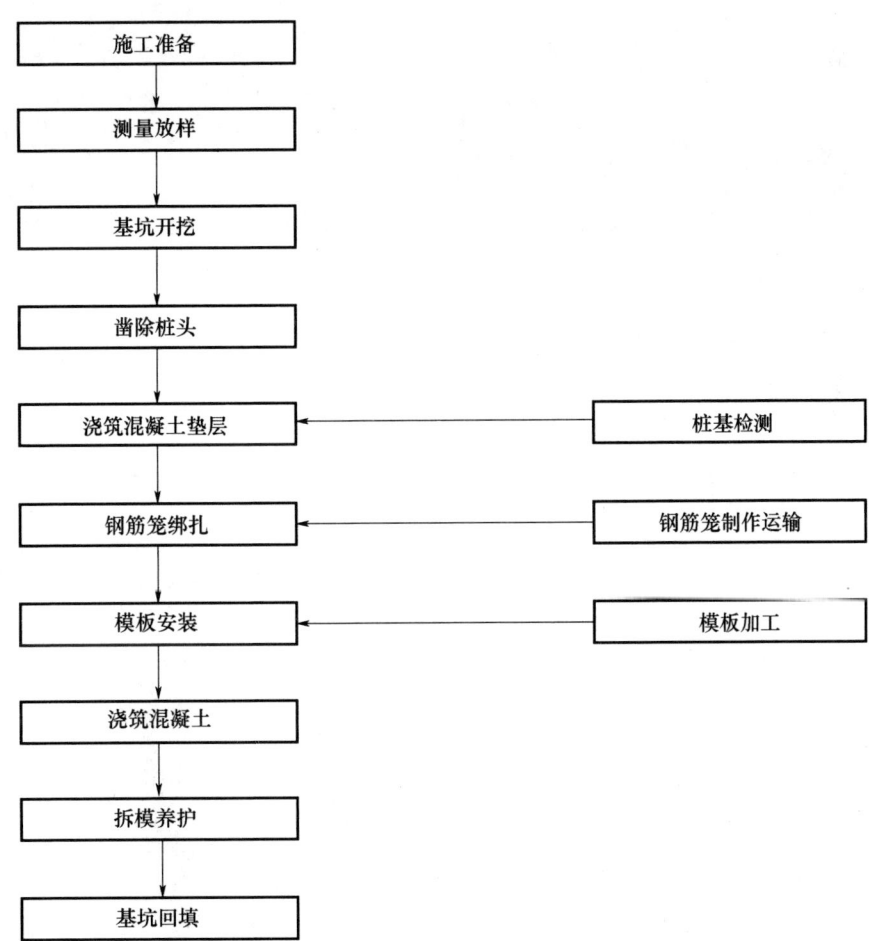

图 12-49 承台施工工艺流程图

1. 基坑施工

(1) 作业要点（表12-5）

表12-5 作业要点

序号	工序	作业控制要点
1	开挖边线	根据承台设计尺寸，一边外扩1.5~2m，保证承台施工作业面满足施工需求
2	钢板桩支护	基坑开挖深度大于4m小于8m采用15m拉森Ⅳ型钢板桩，小于4m采用9m长30#槽钢
3	基坑开挖	开挖严格按照规范要求分层开挖，每次开挖深度不大于1m，且距离基底30cm进行人工清理。基坑四周布置排水沟和截水沟

(2) 现场标准化作业（图12-50、图12-51）

图12-50 拉森钢板桩支护

图12-51 槽钢支护

2. 承台施工

(1) 作业要点（表12-6）

表12-6 作业要点

序号	工序	作业控制要点
1	桩头凿除	破桩头前，在桩体侧面用红油漆标注高程线，破除桩头时采用空压机结合人工凿除，上部采用空压机凿除，下部留有10cm由人工进行凿除。凿除后的桩头伸入承台内10cm，保证桩顶的混凝土面凿毛、无松散碎渣，干净无异物
2	垫层施工	桩基检测合格后，将垫层面标高用钢筋头作好记号，浇筑垫层混凝土
3	测量放线	根据承台设计尺寸，放出承台4个角点坐标位置，钉上水泥钉，喷上红色油漆，用墨斗弹出承台边线
4	钢筋绑扎	墩柱预留钢筋间距、数量、保护层厚度正确
5	模板安装	承台模板加固采用板内螺栓穿上PVC管撑头，便于螺栓回收，重复使用，用砂浆封堵拉杆孔洞。模板外侧加固通过钢管、顶托、方木与基坑四周坑壁挤密、撑实，确保模板稳定牢固、尺寸准确，并清除模内杂物，承台模板安装完毕后检查尺寸、轴线、高程
6	混凝土浇筑	同大体积混凝土浇筑及养护措施

(2) 现场标准化作业（图 12-52～图 12-56）

图 12-52　桩头环切破除

图 12-53　钢筋保护层检查　　　　　　图 12-54　钢筋间距检查

图 12-55　承台混凝土施工　　　　　　图 12-56　承台预埋筋防锈

3. 基坑回填

（1）作业要点（表12-7）

表12-7 作业要点

序号	工序	作业控制要点
1	基坑回填	承台周边2m范围内采用碎石进行回填。回填前，基坑内积水抽排干净，回填材料采用粒径小于15cm的塘渣，按照每层30cm进行填筑，并采用小型振动碾分层压实
2	深基坑回填	承台拆模后，黄沙回填至承台顶以下30cm，注水密实，然后浇筑C20混凝土至承台面压顶，拆除第二道钢围檩，回填级配碎石至原地面以下50cm，浇筑C30混凝土至原地面高度压顶，拆除第一道钢围檩，最后拔出钢板桩

（2）现场标准化作业（图12-57～图12-60）

图12-57 深基坑黄沙回填

图12-58 浇筑混凝土压顶

图12-59 深基坑碎石回填

图12-60 深基坑混凝土压顶

12.2.3 墩柱质量控制

墩柱施工工艺流程图如图12-61所示。

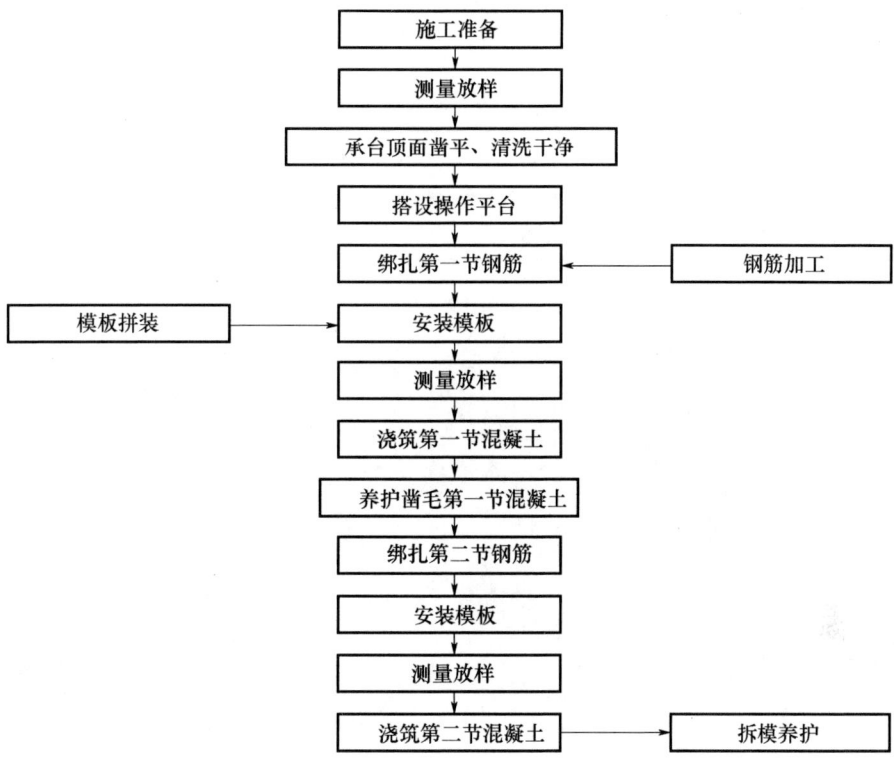

图 12-61 墩柱施工工艺流程图

1. 承台顶面凿毛

（1）作业要点（表 12-8）

表 12-8 作业要点

序号	工序	作业控制要点
1	承台顶面凿毛	全站仪放出墩柱边线，弹好墨线，沿墨线切缝，对边线范围内进行凿毛，混凝土表面凿成深度不小于 6mm 的凹凸不平面，凿眼间距 5～7cm，清除杂物，并清水洗净

（2）现场标准化作业（图 12-62、图 12-63）

图 12-62 墩柱边线

图 12-63 承台顶面凿毛

2. 墩柱钢筋

(1) 作业要点（表12-9）

表12-9 作业要点

序号	工序	作业控制要点
1	钢筋绑扎	墩柱钢筋笼在钢筋加工场内利用自制胎具集中预制
2	钢筋笼安装	现场一次吊装成型

(2) 现场标准化作业（图12-64～图12-65）

图12-64 钢筋笼预制　　　　　图12-65 现场吊装

3. 模板安装

(1) 作业要点（表12-10）

表12-10 作业要点

序号	工序	作业控制要点
1	模板安装	确保墩柱结构内实外美，模板采用无拉杆式定型钢模，并仔细打磨涂刷新型长效脱模剂
2	模板拼缝	模板拼缝采用双面胶密封，模板脚底用钢垫块支撑，采用高强度等级砂浆封底

(2) 现场标准化作业（图12-66～图12-68）

图12-66 长效脱模剂　　　　　图12-67 模板打磨、刷脱模剂

图 12-68 模板试拼装

4. 混凝土施工

(1) 作业要点 (表 12-11)

表 12-11 作业要点

序号	工序	作业控制要点
1	浇筑前装备	墩柱顶部搭设操作平台,并挂安全网,墩柱顶部预留下人孔,墩柱内部搭设临时操作平台
2	浇筑	现场采取串筒下料。每次混凝土浇筑时应连续进行,不得中断
3	养护	浇筑完成后,采用自动喷淋养护或覆盖养护

(2) 现场标准化作业 (图 12-69 ~ 图 12-71)

图 12-69 混凝土浇筑　　　图 12-70 自动喷淋养护

图 12-71 墩柱覆盖养护

12.2.4 支座安装质量

1. 垫石施工

(1) 作业要点（表 12-12）

表 12-12 作业要点

序号	工序	作业控制要点
1	凿毛	垫石轴线位置及标高确定后，对垫石底面凿毛，并冲洗干净
2	预留孔	垫石钢筋绑扎完成后，用 PVC 管预埋，作为支座螺栓预留孔
3	垫石浇筑	垫石浇筑采用汽车吊吊料斗吊混凝土入模，小型振捣器振捣均匀，表面二次收光

(2) 现场标准化作业（图 12-72）

图 12-72 垫石施工

2. 支座安装
(1) 作业要点（表12-13）

表12-13 作业要点

序号	工序	作业控制要点
1	预留孔清理	将垫石内预埋管拆除干净，预留孔底凿毛并清水冲洗，预留孔底积水全部清除
2	支座安装	安装前核对支座型号，将支座螺栓放到预留孔，按照画好的支座边线准确定位，并用水平尺调整水平，用高强度等级垫块调节支座标高。支承垫石顶面与支座底面间隙应控制在20~30mm
3	支座灌浆	支座灌浆前对垫石表面凿毛，M50灌浆材料试验配合比拌和，砂浆搅拌原则上按"1个支座，1次搅拌，1次灌注"

(2) 现场标准化作业（图12-73、图12-74）

图12-73 支座安装

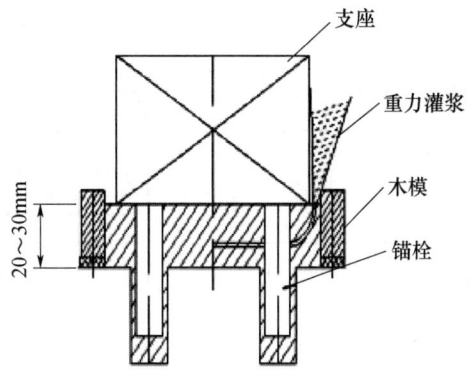

图12-74 支座灌浆示意图

12.2.5 现浇箱梁质量管理

现浇箱梁施工工艺流程图如图12-75所示。

1. 地基处理
(1) 作业要点（表12-14）

表12-14 作业要点

序号	工序	作业控制要点
1	基础处理	对于绿化带应填筑30cm厚粒径不小于15cm的塘渣；对于农保田、水塘和沼泽地应填筑100cm厚粒径不小于15cm的塘渣。塘渣填筑要求用压路机分层填筑分层碾压密实，压实度不小于93%。地基处理完成后，进行地基承载力实验
2	混凝土浇筑	在塘渣垫层上面绑扎φ14@150双层双向钢筋网，然后浇筑30cm厚强度为C30的钢筋混凝土。冬期施工过程中，遇到气温降至零度以下，混凝土施工须采取防冻措施
3	路面养护	混凝土浇筑完成后，在混凝土终凝前对路面进行二次收光，并对路面覆盖土工布并洒水养护

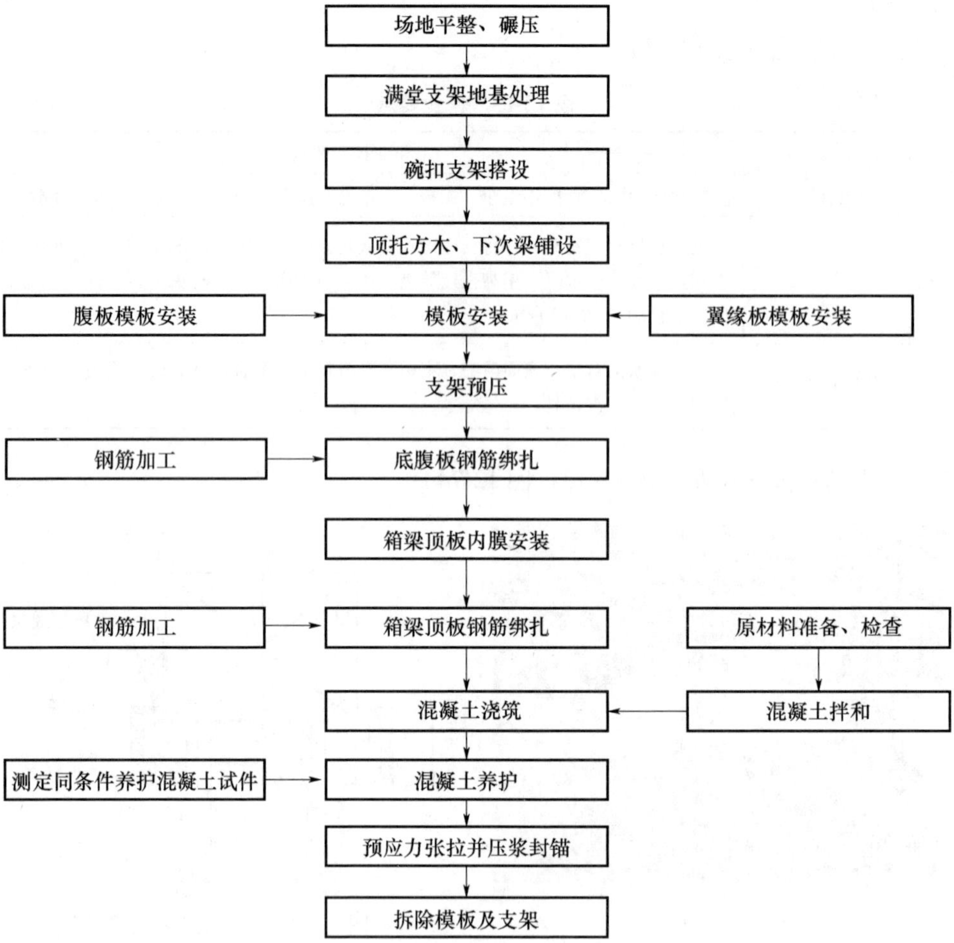

```
                     ┌──────────────────┐
                     │  场地平整、碾压   │
                     └────────┬─────────┘
                              ↓
                     ┌──────────────────┐
                     │  满堂支架地基处理 │
                     └────────┬─────────┘
                              ↓
                     ┌──────────────────┐
                     │   碗扣支架搭设   │
                     └────────┬─────────┘
                              ↓
                     ┌──────────────────┐
                     │ 顶托方木、下次梁铺设│
                     └────────┬─────────┘
                              ↓
┌──────────────┐     ┌──────────────────┐     ┌──────────────┐
│ 腹板模板安装 │────→│    模板安装      │←────│翼缘板模板安装│
└──────────────┘     └────────┬─────────┘     └──────────────┘
                              ↓
                     ┌──────────────────┐
                     │    支架预压      │
                     └────────┬─────────┘
                              ↓
┌──────────────┐     ┌──────────────────┐
│  钢筋加工    │────→│  底腹板钢筋绑扎  │
└──────────────┘     └────────┬─────────┘
                              ↓
                     ┌──────────────────┐
                     │ 箱梁顶板内膜安装 │
                     └────────┬─────────┘
                              ↓
┌──────────────┐     ┌──────────────────┐     ┌──────────────────┐
│  钢筋加工    │────→│ 箱梁顶板钢筋绑扎 │     │ 原材料准备、检查 │
└──────────────┘     └────────┬─────────┘     └────────┬─────────┘
                              ↓                        ↓
                     ┌──────────────────┐     ┌──────────────────┐
                     │   混凝土浇筑     │←────│   混凝土拌和     │
                     └────────┬─────────┘     └──────────────────┘
                              ↓
┌──────────────────────┐  ┌──────────────────┐
│测定同条件养护混凝土试件│→│   混凝土养护     │
└──────────────────────┘  └────────┬─────────┘
                                   ↓
                          ┌──────────────────┐
                          │预应力张拉并压浆封锚│
                          └────────┬─────────┘
                                   ↓
                          ┌──────────────────┐
                          │  拆除模板及支架  │
                          └──────────────────┘
```

图 12-75　现浇箱梁施工工艺流程图

（2）现场标准化作业（图 12-76～图 12-81）

图 12-76　塘渣填筑

图 12-77　压路机压实

图 12-78　地基承载力实验

图 12-79　钢筋绑扎

图 12-80　路面收光

图 12-81　路面养护

2. 支架搭设

（1）作业要点（表 12-15）

表 12-15　作业要点

序号	工序	作业控制要点
1	满堂支架	横桥向箱梁底部范围采用 60cm 间距（10 跨），侧板下部为 30cm 间距，翼板位置采用 2 跨 0.9m 间距，碗扣架顶层、底层步距为 0.6m、中间层步距为 1.2m，具体可根据梁板宽度等调整翼板段间距。 纵桥向桥支架采用 60cm 间距。 支架必须设置足够的竖向剪刀撑，水平剪刀撑在顶、底端必须设置，且排距不大于 4.8m。 支架下底撑与混凝土面充分接触，不得有空隙；各杆件满足横平竖直，间距符合设计方案

续表

序号	工序	作业控制要点
2	跨路门洞	钢管采用$\phi 630\times 10mm$螺旋钢管,设置1×1的基础,浇筑基础是提前确定钢管位置预留钢板预埋件,预埋件采用$80cm\times 80cm\times 1cm$。 钢管顶横梁采用三拼/双拼I40a工字钢,在钢管顶位置焊接加劲肋板加强。横梁长12m。 贝雷采用321型国产贝雷,双层三排,贝雷与横梁采用U型卡固定。 贝雷顶设置[14工字钢分配梁,分配梁通常12m
3	支架预压	支架预压按预压单元进行3级加载,依次宜为单元内预压荷载值的60%、80%、100%;纵向加载时,从跨中向支点对称布载;横向加载,从中心线向两侧对称加载;每级加载完成后,每隔12h对支架沉降量进行一次监测,当支架顶部监测点的沉降量平均值小于2mm时,进行下一级加载;全部荷载加载完成后满足各监测点最初24h的沉降量平均值小于1mm或各监测点最初72h的沉降量平均值小于5mm时,判定支架预压合格;支架预压可一次性卸载,预压荷载应对称、均衡、同步卸载

(2)现场标准化作业(图12-82~图12-89)

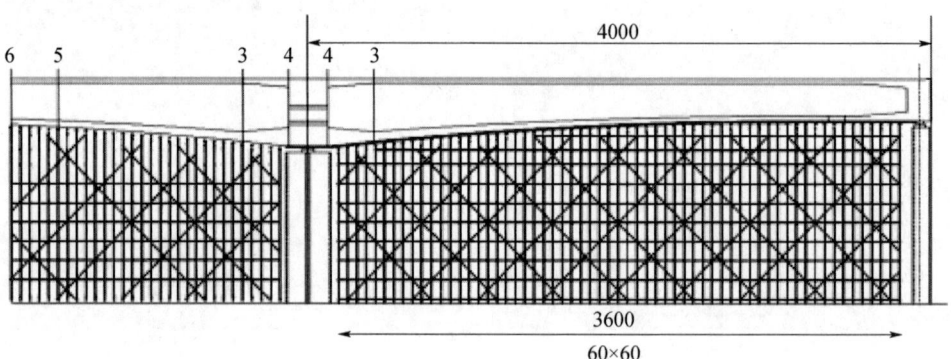

图12-82 支架侧面

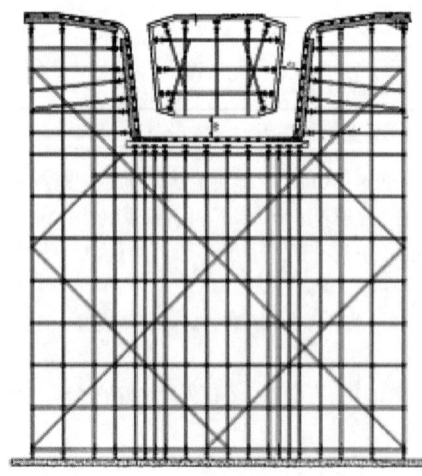

图12-83 支架支撑立面

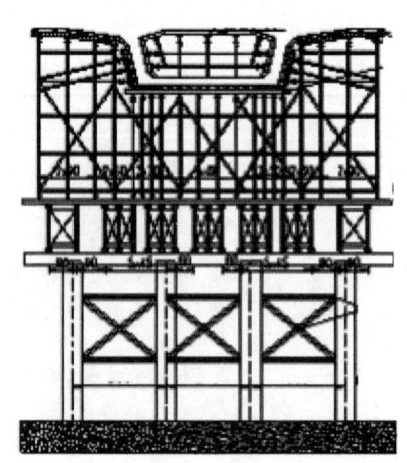

图12-84 贝雷梁立面

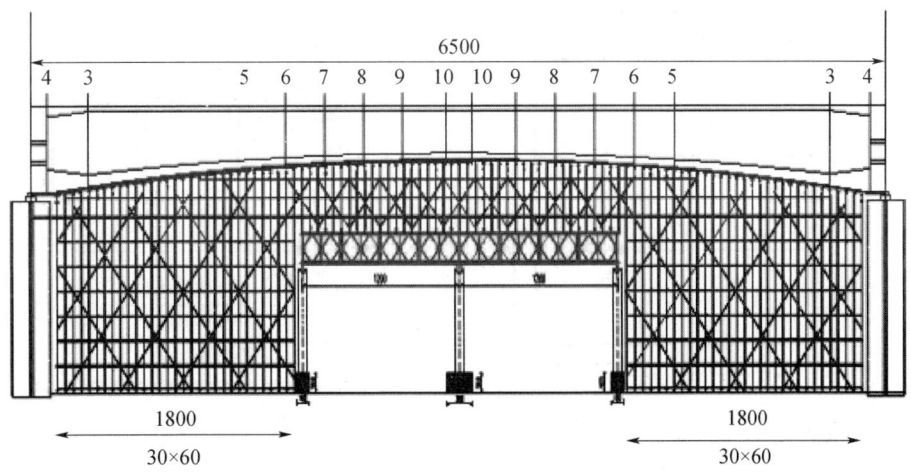

图 12-85 贝雷梁侧面

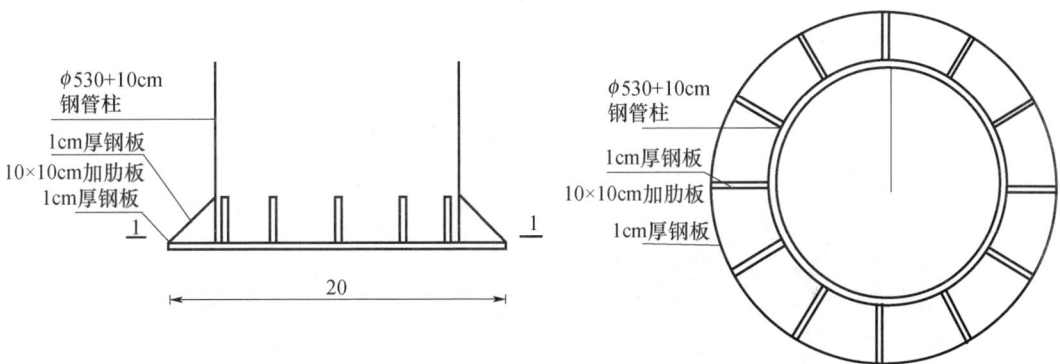

图 12-86 立柱底部加强

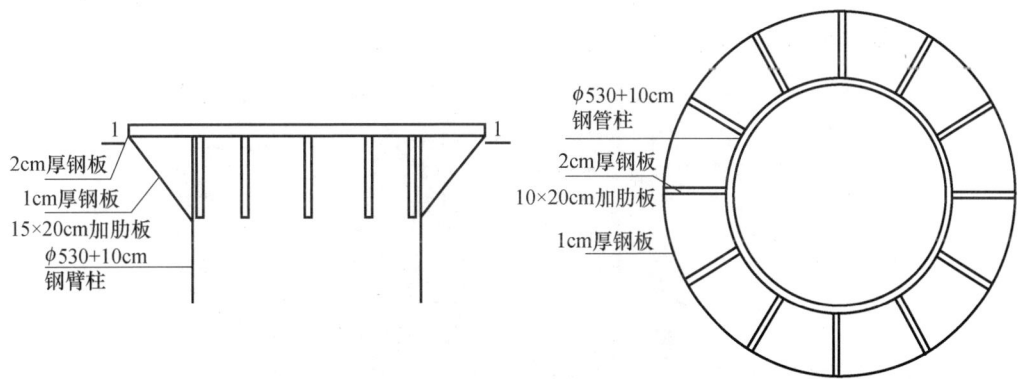

图 12-87 立柱顶部加强

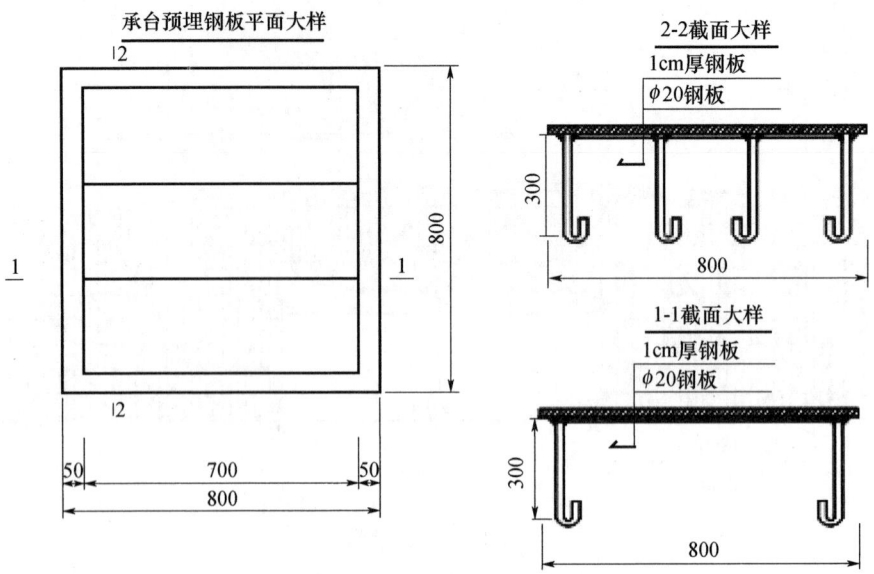

图 12-88 预埋钢板详图

图 12-89 支架预压

附件：施工现场安全隐患照片（图 12-90 ~ 图 12-107）

图 12-90 5 月 7 日 JD1205 标三官堂站脚手架无人员上下通道，施工人员未系安全带，无可靠立足点

图 12-91　5 月 7 日 JD1205 标三官堂站移动脚手架施工作业，施工人员未系安全带，未戴安全帽，无监护人员

图 12-92　5 月 8 日 JD1206 标宁波大学站电扶梯端头两边无防护措施

图 12-93　5 月 8 日 JD1206 标清水浦站脚手架内侧横杆缺失，形成高处临边，无防护设施。连墙件设置数量不足或施工过程中随意拆除，无另外加固措施

图 12-94　5 月 7 日 JD1206 标清水浦站脚手架内侧多层均横杆缺失，形成高处临边，无防护设施

图 12-95　JD1206 标宁波大学站清水浦站脚手架内侧每层均横杆缺失，形成高处临边，无防护设施

图 12-96　5 月 8 日 JD1206 标宁波大学站脚手架作业平台悬空设置

图 12-97　5 月 8 日 JD1206 标清水浦站脚手架端头未封闭，脚手板未满铺，探头外挑过长（规范规定不得大于 10cm）

图 12-98　5 月 8 日 JD2105 标三官堂站脚手架未设置临边防护，脚手板缺失

图 12-99　5 月 7 日 JD1205 标三官堂站脚手架扫地杆缺失

图 12-100　5 月 6 日 JD1204 标五乡站门洞处脚手架无有效加固措施；门洞位置未采取防高空坠物的措施

图 12-101　5月8日 JD1206 标清水浦站
物料提升机进出口无临边防护

图 12-102　5月6日朱塘村停车场
标洗车库脚手板搭设不符合要求

图 12-103　5月7日 JD2106 标清水浦站1只
二级配电箱未上锁，非专业电工私自操作，
专职安全员巡查记录和签字空白
（时间为一周）

图 12-104　5月7日 JD1204 标五乡站
部分立杆上下错位搭接，
违反安全技术规范

图 12-105　5月6日朱塘村停车场标配电房
脚手板上集中堆放砌砖，且横杆缺失

图 12-106　5月7日 JD1205 标三官堂站
附属用房施工移动式脚手架无防护栏；
安全带系挂在顶板线材上，该线材
不具备承受人体荷载的能力

图 12-107　5 月 7 日 JD2105 标三官堂站附属用房简易物料提升设备进洞口未设置临边防护

3. 模板安装

（1）作业要点（表 12-16）

表 12-16　作业要点

序号	工序	作业控制要点
1	外模板安装	在立杆的顶托上放置 10#槽钢，在横向方楞上铺设 10cm×10cm 横向方木，测量放出底模边线，根据边线铺底模，底模采用覆膜竹胶板。所有板间空隙用速硬腻子或玻璃胶封堵，以防漏浆。简支梁侧模采用定型钢模，连续梁侧模采用 15mm 竹胶板
2	内模板安装	内模采用 15mm 竹胶板，箱体平直段内模不设置底模，内模顶部中轴线上设置 3 个 40cm×40cm 的预留孔洞，方便梁体底板的混凝土浇筑。顶板混凝土浇筑前封闭预留孔。水平纵向背带采用 10cm×10cm 方木，间距 30cm；横向背带采用 10cm×10cm 方木或 2×φ48mm 钢管，纵横向间距 90cm；内支撑采用碗扣立杆对撑，纵向间距 90cm，横向间距 60cm
3	张拉槽	根据设计图纸，准确定位张拉槽位置，根据张拉槽形状尺寸，制作好模板，预先安装好

（2）现场标准化作业（图 12-108～图 12-111）

图 12-108　槽钢铺设

图 12-109　张拉槽安装

图 12-110 模板安装完成　　图 12-111 内模安装完成

4. 钢筋绑扎及预应力安装

（1）作业要点（表 12-17）

表 12-17 作业要点

序号	工序	作业控制要点
1	钢筋绑扎	整体绑扎，先进行底板及腹板钢筋的绑扎，然后进行顶板钢筋的绑扎，钢筋位置与钢绞线、压浆管道相冲突时，可调整钢筋位置
2	锚具	锚具应符合《预应力筋用锚具、夹具和连接器》（GB/T 14370—2015）的规定，张拉设备采用与之配套的机具设备
3	预应力波纹管	塑料波纹管应符合《预应力混凝土桥梁用塑料波纹管》（JT/T 529—2016）的要求，预应力孔道采用塑料波纹管成孔。孔道位置须准确、圆顺。设置定位钢筋直线段不大于 50cm，弯拐位置定位钢筋加密至 25cm。曲线段防崩钢筋不大于 20cm。波纹管连接处用密封胶带封口，确保不漏浆。波纹管安装完毕后，检查其位置是否正确，误差必须在规定范围内，管道曲线圆顺
4	预应力钢绞线	钢绞线下料用砂轮锯切割，严禁用电弧切割。穿束前用压缩空气吹净管道内的水分和砂、石等杂物，钢绞线穿束前在钢绞线前套上保护套，穿束时利用钢绞线穿束器将钢绞线束穿入孔道中，穿插钢束时宜将预应力筋放在框架上进行穿束，以防预应力筋接触地面而污染。穿束后检查预应力筋外露孔口情况，保证张拉工作长度满足张拉要求

（2）现场标准化作业（图 12-112~图 12-115）

图 12-112 现浇梁钢筋绑扎

301

图 12-113 波纹管安装

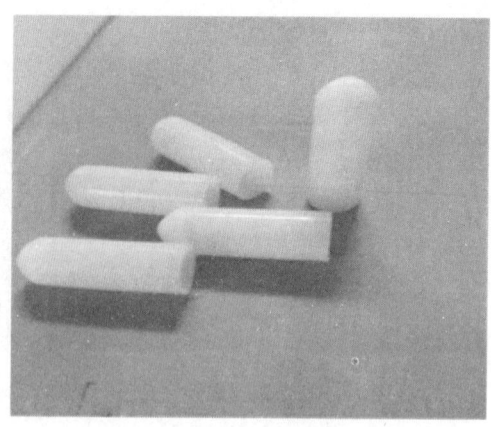
图 12-114 钢绞线保护套

图 12-115 钢绞线穿束

5. 混凝土浇筑

（1）作业要点（表 12-18）

表 12-18 作业要点

序号	工序	作业控制要点
1	浇筑顺序	混凝土采用商混，坍落度为（200±20）mm，入模方式为泵送入模，简支梁梁体混凝土采用一次性浇筑成型。连续梁先浇筑底腹板、后浇筑顶板。纵桥向应按"斜向分段，水平分层"的方法从低端往高端对称浇筑，开始浇筑混凝土，混凝土从肋板顶向底板浇筑，开始浇筑位置选择距梁端 1~2m 处
2	锚槽锚块	混凝土浇筑过程，应特别注意锚下、波纹管下方、锚槽锚块等处混凝土捣实，确保混凝土施工质量。振捣过程应特别注意对波纹管的保护
3	养护	混凝土的洒水养护时间一般为 7d，养生过程在施工期 14d 内要做到"全覆盖、全湿润、全天候"养生

（2）现场标准化作业（图12-116～图12-118）

图12-116　泵送浇筑

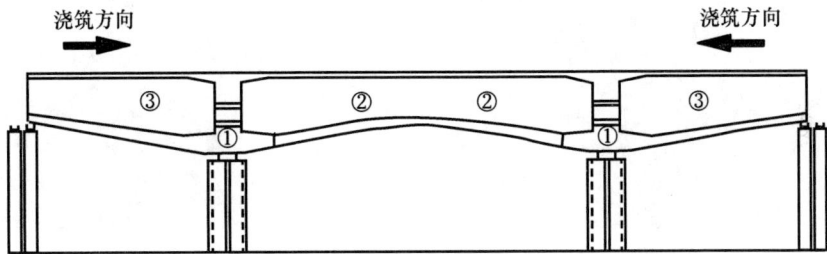

图12-117　浇筑顺序

图12-118　混凝土养护

6. 预应力张拉压浆
（1）作业要点（表12-19）

表12-19　作业要点

序号	工序	作业控制要点
1	预应力张拉	内模拆除完成，梁体混凝土弹性模量及强度不少于设计值的100%，且龄期不小于10d，方可进行张拉；张拉时，锚具、千斤顶、孔道三者轴心同心；张拉过程中千斤顶后面不准站人，也不得踩踏高压油管。张拉时详细记录张拉过程中发生的问题和所用张拉设备，同时准确量测和记录张拉数据

续表

序号	工序	作业控制要点
2	预应力压浆	压浆应当在张拉后48h内完成，压浆的最大压力不宜超过0.6MPa。压浆充盈度应达到孔道另一端饱满并于排气孔排出与规定流动度相同的浆体为止。关闭出浆口后，应保持不小于0.5MPa且不少于3min的稳压期；进行压力补浆时，让管道内水-浆悬浮液自由地从出口流出。再次压浆，直到出口端有匀质浆体流出，0.5MPa的压力下保压5min。此过程应重复1~2次

(2) 现场标准化作业（图12-119~图12-122）

图12-119　锚具夹片安装

图12-120　张拉作业

图12-121　预应力压浆机　　　　图12-122　预应力压浆作业

7. 支架拆除

(1) 作业要点 (表12-20)

表12-20 作业要点

序号	工序	作业控制要点
1	支架拆除	拆除作业应按照先上后下、先外后里、先架面材料后构架材料、先辅件后结构件的顺序,一件一件地松开联结、取出并随即吊下(或集中到相邻的未拆的架面上,扎捆后吊下)

(2) 现场标准化作业 (图12-123)

图12-123 支架拆除完成

13 站场工程

13.1 工程概况

宁波市轨道交通工程慈城停车场位于4号线线路北端，位于江北大道以南、慈孝大道以东、规划余北快速路以北的地块内，接轨于官山河站，承担4号线配属车辆的停放及日常运用检查工作，辅助东钱湖车辆段完成地铁各系统运用检修等任务（图13-1）。

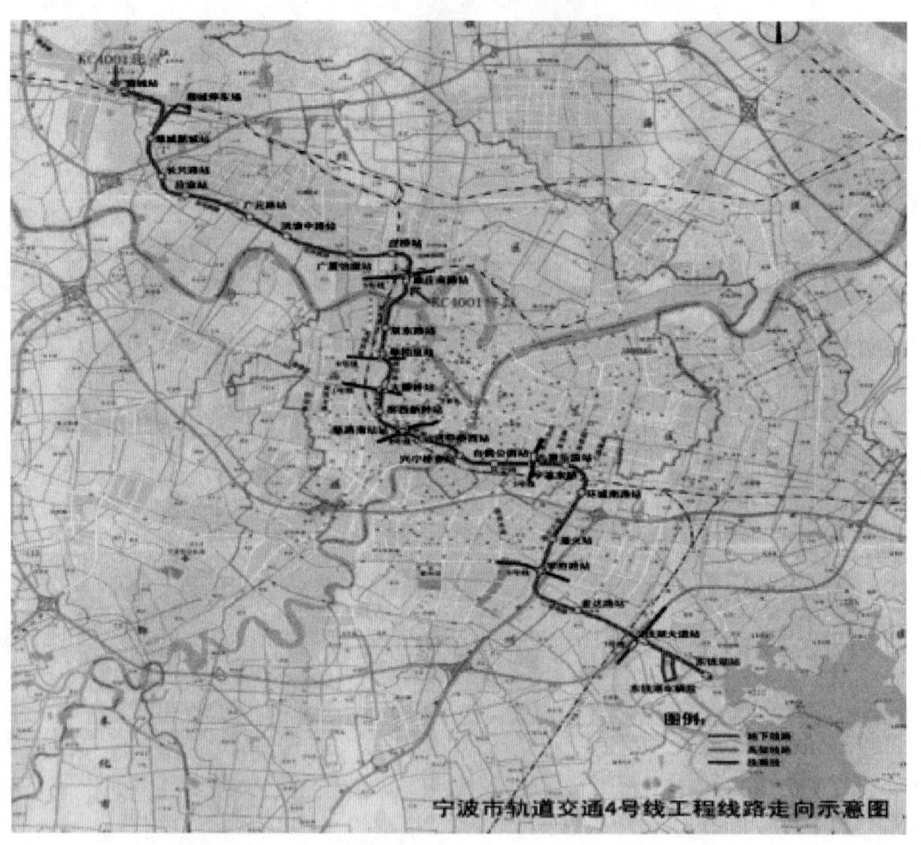

图13-1 宁波市轨道交通4号线工程线路走向示意图

宁波市轨道交通4号线工程慈城停车场东西长约1024m，南北宽约146m，红线用地面积11.45ha，围墙内用地88242.5m²，其中，总建筑面积26106m²。用地范围内多为农田，还有少量的农房、水系及少量地面架空电力管线，拆迁量少，地质水文条件较好，紧邻夹田大河北侧既有110kV高压走廊（洪慈1158线）一条。场址标高在1.5~2.1m，地势起伏较小。城停车场地坪图如图13-2所示。

图 13-2　城停车场地坪图

本标段施工专业含±0以下软基处理、站场、桥涵、房屋建筑、机电设备、改河、景观绿化等工程。涵盖停车场房屋及附属工程、给排水、通风空调、低压配电、机电设备、站场、路基以及市政给水接驳、市政道路接入、红线外小三改等内容。其中，房屋建筑工程包含运用库、综合楼、工程车库、洗车库、混合变电所、主门卫、次门卫共计7个单体。运用库、工程车库选用外墙铝镁锰金属压型钢板＋铝合金装饰条的外立面做法，其余单体均为真石漆外墙。慈城停车场效果图如图13-3所示。

图 13-3　慈城停车场效果图

慈城停车场出入场线从官山河站北端接出后，首先向北与正线并行600m后下穿正线，然后转向东与既有道路呈立交形式，上跨既有慈江，最后以300m的半径曲线转向东引入慈城停车场。

停车列检库设置在北侧，呈两列位尽头式布置，西端与出入场连通，设停车列检线10条（共20列位），预留3条（6列位）。

月/周检库及工程车库设在南端，设周/月检线2条，工程车库线2条（兼材料装卸线）。

洗车库布置在入段线右侧，采用八字贯通式布置，并设置牵出线满足车辆洗车机检修列车牵出需要。

停车场内设有环形运输道路和消防道路，设主次出入口，主出入口与规划余北快速路连接，次出入口与慈孝大道连接。

停车场站场轨道范围均设计为平坡，在咽喉区路基地段设计有盖板排水槽。停车场路基范围内的雨水，经排水沟或排水槽等收集后集中排放到排水涵，最终汇入停车场周边河道内。运用库效果图、综合楼效果图如图13-4、图13-5所示。

图 13-4　运用库效果图

图 13-5　综合楼效果图

13.2　参建单位

宁波市轨道交通4号线工程慈城停车场项目各方信息见表13-1。

表 13-1　车场项目各方信息表

序号	单位类别	单位名称
1	建设单位	宁波市轨道交通工程集团有限公司
2	勘察单位	宁波冶金勘察设计研究股份有限公司
3	设计单位	中铁第四勘测设计院集团有限公司
4	监理单位	中铁华铁工程设计集团有限公司
5	质量监督	宁波市建设工程安全质量管理服务总站
6	施工单位	中铁一局集团有限公司

1. 工程地质与水文条件

（1）工程地质

根据宁波市轨道交通第二轮规划的地层划分原则及本次勘察钻探、室内土工试验成果，结合现场原位测试成果资料，在勘探深度范围内，先按地层时代（即地层上下顺序及其沉积年代）划分为10个工程地质层组，以圆圈和括号内阿拉伯数字表示；然后根据其成因及物理力学性质划分为29个工程地质层，以下标数字表示成因，第四系岩土层下标数字后的字母a、b、c代表岩性相变，从细颗粒至粗颗粒，T代表透镜体夹层。场地土层的分布规律和变化详见工程地质剖面图、钻孔柱状图。场地适宜慈城停车场建设。

①1a：杂填土（mlQ）、①1b：素填土（mlQ）

①2层：黏土（al-lQ43）、①3a层：淤泥（mQ43）

①3b层：淤泥质黏土（mQ43）、①3T层：泥炭质土（lhQ43）

②1层：黏土（lhQ42）、②2a层：淤泥（mQ42）

②2b层：淤泥质黏土（mQ42）、②2c层：淤泥质粉质黏土（mQ42）

④1a层：淤泥质黏土（mQ41）、④2a层：黏土（mQ41）

⑤4a层：粉质黏土（mQ32）、⑥2层：黏土（mQ32）

⑥2T层：中砂（alQ32）、⑦1层：黏土（al-lQ31）

⑦2层：黏土（lhQ31）、⑧1层：粉质黏土与粉土互层（al-mQ31）

⑧2层：粉质黏土（1hQ31）、⑪1b层：强风化玄武玢岩（N2s）

⑪1c层：中等风化玄武玢岩（N2s）、⑫1b层：强风化泥质粉砂岩（K1gt）

⑫1b层：强风化粉砂质泥岩（K1gt）、⑫2b层：强风化角砾岩（K1gt）

⑬3b层：强风化熔结凝灰岩（K1gt）、⑬1b层：强风化角砾凝灰岩（J3c）

⑬1c层：中等风化角砾凝灰岩（J3c）、⑬2b层：强风化流纹岩（J3c）

⑬2c层：中等风化流纹岩（J3c）

（2）气象条件

宁波属北亚热带季风气候区，温暖湿润，雨量充沛，光照强，四季分明。冬季受蒙古高压控制，盛行西北风，以晴冷干燥天气为主，是本区低温少雨季节；春末夏初为过渡时期，副热带极峰开始影响本区，气候活动频繁，冷暖空气交替，空气湿润，阴雨绵绵，习称"梅雨季"；夏秋7～9月，受太平洋副热带高压控制，天气晴热少雨且常有热带风暴侵入，带来大风大雨等灾害性天气。

（3）区域水文条件

场区位于宁波平原。宁波平原属甬江水系，甬江由奉化江及姚江在宁波城区三江口汇合而成，流向东偏北，在镇海口入海。

姚江主源为梁弄溪，北行至梁弄镇入四明湖水库，出库后在新江口与通明江汇合后称姚江。姚江干流曲折东流至宁波市区姚江大闸，出闸行3.3km至宁波市区三江口，与奉化江汇合为甬江。自源头至三江口全长107.4km，流域面积1934km^2。姚江原为潮汐河流，感潮可上溯至上虞丰惠镇东北4km。1959年7月姚江大闸建成后，构成平原型河道水库，控制集水面积1918km^2，起到挡潮蓄淡水，改善姚江平原供水条件的作用。姚江属平原型河流，河床平坦，水面比降小于0.01‰，河宽50～150m，最宽处

250m，中水位 0.93m（1985 年国家高程），平均水深约 5m。姚江系杭甬运河（四级航道）的重要河道。余姚站姚江最高洪水位 2.49m。

甬江主源为姚江、奉化江，二江在宁波市三江口汇合后称甬江。甬江河段全长 25.6km。甬江为感潮河，年迳流量约 40 亿 m^3，潮水可顶托至鄞江、萧镇及西坞等地。由于姚江大闸的阻挡，姚江的潮水只能抵达姚江大闸。宁波站潮位：历年最高潮水位 2.903m（1985 国家基准），历年最低潮水位 -1.657m，平均高潮位 1.213m，平均低潮位 -0.487m。

拟建停车场周边分布的主要骨干河道为慈江，慈江自慈江大闸向东，经新渡、太平桥面、官山、夹田桥、观庄、市社会福利院至化子闸，慈江（江北段）主要收集北岸山区及平原涝水，向东北流至洪塘处，其分两路，一路折北经化子闸入镇海沿大河后"北导"出海；另一路经周家闸入江北大河后"东排"入甬江，江北区内慈江干流全长约 14.9km。

2. 施工重难点及施工对策

（1）确保施工安全受控

本工程规模大、从业人员多、交叉作业多，存在着基坑/支架坍塌、机械事故、吊装事故、雨季洪涝灾害等重大危险源，安全控制难度大、施工安全管理要求高。

应对策略：

① 坚持"安全第一、预防为主、综合治理"的方针，贯彻执行国家及地方安全生产、劳动保护方面的政策和法规；

② 建立健全项目安全管理体系和风险管理体系，建立健全安全生产责任制、各项安全作业制度和防护措施并广泛宣传、认真落实，做到安全工作经常化、制度化、具体化；

③ 结合现场实际情况，做好安全技术交底，组织施工人员学习相关的安全操作规程并严格遵照执行；

④ 坚持定期安全检查，发现不安全因素，立即指定专人限期整改；

⑤ 实行安全生产与经济利益挂钩，对安全生产好的个人和班组给予重奖，对违章指挥、违章操作忽视安全的行为给予重罚，对造成安全事故者视其情节严肃处理；

⑥ 针对重大风险源，编制切实可行的专项施工方案、风险管理方案及控制措施，建立风险管理制度及异常情况的快速反应机制和应急预案，进行专门安全技术交底并狠抓落实，加大风险控制费用投入，加强风险控制方案的跟踪验证、不断完善予控及防护措施，有效降低和消除风险影响。

（2）文明施工及环境保护

本工程规模大、建设意义重大、公众关注度高，一旦施工中发生任何安全事故、不文明举措以及施工机械排放的废气和噪声等对周围环境造成污染，都将会影响业主及施工单位的企业形象，对环境保护、文明施工的标准高、要求严；在施工时需要突出文明施工及环境保护，采取完善的措施使施工对周边环境的影响减少到最小，严格控制施工污废水/泥浆、施工噪声、施工粉尘、建筑垃圾的排放，坚持安全文明和绿色施工。

应对策略：

① 成立文明施工领导小组，采取"标准明确，责任到人"的管理目标责任制，全面开展创建文明工地活动；

② 建立健全文明施工管理网络，对进场施工队伍签订文明施工协议书，建立健全岗位责任制把文明施工责任落实到实处，提高全体施工人员文明施工自觉性与责任性；

③ 按照业主创建文明标准工地的条件要求，制订文明施工细则，加强文明施工宣贯，提高员工文明施工意识，规范员工行为；

④ 对可能引起噪声、水土、大气等环境污染的源头事先制订预防和控制措施，对施工中无法预见、已造成事实的污染现象立即停工整改；

⑤ 定期检查环境保护、安全文明制度的执行情况及环境保护、文明施工措施的实施情况，随时抽查，逐项打分，综合评比，进行奖罚；

⑥ 每周召开文明施工例会，总结经验、查找不足，提出整改意见。

（3）各专业间的组织与协调

本工程包含车辆段软基处理、站场、桥涵、房建、机电设备、工艺设备、综合监控等多系统工程，且与电梯、AFC、多联空调/工艺设备安装等专业承包商及正线各专业系统有直接、间接联系；接口关系复杂、接口工作量大，施工组织管理要求高、协调管理难度大。

应对策略：

① 项目部成立以项目经理为首的施工协调管理组织机构，对内部专业间进行协调，对外部专业单位主动加强沟通、协调和提供服务；

② 根据本工程主要施工项目及工程特点，制定严密的施工组织和程序，协调好标段内各专业工程的穿插施工，做好与外部专业的交叉配合，编制详细的接口工作表，制定接口管理措施，严格接口工作程序，并在实施过程中严格执行，确保接口顺畅；

③ 加强与相关专业协调沟通，统筹安排各专业施工顺序，严格工作面的占用程序和占用时间，做好对已完工程半成品、成品的保护，杜绝交叉污染和工程成品毁损，确保总体施工优质、有序进行。

（4）钢结构制作与安装

运用库、工程车库钢结构工程量大、跨度大，钢桁架制作精度要求高，高空拼装工作量大、作业条件差而质量要求高，在安装过程容易产生平面、立面挠度变形，影响钢结构正常受力及使用安全，如何确保其制作安装精度满足要求是本工程施工的难点。

应对策略：

① 建立钢结构工程的制作、安装质量管理网络；

② 钢结构加工制作前应编制工艺和施工作业指导书，在制作中实施工序质量控制，建立质量保证体系；

③ 各种原材料进厂时要索取材质单，并进行复验；焊条必须有出厂合格证，现场存放注意防潮。焊工持证上岗，保证焊缝质量、焊接位置的焊缝长度、强度、变形要求，严格按照图纸的规范要求施工。施焊前焊缝要做焊接试验报告，合格后方可施焊；

④ 库房钢结构各构件均采用工厂加工，各类构件在正式加工和出厂前，都须进行预拼装才准正式加工和出厂；钢构件运输应采取适宜的包装（包裹边角）及运输方式，

防止构件变形或损坏，构件安装前也应采取适宜的存放方式；

⑤ 严格按照设计规定的方向和先后顺序进行安装，现场组焊严格按设计及规范要求施工，采用合理的焊接工艺和组焊顺序，消除焊接变形；高强度螺栓在施拧时，必须用专用扳手按规范规定的预拉力值计算得到的扭矩值施拧，且须分为初拧及终拧进行，施拧顺序宜从中间开始向两边扩展；加强过程监控测量，确保结构安装质量满足要求；

⑥ 钢材表面须认真除锈，除锈方法及除锈等级满足设计要求；钢结构涂装应做好环境湿度检测，雨天一般不进行钢结构涂装作业，如必须施涂则需进行通风排湿，确保环境湿度满足施涂要求；

⑦ 严格工序检查制度，特别是容易发生渗漏的部位及安装后检查较困难的部位，未经检查不得进行下道工序的施工。

(5) 库区地面防沉降控制

对于本地区土质条件，年度降雨量较大，极易造成不均匀沉降，地坪工后沉降也应是控制重难点。

应对策略：

① 运用库地坪工后沉降控制首先要做好库内整体道床、检修地沟、检修平台及设备基础基底处理施工质量控制，严格按设计和规范要求施工。

② 要做好各类基础及地面回填土施工质量控制，严格按设计要求的填料、压实方法及压实度标准进行施工，并根据不同结构层使用不同压实荷载，各类填料工后沉降量不同应预留不同的工后沉降量，并采用地面回填土早填、地面结构层尽量滞后施工的方法，进一步缩小各区块工后不均匀沉降值。

③ 对大库内地坪采取与整体道床、检修地沟、设备基础和地面之间采取适当分离措施（浇筑地坪混凝土前，对已施工的墙、柱和设备基础、整体道床、检修地沟侧表面进行铲平和打磨处理，刷隔离剂或用油毡隔离），防止库内地坪工后与道床和设备基础不均匀沉降造成地面开裂。

(6) 铝镁锰外墙防水工程控制

铝镁锰外墙材质采用：铝镁锰压型钢板＋玻璃幕墙＋铝合金装饰条，从造价、工期、质量上有较大革新。但由于该施工铝镁锰压型板与玻璃幕墙位置形成错台，易造成窗台积水，导致室内墙体漏渗水现象严重。

应对策略：

① 铝镁锰外墙首先要做好铝镁压型板的交接处及与幕墙交汇处基底处理施工质量控制，严格按设计和规范要求施工。

② 要做好玻璃幕墙的接缝处处理施工质量控制，严格按设计要求进行施工，窗台需设置为满足雨水流出坡度需求，并根据不同结构处设置柔性材料封堵其交接处，补偿不同材料间的交接处理。

③ 施工完毕需对其外墙整体进行淋雨试验，确保具备正常使用功能。

3. 施工总体部署

本标段包括土建专业：软基处理、站场、桥涵、房屋建筑、工艺设备、场内综合管线、河道改移、绿化等工程。机电专业：工艺设备、给排水及消防工程、通风与空调工程、低压配电与动力照明工程、安防系统、综合监控系统工程的安装调试，并负责电梯、工艺设备（供货商安装部分）等的配合施工。

施工总体安排如下：

（1）施工准备阶段（A阶段）

施工时间：2017年9月20日~2017年12月30日。

重点抓征拆工程、钢便桥、通段道路、施工道路、临时供水供电、项目驻地建设的报批与施工，根据场地条件提早安排软基加固处理小型预应力竹节桩试桩的施工与检测，以及PHC管桩试沉桩，为正式工程的大面积开工做好准备。

（2）改河、场坪处理及软基加固施工阶段（B阶段）

施工时间：2017年11月8日~2018年5月20日。

前期施工准备完成后立即分区段展开改河、场地清理平整，重点抓好路基软基加固处理施工及站场土方填筑施工，并充分利用枯水期尽早完成改河施工。

（3）桩基及承台基础施工阶段（C阶段）

施工时间：2017年12月15日~2018年7月25日。

在重点房屋区块场坪土方初步填筑到位后（车库基本按库房地面标高下1m控制，待库房基础及地基处理完成后填筑到设计标高）即展开房屋桩基（含整体道床PHC管桩基础）、承台基础及大型设备基础（条件具备时）施工，并根据现场实际安排室外深埋管线及构筑物、电缆沟及穿越线路/道路预埋管施工。

（4）建筑主体结构施工阶段（D阶段）

施工时间：2018年6月17日~2019年3月20日。

在各单体基础或运用库基础分区段施工完成后即由下而上展开房屋主体结构施工，重点抓好运用库、综合楼主体结构施工，其他房屋适时展开施工，并根据现场实际安排剩余室外综合管线及围墙、道路基层的分区、分段施工。

（5）建筑装修及机电设备安装施工阶段（E阶段）

施工时间：2019年3月6日~2019年12月25日。

房屋主体结构施工完成后展开房屋建筑装修施工，机电设备安装紧密配合房屋建筑装修工程施工，站场道路面层、硬化场坪等工程适时展开施工，本阶段需着重做好各专业的接口管理和施工协调。

（6）工艺设备/各系统设备安装调试及收尾验交阶段（F阶段）

施工时间：2019年12月20日~2020年5月13日。

在装修及安装施工阶段后期重点抓工艺设备安装、各系统设备调试，具备条件后进行系统联调，并做好尾工清理、工程移交的准备。

4. 车场典型施工方案及工艺

慈城停车场工程，采用多种典型施工工序：钻孔灌注桩、SMW工法桩、先张法预应力混凝土小竹节桩、铝镁锰外墙板。

（1）钻孔灌注桩及工艺

测量定位→埋设护筒、钻机就位→泥浆制备→钻进、成孔→清孔→钢筋骨架加工与吊装→水下混凝土灌筑（导管法）。

施工前准备工作如图13-6所示，质监站泥浆相对密度、含砂率、稠度抽查如图13-7所示。

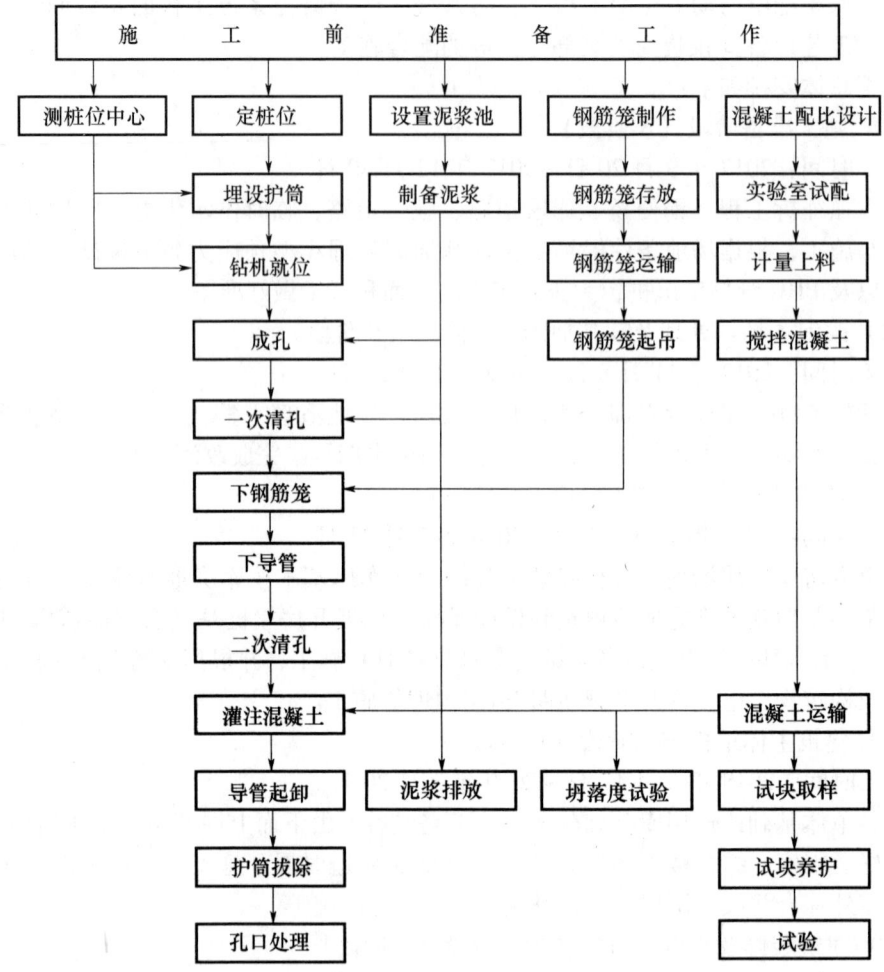

图 13-6 施工前准备工作

图 13-7 质监站泥浆相对密度、含砂率、稠度抽查

（2）SMW 工法桩及工艺（图 13-8 ~ 图 13-9）

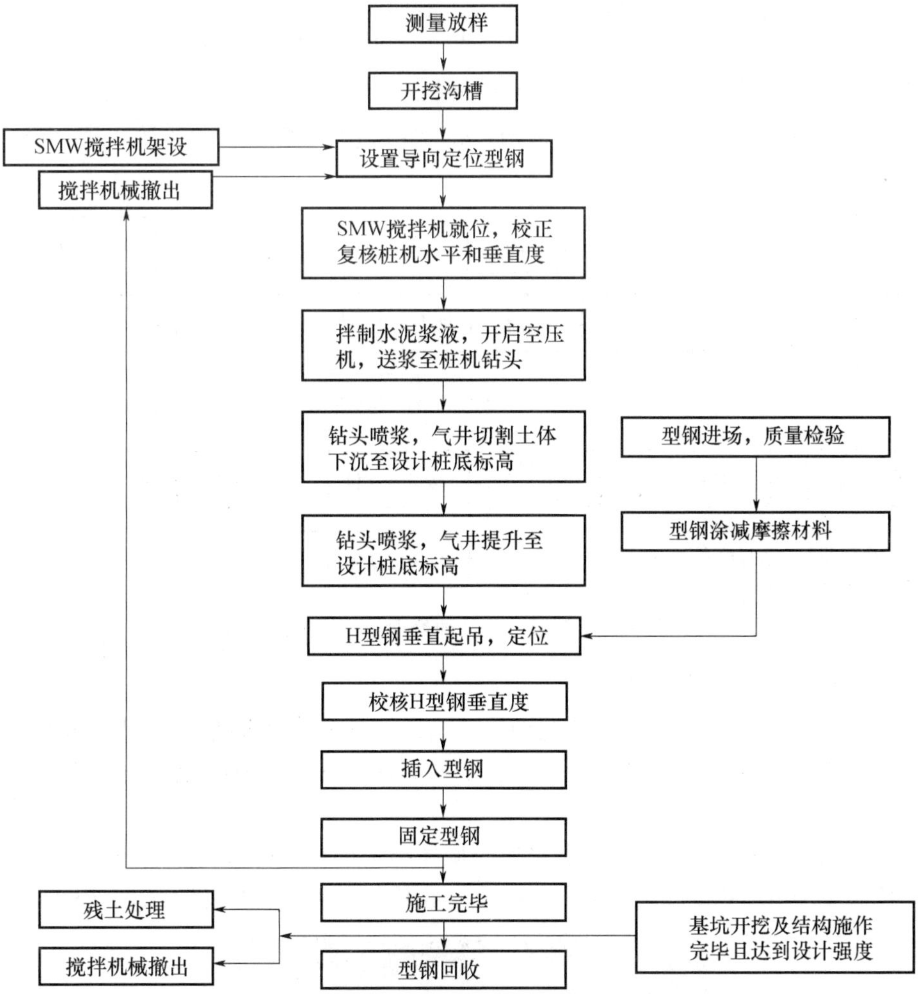

图 13-8 SMW 施工工艺

图 13-9 综合楼 SMW 工法桩围护结构平面图

(3) 先张法预应力混凝土小竹节桩及工艺

慈城停车场场内有用于站场、过渡段、地面加固等部位软基加固的竹节桩共计27.4万米,经业主、设计、勘察、监理、施工、供桩等单位讨论研究后,决定选用焊接式连接方法,同时经设计、试验、检测后特制了适用软基加固的小竹节桩型(竹节凸出尺寸小于市面上传统的竹节桩)。过渡段地基加固处理小竹节桩施工图如图13-10所示。

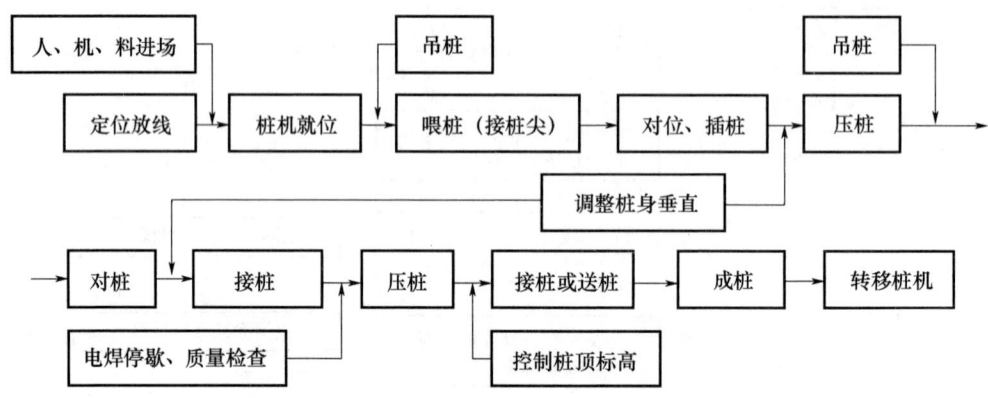

图13-10 过渡段地基加固处理小竹节桩施工图

(4) 喷绘采砂地坪及工艺

喷绘采砂耐磨地坪工程施工涉及面广,地面工序紧多工期紧,对基层混凝土、外部环境等施工因素众多。该项目运用库、工程车库、混合变电所地面均采用喷绘采砂地面。

施工工艺:基层处理修补及打磨除尘→底漆施工→环氧砂浆施工→环氧腻子施工→彩砂中涂施工→清理彩砂→面漆施工→养护。运用库彩砂地面效果图,如图13-11所示。

图13-11 运用库彩砂地面效果图

5. 车场新工艺的应用

(1) 先张法预应力管桩、竹节桩

慈城停车场将整体道床下桩基、检修地沟下桩基、检修平台下桩基由原来先张法预应力管桩变更为先张法预应力混凝土竹节桩;地面加固处理、站场软基加固的钉型水泥搅拌桩更换为先张法预应力混凝土竹节桩。场内有用于站场、过渡段等部位软基加固的竹节桩共计 27.4 万米，经业主、设计、勘察、监理、施工、供桩等单位讨论研究后，决定选用焊接式连接方法，同时经设计、试验、检测后特制了适用软基加固的小竹节桩型（竹节凸出尺寸小于市面上传统的竹节桩），因此，与传统常见的软基加固桩相比，此焊接式先张法预应力混凝土小竹节桩从成桩速度、文明施工、质量把控上优于水泥搅拌桩；从节材和承载性能上优于 PHC 管桩；从造价和施工难度上优于静钻根植先张法预应力混凝土竹节桩；从抗弯性能上优于机械连接先张法预应力混凝土竹节桩。作为新型的软基加固处理桩型，此焊接式先张法预应力混凝土小竹节桩的优越性能产生较大的积极影响。项目部也总结归纳了《焊接式先张法预应力混凝土竹节桩施工工艺工法》，并入选了中铁一局企业级施工工艺工法。站场预应力混凝土竹节桩布置图如图 13-12 所示。

图 13-12　站场预应力混凝土竹节桩布置图

（2）柱式检修地沟立柱

针对车场库区检修地沟立柱，常规做法各边均为直角矩形，拆模时极易造成棱角破损，另外后期使用过程中也存在碰撞隐患。项目部与设计单位对接后，对其优化成了圆形倒角，线条柔美的同时，施工质量更容易得到保证，同时，降低了后期运营维保人员使用期间的安全风险。短柱施工效果图如图 13-13 所示。

图 13-13　短柱施工效果图

6. 车场绿色施工新技术的应用

（1）封闭降水及水收集综合利用技术

封闭降水主要在坑底和基坑侧壁采用截水措施，在基坑周边形成止水帷幕，阻截基坑侧壁及基坑地面地下水流入基坑，对基坑以外地下水不产生影响的降水方式；基坑施工时应按需求降水、隔离水源。

该工程综合楼深基坑止水帷幕结构采用 SMW 工法桩同时兼作支护体系。基坑内排水采用集水明排方式排至坑外。开挖期间采用真空深井泵疏干地下水，确保开挖安全。在出入口处设置清洗池，有效防止在开挖基坑土方运输及回填料拉运期间，渣土车进出场对施工现场内及市政道路造成污染。在清洗池旁设置沉淀池，循环池收集雨水及基坑抽排水。用于道路冲洗，场内洒水降尘等使用。

（2）铝镁锰外墙板

由传统砌体外墙变更为铝镁锰压型钢板＋玻璃幕墙＋铝合金装饰条，从造价、工期、质量上有较大革新，同时铝镁锰型材与基层钢构的组合，其回收率高等优点，又符合国家绿色环保施工的新兴技术。最后，其完工后的外立面效果科技感十足，也具有后续车场的推广空间。

施工工艺：复合尺寸→安装檩托板→安装檩条→划分区域→内板安装→保温棉安装→划线→安装固定座→安装墙面板→安装收边→清理撤场。

铝合金墙面系统采用先进的直立锁边固定方式，从根本上杜绝了传统螺钉穿透固定方式带来的漏水隐患。直立锁边墙面板的固定，首先是将铝合金固定座用螺钉固定于镀锌檩条，再将墙面板扣在铝合金固定座的梅花头上，最后用电动锁边机将墙面板的搭接边咬合在一起。由于采用了直立锁边固定方式，墙面没有螺钉外露，整个墙面不但美观、整洁，而且杜绝了成千上万个螺钉孔造成的漏水隐患。运用库铝镁锰外墙现场立面图如图 13-14 所示。

图 13-14　运用库铝镁锰外墙现场立面图

14 其他工程

14.1 车辆段施工质量控制

车辆段质量管理案例

1. 背景工程概况

东钱湖车辆段设置在宁波轨道交通 4 号线南段，选址毗邻东钱湖 1.6km，位于东钱湖大道、玉泉南路、长山江及规划紫金中路围合区域，接轨于小洋江站，用地长约 1130m，宽约 400m，用地面积 31.49ha，现状以农田、菜地、河塘、藕塘和蚌塘为主。项目与线路位置关系图如图 14-1 所示。

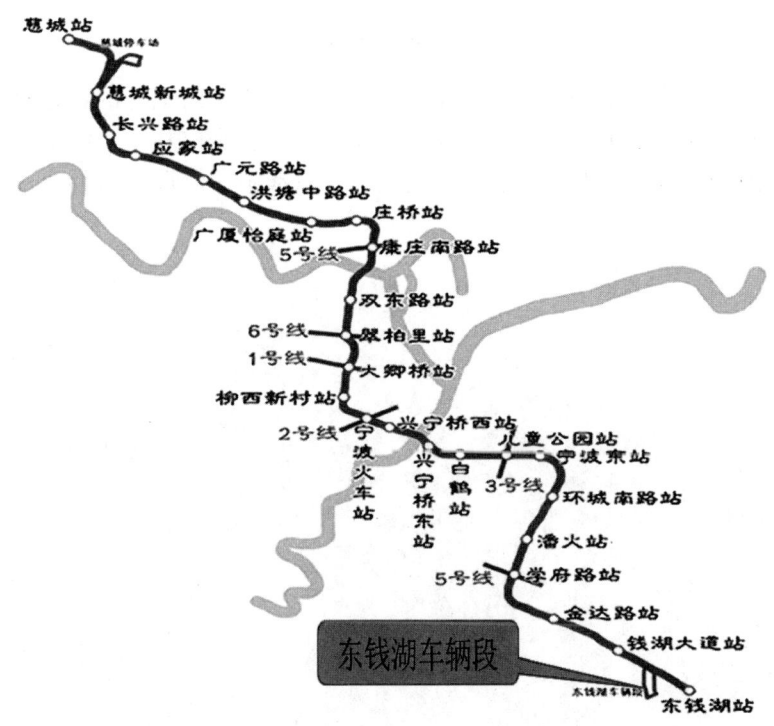

图 14-1 项目与线路位置关系图

东钱湖车辆段定位为定修段，承担 4 号线全部配属列车的定、临修、旋轮任务以及部分配属列车的周、月检和停放任务。设 28 列位停车列检、2 列位双周三月检，定临修、静调、吹扫各 1 列位，总共有道岔 31 组，交叉渡线 2 组，铺轨长度 10.5km。共设运用库、检修库、物资总库、综合楼、旋轮库、洗车库、调机工程车库、变电所、动调试验间、杂品库、门卫等 13 个单体建筑，盖体工程建筑面积 144100.97m²，盖外配套工程建筑面积 19714.29m²。东钱湖车辆段平面图如图 14-2 所示。

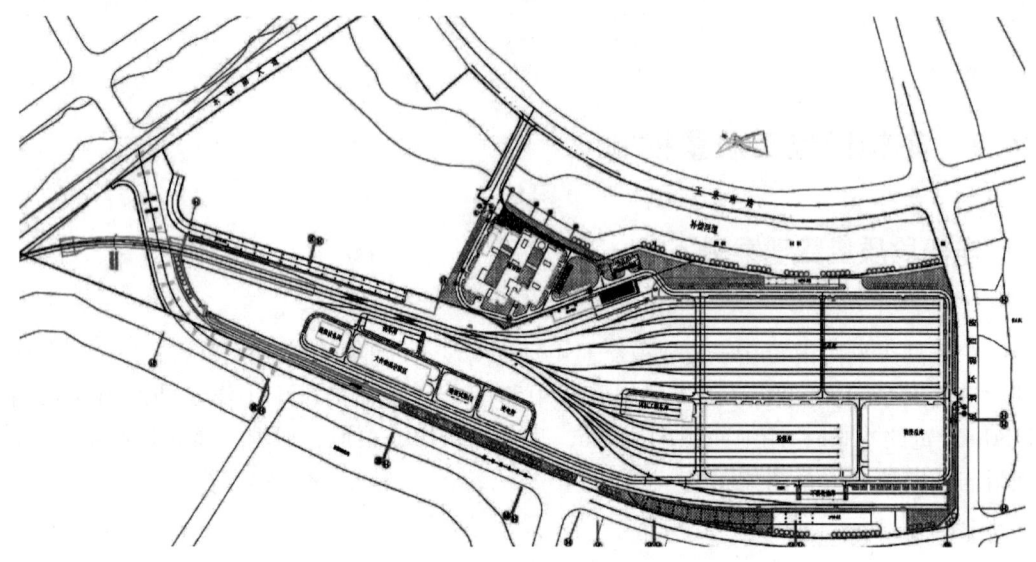

图 14-2　东钱湖车辆段平面图

东钱湖车辆段按上盖物业开发设计，除杂品库、综合楼、门卫外的各建筑单体都位于盖下，物业开发以居住性质为主，车辆段主库区盖上为合院住宅，咽喉区盖上为公园和社区配套用房，出入段线区盖上为合院住宅。东钱湖车辆段上盖物业开发效果图如图 14-3 所示。

图 14-3　东钱湖车辆段上盖物业开发效果图

出入段线由小洋江站南端引出，车辆段采用尽端式布置，运用库设在车辆段用地东侧，每线 2 列位。

检修库与运用库并列，位于运用库西侧，由定/临修库、双周/三月检库、静调库、吹扫库及辅助检修车间等组成。

物资总库设置在车辆段西南角，为车辆段物流、货流中心。

洗车机库采用咽喉区"八"字式布置，位于入段线西侧，列车洗车不影响入段作业。

调机工程车库设置在咽喉中部，方便调机、工程车上线作业。

不落轮旋库位于检修库西侧。

牵引降压混合变电所布置在检修库北侧。

试车线设置在车辆段用地范围的西侧，长约870m，线路中部有 R600m 的曲线，对地块切割最小，能满足 B 型车 6 辆编组 60km/h 的试车要求。动调试验间靠近试车线布置。

杂品库位于车辆段东北角盖外相对独立的区域内。

车辆基地段内设有7m宽环形道路与各个生产区域及办公区域相连，段内设置两个出入口，以保证消防通道要求，主出入口位于车辆段东侧与玉泉南路相接，次出入口位于车辆段南侧与环湖西路相接，方便车辆段工作人员通勤和交通。东钱湖车辆段上盖物业开发模型、运用库东侧外立面效果图、综合楼效果图如图14-4~图14-6所示。

图 14-4　东钱湖车辆段上盖物业开发模型

图 14-5　运用库东侧外立面效果图

321

图 14-6 综合楼效果图

(1) 工程体量大

本车辆段建筑面积约 17 万 m^2, 土石方工程约 85 万 m^3, 轨道铺轨长度 10.5km, 钻孔灌注桩 5038 根, 竹节桩 4808 根, 钉型水泥土搅拌桩 21350 根等, 主体结构均为钢筋混凝土框架结构。安装工程管线的预埋与敷设线路长, 设备安装数量多。

(2) 本工程所包含项目多、专业全面、接口众多

本工程施工内容包括东钱湖车辆段零以下软基处理、站场工程、桥涵工程、房屋建筑、机电设备、轨道、通信、信号、供电、接触网、改河等工程, 涵盖车辆段房屋及附属工程、给排水、通风空调、低压配电、机电设备、站场、路基以及市政给水接驳、市政道路接入等。施工项目多、专业全面、专业界面接口众多。以综合楼为例, 涉及给排水及消防、通风空调、动力照明、FAS、BAS、门禁系统、综合监控系统、通信、信号灯多个系统, 各个系统之间几乎都有接口, 项目为施工总承包, 通过内部协调对接, 做到机电设备安装和装修有效结合, 做到美观、实用。

车辆段内为满足使用功能, 还配备驾车机、轮镟机、立体仓储系统、精调电源柜、限界门、洗车机、起重机、电梯等工艺设备, 其中洗车机、架车机轮旋机、电梯等设备为甲供甲安装, 我项目主要施工设备基础, 其中驾车机对基础精度要求为 ±1cm。其他设备为乙供乙安装。

2. 工程地质水文情况

(1) 地形地貌条件

本工程主要位于宁波市鄞州区东钱湖大道、玉泉南路、长山江及规划紫金中路围合区域, 地处浙江省东部、宁波湾南岸, 中亚热带季风气候区南缘, 属季风型气候, 温暖湿润, 光照充足, 雨量充沛, 四季分明。东钱湖车辆段地貌类型属于滨海淤积和冲积平原, 地势开阔较平坦; 地面高程: 芦苇地为 1.80 ~ 2.30m, 藕塘为 1.30 ~ 2.00m, 藕塘土堤为 3.30m, 大棚、菜地为 1.50 ~ 2.00m, 场地中部西侧堆土区 2.30 ~ 3.30m, 河道泥面最低为 -1.40m 左右。项目地理位置如图 14-7 所示。

(2) 地质情况 (表 14-1)

根据工程地质层的划分, 本工程施工范围内主要地层情况分述如下:

①1a 层杂填土、①1b 层素填土、①1d 层浜泥、①2 层黏土、①3b 层淤泥质黏土;

②1 层黏土、②2a 层淤泥、②2c 层淤泥质粉质黏土;

图 14-7 项目地理位置

③2 层粉质黏土；

④1a 层淤泥质粉质黏土、④2a 层黏土、④2T 层黏质粉土；

⑥3a 层粉质黏土、⑥4a 层粉砂、⑥4b 层圆砾、⑥4T 层粉质黏土；

⑦1 层粉质黏土；

⑧3a 层粉砂、⑧3b 层砾砂、⑧3T 层粉质黏土；

⑨1a 层粉质黏土、⑨1T 层粉砂、⑨2b 圆砾、⑨2T 粉质黏土；

⑩1 层含砾粉质黏土；

⑬2a 层全风化流纹斑岩、⑬2b 层强风化流纹斑岩、⑬2c 层中风化流纹斑岩。

本工程竹节桩端承进入⑥4b 层圆砾层，钻孔桩端承进入⑨层及⑬层。

表 14-1 地质情况表

层号	岩性名称	固结快剪 标准值		压缩试验 平均值		标贯（动探）实测击数 $N(N_{63.5})$	地基土承载力特征值 f_{ak}(kPa)
		内摩擦角 φ_c(°)	黏聚力 c_c(kPa)	$a_{0.1-0.2}$ (1/MPa)	$E_{s0.1-0.2}$ (MPa)		
①2	黏土	13.8	31.9	0.61	3.57	3.0	65
①3b	淤泥质黏土	8.7	13.2	1.26	2.06	1.5	45
②1	黏土	11.2	19.3	0.84	2.72	1.2	55
②2a	淤泥	8.7	13.1	1.59	1.70	1.2	40
②2c	淤泥质粉质黏土	9.6	15.2	1.04	2.25	2.6	50
③2	粉质黏土	10.0	15.3	0.66	3.13	2.7	70
④1a	淤泥质粉质黏土	10.6	16.5	0.75	2.86	3.8	65
④2a	黏土	12.0	21.8	0.78	2.96	6.4	80
④2T	黏质粉土	28.3	7.0	0.34	6.18	21.6	140
⑥3a	粉质黏土	13.9	30.1	0.32	6.12	19.3	160

续表

层号	岩性名称	固结快剪 标准值		压缩试验 平均值		标贯（动探）实测击数 $N(N_{63.5})$	地基土承载力特征值 f_{ak}(kPa)
		内摩擦角 φ_c(°)	黏聚力 c_c(kPa)	$a_{0.1-0.2}$ (1/MPa)	$E_{s0.1-0.2}$ (MPa)		
⑥4a	粉砂	33.7	4.4	0.18	9.31	28.2	210
⑥4b	圆砾	33.9	4.2			(24.9)	280
⑥4T	粉质黏土	14.3	31.0	0.27	6.30	27.0	200
⑦1	粉质黏土	15.4	41.3	0.27	6.44	26.2	210
⑧3a	粉砂	34.0	4.5	0.21	8.51	40.0	230
⑧3b	砾砂	35.0	4.8			(28.8)	300
⑧3T	粉质黏土	17.3	44.6	0.27	6.58	28.2	220
⑨1a	粉质黏土	17.3	47.1	0.26	6.92	37.0	230
⑨1T	粉砂	34.6	4.5	0.21	8.58	44.6	250
⑨2b	圆砾	33.5	6.9			(37.3)	330
⑨2T	粉质黏土	16.8	43.3	0.25	6.64	40.3	240
⑩1	含砾粉质黏土	16.9	38.4	0.25	6.91	33.3	230
⑬2a	全风化流纹斑岩					(33.8)	260
⑬2b	强风化流纹斑岩					(46.6)	400
⑬2c	中风化流纹斑岩						1800

（3）水文状况

① 地表水

场地上部卵石层渗透性较好，地表水体发育，孔隙潜水与地表水的水力联系较为密切。

② 地下水

场地地下水类型主要是第四系松散土层孔隙水，根据地下水的含水介质、赋存条件、水理性质和水力特征，可划分为孔隙潜水和基岩裂隙水两大类。

孔隙潜水主要赋存于场区表部填土和浅部碎石土层中。其中填土富水性和透水性因黏性土含量不同而具明显各项异性，一般上部透水性较好，水量较大，往下透水性变差，水量较小。

基岩裂隙水水量受地形地貌、岩性、构造、风化影响较大，补给来源主要为上部第四系松散岩类孔隙潜水，次为基岩风化层侧向径流补给；径流方式主要通过基岩内的节理裂隙、构造由高程处向低高程处渗流。

（4）气象条件

宁波市地处中北亚热带过渡区，温暖湿润，四季分明，光照充足，雨量丰沛。一年中，随着冬、夏季风逆向转换，天气系统、控制气团和天气状况均会发生明显的季节性变化，形成春多雨、夏湿热、秋气爽、冬干冷的气候特征。

（5）地震效应

车站结构抗震设防烈度为7级，地震加速度值为0.10g，设防类别为重点设防类，属交通运输类，相当于地面丙类建筑。设计按抗震等级三级采取相应的抗震措施，以提高结构的整体抗震能力。

3. 施工重难点及施工对策

在充分审核施工图纸、招投标文件和现场施工调查的基础上，并从本工程工期、安全、质量三个方面归纳本标段的重难点。重难点分析见表14-2。

表14-2 重难点分析

专业	重难点	主要对策措施
土建装修工程	工程规模大、专业多、工期紧，工期进度控制难度大	1. 提前规划组织机构、材料采购计划、机械入场计划，保障施工资源（人、材、机）的及时供给和配备； 2. 分专业同时进行施工，在有限的施工区域内，不同的施工单位、不同的施工专业穿插进行流水作业； 3. 周密细致的策划项目的组织机构，进行强化组织、点面结合；分级管理、纵横结合；分区域执行，有效落实。做到协调统一、管理严密、紧密配合。执行施工分区管理，强化组织机构； 4. 强化施工组织，加强人员力量，委派施工经验足、能力强的人来对工程进行管理
机电安装工程	机电安装系统各专业管线交叉错杂	1. 交叉节点处的施工必须提前绘制出综合管线施工图，提早进行协调。同沟内平行敷设时，注意管道之间的间距调整。 2. 在机电管线支吊架已充分协调的基础上，开始进行机电管线的施工水平区域的流水施工，在保证不影响后续工序施工的前提下，各专业可在不同的区域进行同时施工，以缩短工期。 3. 平行上下层埋地敷设时，应考虑层与层之间的间距，能够上下层错开距离时应尽量错开，否则不利于管道维修
四电工程	管线槽和线盒暗埋工作点多且分散，牵涉土建、机电相关专业，相互影响受制约的因素多	1. 建立专业间的施工配合协调机构，加强各专业间的施工联系协调。并和对口专业的监理、业主、设计加强沟通。结合相关专业施工计划进度，编制灵活的施工日程计划。 2. 重点检查管、线、槽径路，同风管、水管、电力管线槽位置交越、重叠和相互占用情况。 3. 成立管线预埋作业组，全范围内配合土建施工进度进行预埋管、线、盒、箱，同时收集施工进度情况。车辆段各建筑的电话布线与计算机网络线缆同管同槽敷设，提高施工效率
综合管线工程	综合管线施工协调难度大、配合要求高	1. 综合管线紧跟土建施工的工程进度计划编制各专业的工程施工计划，当土建施工计划发生变化时，机电专业应做相应的施工计划调整，保证不拖土建施工的后腿。 2. 依据土建施工及装修进度计划，及时调整工程技术人员和施工人员，准备充足的材料及配件、辅料等，满足施工需要。 3. 配合土建施工及时做好隐预检工作，保证不会由于预埋管线、盒、箱、预留孔洞未能及时进行预检、隐检而造成混凝土浇灌延误。 4. 综合管线各作业单位听从统一指挥，由专职人员统一调度指挥，协调施工。 5. 管道施工原则：通风管道先行，有压管道让无压管道，小管让大管

4. 施工总体部署

本标段包括站场工程、土建工程、装饰装修工程、机电设备安装工程、轨道工程、系统工程等几大项工程。

施工总体安排如下：

（1）站场工程施工

施工时间：2018年4月3日～2020年7月31日。

施工内容：

①场地清表、站场回填；②站场软基处理，竹节桩、钉型水泥土双向搅拌桩施工，桩帽施工；③道路施工；④站场排水沟施工；⑤景观绿化、铺装施工。

（2）土建施工

施工时间：2018年5月1日～2020年4月30日。

施工内容：

车辆段上盖盖体、综合楼、运用库、检修库、物资总库、调机工程车库、不落轮旋库、通信设备间、杂品库、门卫、混合变电所、动调试验间、大件物品存放区、上盖汽车坡道桥、主入口桥梁及跨线桥等建筑基础及主体结构施工。

综合楼、运用库、检修库、物资总库、调机工程车库、不落轮旋库、通信设备间、杂品库、门卫、混合变电所、动调试验间、大件物品存放区等建筑单体库二次结构施工。

（3）装饰装修工程

施工时间：2019年10月1日～2020年7月10日。

施工内容：

综合楼、运用库、检修库、物资总库、调机工程车库、不落轮旋库、通信设备间、杂品库、门卫、混合变电所、动调试验间、大件物品存放区、车辆段上盖、围墙等建筑单体外立面装饰装修，单体库吊顶顶棚、墙面及顶棚涂料、地砖及彩绘喷砂地面施工、库内标识标线等。

（4）机电设备安装工程

施工时间：2019年11月1日～2020年7月15日。

施工内容：

①动力照明配管配线、插座开关、灯具、设备安装等施工；②室内外给排水管道、设备工程安装等施工；③空调、风机、风管、风阀安装施工等工程；④消防给排水、喷淋设备安装施工；⑤通风单体单系统调试；⑥给排水单体单系统调试；⑦消防喷淋系统调试；⑧工艺设备安装；⑨虹吸雨水安装等。

（5）轨道工程

施工时间：2019年12月10日～2020年6月19日。

施工内容：

①无砟轨道；②有砟轨道；③道岔及交叉渡线施工；④无缝钢轨焊接；⑤轨道精调；⑥轨道标识标牌安装。

（6）系统工程

施工时间：2019年12月25日～2020年6月29日。

施工内容：

① FAS系统：机柜及模块箱、线缆敷设、手报、烟感、温感、消火栓按钮、机房机柜及吸气式探测器接线等安装施工；

② BAS系统：机柜、模块箱、线缆敷设等安装施工；

③ ACS系统：机柜、锁具、接地控制箱等安装施工；

④ 信号系统：机柜、转辙机、信号灯、线缆敷设等安装施工；

⑤ 供电系统：变电所设备、电缆、接触网、回流轨等安装施工；

⑥ 气灭系统：气瓶、管道等安装施工；

⑦ 综合监控系统：机柜、线缆敷设等安装施工；

⑧ 通信系统：机柜、摄像头、扬声器、天线、线缆敷设等安装施工；

⑨ 安防系统：机柜、摄像头、激光对射、安防箱、线缆敷设等安装施工；

⑩ 调试、试验：机电设备调试、连锁调试、冷热滑试验、单系统调试、综合监控联调联试等。

14.2 关键工序质量控制

14.2.1 基础工程施工方案

（1）竹节桩施工流程（图14-8）

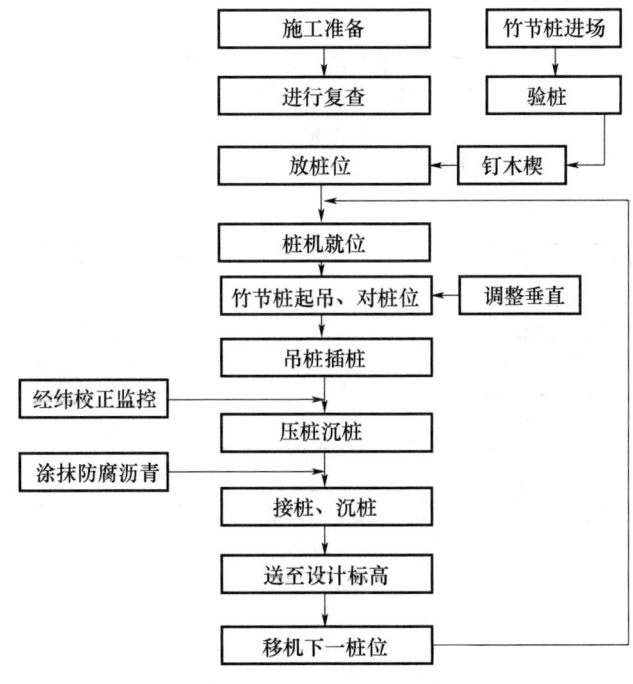

图14-8 竹节桩施工流程

（2）钉型搅拌桩工艺流程（图14-9）

桩机就位→喷浆下沉→施工下部桩体→提升搅拌→伸展叶片→切土下沉→提升搅拌→送浆量控制→清洗→移机。

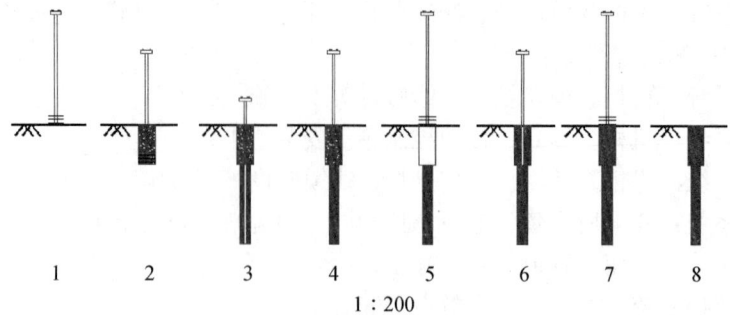

图 14-9 钉形水泥土双向搅拌桩施工工艺流程图

14.2.2 主体结构施工方案及工艺

主体结构：由下至上顺作法施工，即①承台基础梁施工；②立柱施工；③顶板梁及部分侧墙模板支架、混凝土浇筑施工。

二次结构：填充墙砌筑，构造柱及过梁，预留洞口，抹灰等施工。

14.2.3 机电设备安装施工方案及工艺

（1）给排水及消防施工方案及工艺（图 14-10）

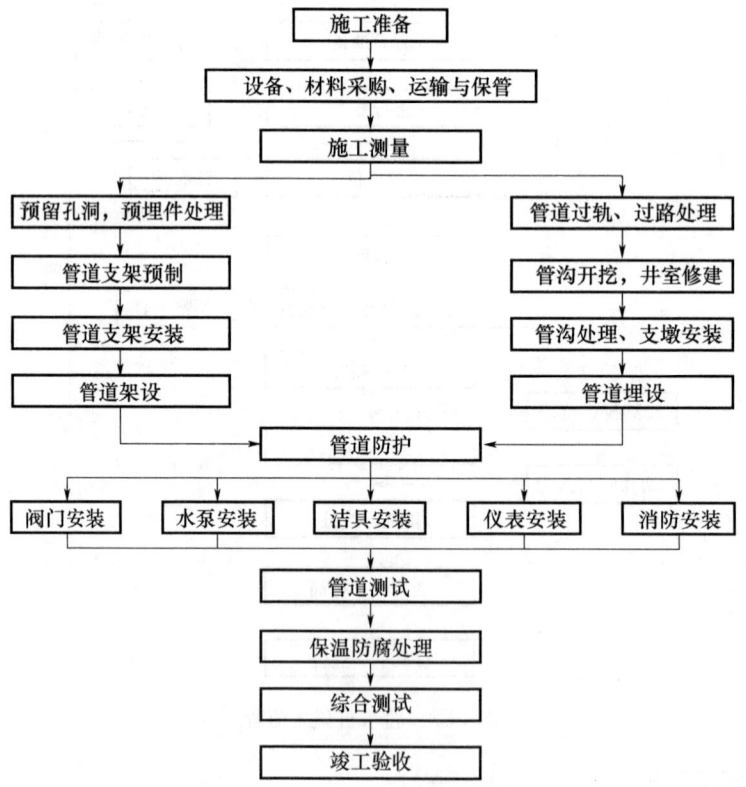

图 14-10 给排水及消防施工方案及工艺

(2) 通风空调施工方案及工艺（图 14-11）

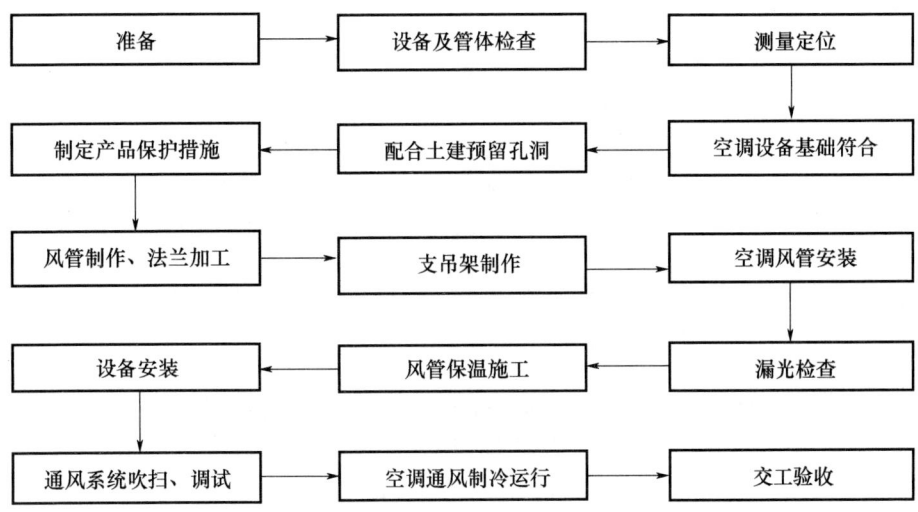

图 14-11　通风空调施工方案及工艺

14.3　创新应用案例

14.3.1　预应力混凝土竹节桩

本项目库内道床及设备基础下方采用整体筏板 + 预应力混凝土竹节桩，碎石道床路基与整体道床过渡段采用预应力竹节桩 + 桩帽进行加固（图 14-12 ~ 图 14-16）。

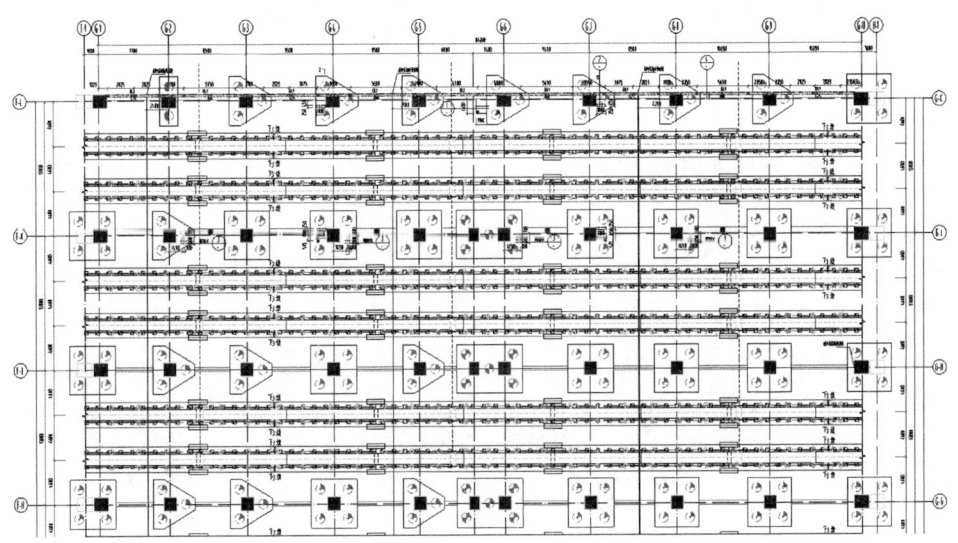

图 14-12　库内道床及设备基础平面图

329

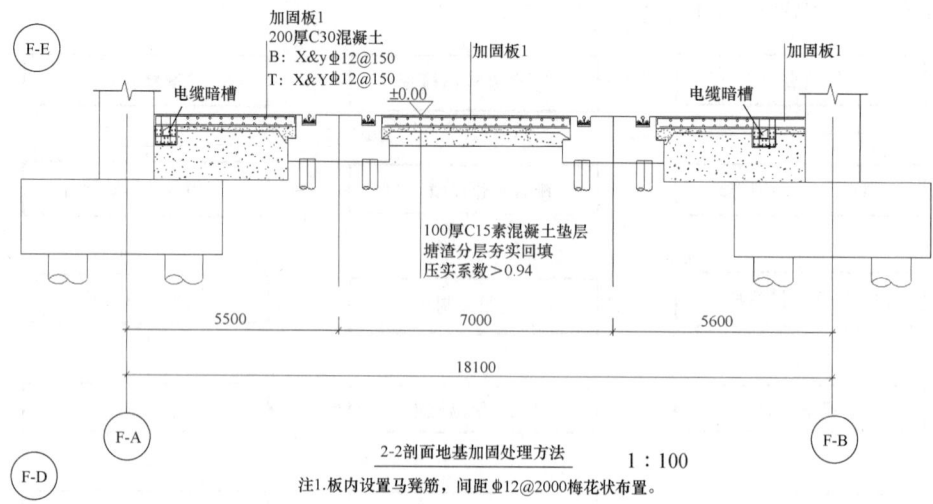

图 14-13 库内道床及设备基础断面图

图 14-14 竹节桩与灌注桩同区域施工

图 14-15 竹节桩施工　　　图 14-16 竹节桩施工完成后效果

14.3.2 柱式检修地沟预制装配式立柱

车辆段供车辆检修和停放使用单体名称为运用库和检修库，库内有 10 列左右检修地沟,每列检修地沟均含有大量短柱支撑轨道和列车荷载,根据轨道安装需要,短柱截面尺寸 350mm×350mm,高度约 1m。每个库房短柱数量 7000～10000 个,按照目前施工工艺,现阶段均采用现场制模现浇混凝土短柱,施工工期较长,现场浇筑混凝土质量难以保证,材料浪费较大;并且在铺设轨道前混凝土立柱已施工完成,由于立柱平面及竖向定位存在较多误差,导致钢轨安装精度难以保证,需修补或拆除部分立柱,工作量巨大。

本项目选取检修库 L2 股道作为柱式检修地沟预制装配式立柱施工,采用先预制完成、再进行现场安装的方式,能够避免现场直接浇筑容易产生位置难以调整、材料浪费严重、存在返工的现象;同时,其采用中段部分具有多个孔道、第二端部仅为钢筋笼的结构,能够有效减轻预制混凝土柱的质量,节约材料;还能够大大地增强安装过程中对预制混凝土柱的位置调节能力,增强轨道安装位置的准确性,从而提高安装效率。立柱基础剖面配筋图、剖面图如图 14-17、图 14-18 所示。

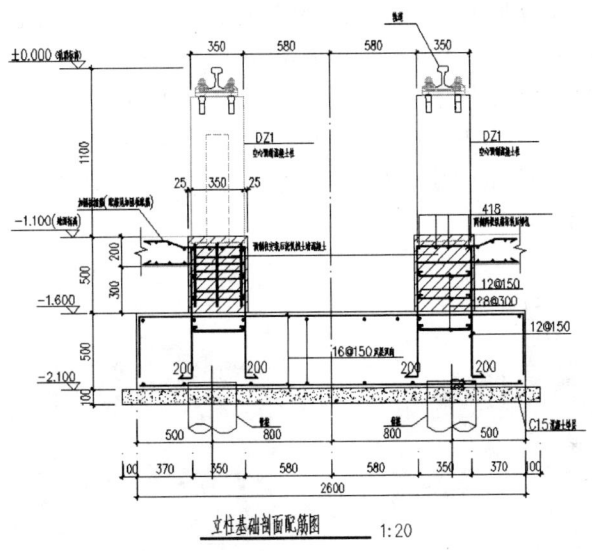

图 14-17 立柱基础剖面配筋图

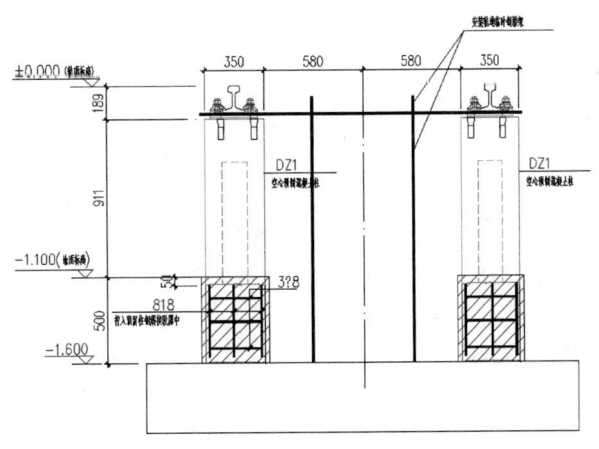

图 14-18 剖面图

14.3.3 泥浆固化及固化土再利用

车辆段上部结构为带上盖开发的车辆基地,盖下结构形式均为框架结构。基础采用柱下钻孔灌注桩+承台基础,道床及设备基础下采用整体筏板+预应力混凝土竹节桩。车辆段设计钻孔灌注桩基础4464根,桩长为60~75m,按照施工经验,施工过程中将产生约70万m^3的建筑泥浆。

车辆段占地面积31.49ha,设计场坪标高比现状原地面平均高2.1m,共需要填筑材料约65万m^3。

泥浆固化处理,高效脱水是最关键技术,利用多种专业设备有机整合,进行密闭自动连续运行,适合施工现场处理后得到含水率15%~25%的泥饼,体积比泥浆减少2/3左右,可以从根本上取代泥浆路上长距离运输,可提高处理效率、降低处理费用、保护城市环境;泥浆高效脱水后,经处理的水大部分回用于桩机施工用水,小部分达标排放;分离固化后的泥饼用于施工场地回填或绿化用料。

固化土改良是将分离固化后的泥饼掺加固化剂进行改良。一般采用水泥或者生石灰作为固化剂,并按照一定配合比充分拌和。经过拌和后的改良土具有良好的板结性,强度会随着龄期增长,碾压密实后能抵抗动载及土压力,还能起到防水止渗的作用(图14-19~图14-22)。

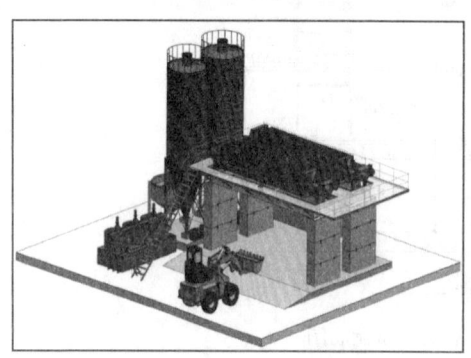

图14-19 泥浆固化系统三维模型

图14-20 泥浆固化设备

图14-21 泥浆固化后效果

图14-22 固化土回填后效果

14.3.4 施工环境空气质量控制

安全生产工作全面实现制度化、规范化、标准化,引进一种新型环保扬尘抑制剂,投入施工现场的文明施工中。新型环保抑尘剂是由可降解的新型多功能高分子聚合物组合而成,溶解于水后喷洒在裸土上,能与扬尘中的细小颗粒产生较强的亲和力,进而吸附、团聚粉尘微粒,将其紧锁于网状结构之内,在裸土表面形成一层高分子"保护膜",从而起到防尘、防侵蚀和抗冲刷的作用。经权威检测,该抑尘剂的抑尘效果达到97%以上。同时还具有可生物降解,无毒无害;抑尘持续时间长,节省治理成本;雨水冲刷后,重新固化;抗风力侵蚀、八级风不起尘;每小时喷洒上万平方米,施工效率高等特点。喷洒扬尘抑制剂、喷洒扬尘抑制剂效果如图14-23、图14-24所示。

图14-23 喷洒扬尘抑制剂　　　　图14-24 喷洒扬尘抑制剂效果

参考文献

[1] 雷升祥. 地铁施工手册［M］. 北京：人民交通出版社，2021.
[2] 张付林. 地铁车站工程质量管理图解［M］. 北京：人民交通出版社，2021.
[3] 中华人民共和国住房和城乡建设部. 城市轨道交通工程测量规范：GB/T 50308—2017［S］. 北京：中国计划出版社，2018.
[4] 中华人民共和国住房和城乡建设部. 建筑结构荷载规范：GB 50009—2012［S］. 北京：中国建筑工业出版社，2012.
[5] 中华人民共和国住房和城乡建设部. 混凝土质量控制标准：GB 50164—2011［S］. 北京：中国建筑工业出版社，2012.
[6] 中华人民共和国住房和城乡建设部. 混凝土结构工程施工质量验收规范：GB 50204—2015［S］. 北京：中国建筑工业出版社，2015.
[7] 中华人民共和国住房和城乡建设部. 地下铁道工程施工质量验收标准：GB/T 50299—2018［S］. 北京：中国建筑工业出版社，2019.
[8] 钻孔灌注桩施工规程：DG/TJ 08-202—2007［S］. 上海，2007.
[9] 中华人民共和国住房和城乡建设部. 地下工程防水技术规范：GB 50108—2008［S］. 北京：中国计划出版社，2009.
[10] 中华人民共和国住房和城乡建设部. 建筑与市政工程地下水控制技术规范：JGJ 111—2016［S］. 北京：中国建筑工业出版社，2017.
[11] 中华人民共和国住房和城乡建设部. 地下防水工程质量验收规范：GB 50208—2011［S］. 北京：中国建筑工业出版社，2012.
[12] 中华人民共和国住房和城乡建设部. 建筑地基基础工程施工质量验收标准：GB 50202—2018［S］. 北京：中国计划出版社，2018.
[13] 中华人民共和国住房和城乡建设部. 建筑地基处理技术规范：JGJ 79—2012［S］. 北京：中国建筑工业出版社，2013.
[14] 中华人民共和国住房和城乡建设部. 城市轨道交通地下工程建设风险管理规范：GB 50652—2011［S］. 北京：中国建筑工业出版社，2012.
[15] 朱瑶宏. 宁波轨道交通土建工程初期建设的关键技术［M］. 上海：同济大学出版社，2014.
[16] 王中. 地应力与井壁稳性关系研究［D］. 北京：中国地质大学（北京），2010.
[17] 曹学礼. 浅析宁波市地面沉降及监测［C］. 中国测绘学会全国会员代表大会，2001.
[18] 何山. 宁波地铁3号线仇毕站基坑工程地下水控制数值分析［J］. 施工技术，2017，46.
[19] 何山. 宁波软土地区地铁深基坑施工风险评估与管控研究［J］. 建井技术，2017（6）：52-57.
[20] 中华人民共和国住房和城乡建设部. 岩土锚杆与喷射混凝土支护工程技术规范：GB 50086—2015［S］. 北京：中国计划出版社，2016.
[21] 中华人民共和国住房和城乡建设部. 建筑变形测量规范：JGJ 8—2016［S］. 北京：中国建筑工业出版社，2008.
[22] 中华人民共和国住房和城乡建设部. 建筑基坑支护技术规程：JGJ 120—2012［S］. 北京：中国建筑工业出版社，2013.

[23] 中华人民共和国住房和城乡建设部. 建筑地基基础工程施工质量验收标准：GB 50202—2018 [S]. 北京：中国计划出版社，2018.

[24] 中华人民共和国住房和城乡建设部. 建筑工程施工质量验收统一标准：GB 50300—2013 [S]. 北京：中国建筑工业出版社，2014.

[25] 中华人民共和国住房和城乡建设部. 钢结构工程施工质量验收标准：GB 50205—2020 [S]. 北京：中国计划出版社，2020.

[26] 中华人民共和国住房和城乡建设部. 建设工程项目管理规范：GB/T 50326—2017 [S]. 北京：中国建筑工业出版社，2007.

[27] 中华人民共和国住房和城乡建设部. 混凝土强度检验评定标准：GB/T 50107—2010 [S]. 北京：中国建筑工业出版社，2011.

[28] 中华人民共和国住房和城乡建设部. 普通混凝土配合比设计规程：JGJ/T 55—2011 [S]. 北京：中国建筑工业出版社，2011.

[29] 中华人民共和国住房和城乡建设部. 混凝土外加剂应用技术规范：GB 50119—2013 [S]. 北京：中国建筑工业出版社，2014.

[30] 陈斌，张栋梁，张春进，等. 宁波深厚软土动力特性研究及其地震响应分析 [J]. 地震工程学报，2016，38（3）：338-342.

[31] 何山，张世华，张晓乐，等. 软土区受地铁基坑开挖影响的古建筑沉降预测研究 [J]. 路基工程，2015（4）：114-119.

[32] 中华人民共和国住房和城乡建设部. 城市轨道交通工程监测技术规范：GB 50911—2013 [S]. 北京：中国建筑工业出版社，2014.

[33] 郑刚，焦莹. 深基坑工程设计理论及工程应用 [M]. 北京：中国建筑工业出版社，2010.

[34] 何山. 宁波软土地质盾构推进过程地表三维变形规律分析研究 [J]. 中国工程咨询，2018（2）：56-62.

[35] 梁青槐. 地铁工程勘察设计质量安全管理与技术 [M]. 北京：中国建筑工业出版社，2013.

[36] 王洪德，马云东，崔铁军. 地铁施工过程数值仿真及安全性分析 [M]. 北京：清华大学出版社，2013.

[37] 向伟明. 地下工程设计与施工 [M]. 北京：中国建筑工业出版社，2013.

[38] 何山. 深基坑首道钢筋混凝土支撑受力分析及风险管控应用 [J]. 铁道勘察，2017，43（6）：5.

[39] 郝捷峰. 深基坑工程周边建筑物的沉降控制 [C]. 中国老教授协会土木建筑，2011.

[40] 叶俊能，刘干斌. 宁波地区深基坑工程施工预警指标及风险评估研究 [J]. 地下空间与工程学报，2012，08（a01）：1396-1402.

[41] 朱瑶宏，张付林，何山. 地下工程安全风险智能化监测与管控 [M]. 北京：人民交通出版社，2018.

[42] Betty E. Biringer, etc. Security Risk Assessment and Management: A Professional Practice for Protecting buildings and Infrastructures [M]. 2012.

[43] 何山. 软土地区地铁深基坑施工风险管控实例 [J]. 建筑技术，2018（8）.

[44] 黄宏伟. 地下工程动态反馈与控制 [M]. 北京：同济大学出版社，2012.

[45] 徐林. 浙江省安全生产论文集（2018）[M]. 杭州：浙江工商大学出版社，2019：195-202.

[46] 钱方杰. 建筑施工信息化发展趋势与对策 [J]. 科技资讯，2011（02）.

[47] 何山，阮大伟，石雷. 轨道交通工程风险分级管控和隐患排查治理双重预防机 [M]. 北京：中国建材工业出版社，2020.

[48] 中华人民共和国住房和城乡建设部. 城市轨道交通工程监测技术规范：GB 50911—2013 [S].

北京：中国建筑工业出版社，2014.

［49］中华人民共和国住房和城乡建设部. 建设工程施工现场供用电安全规范：GB 50194—2014［S］. 北京：中国计划出版社，2015.

［50］中华人民共和国建设部. 普通混凝土用砂、石质量及检验方法标准：JGJ 52—2006［S］. 北京：中国建筑工业出版社，2006.

［51］中华人民共和国住房和城乡建设部. 普通混凝土泵送施工技术规程：JGJ/T 110—2011［S］. 北京：中国建筑工业出版社，2012.

［52］中华人民共和国住房和城乡建设部. 建筑地基基础工程施工质量验收标准：GB 50202—2018［S］. 北京：中国建筑工业出版社，2003.

［53］中华人民共和国住房和城乡建设部. 钢筋机械连接技术规程：JGJ 107—2016［S］. 北京：中国建筑工业出版社，2011.

［54］中华人民共和国住房和城乡建设部. 钢筋焊接及验收规程：JGJ 18—2018［S］. 北京：中国建筑工业出版社，2012.

［55］何山，吴波，李积栋. 城市轨道交通工程施工风险信息化管理实践［M］. 北京：中国建筑工业出版社，2020.

［56］张付林，何山，郑海锋，等. 地铁车站工程质量管理图解［M］. 北京：人民交通出版社，2021.

［57］张付林，刘建军，魏军，等. 轨道交通机电安装及轨道工程施工标准化手册［M］. 北京：中国建材工业出版社，2020.

［58］蒋孙春. 建筑工程质量验收与资料管理［M］. 北京：中国建筑工业出版社，2020.